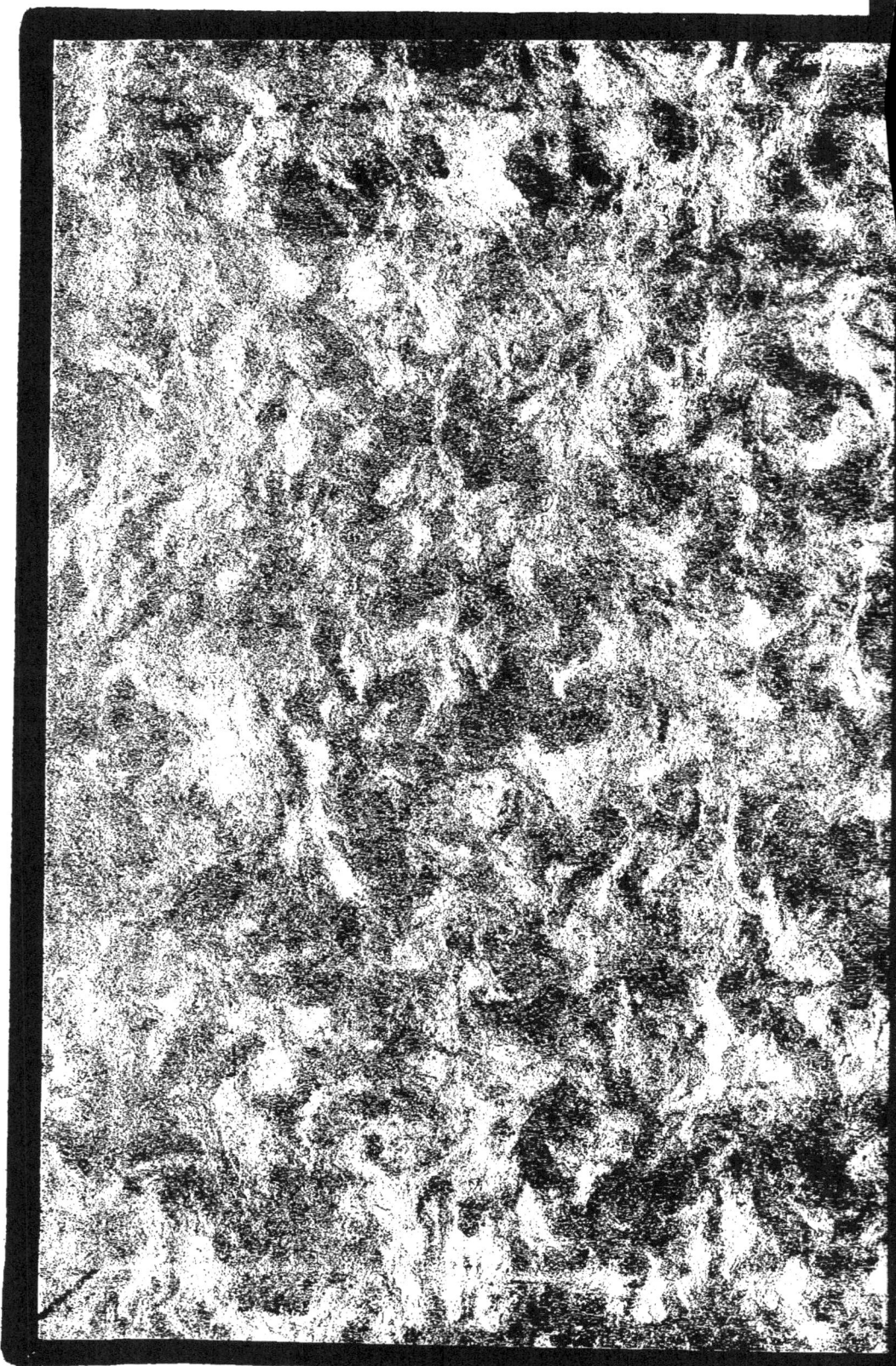

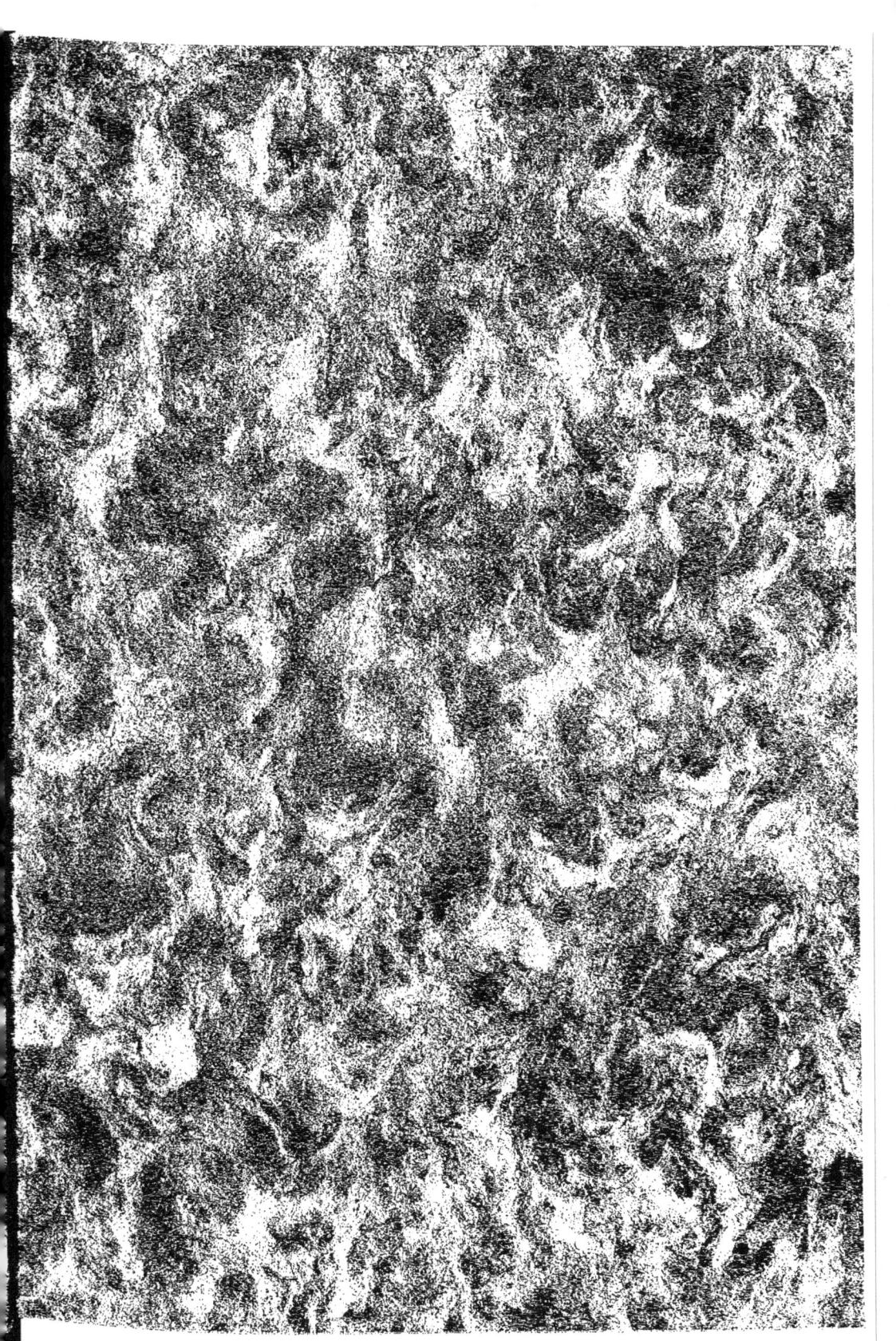

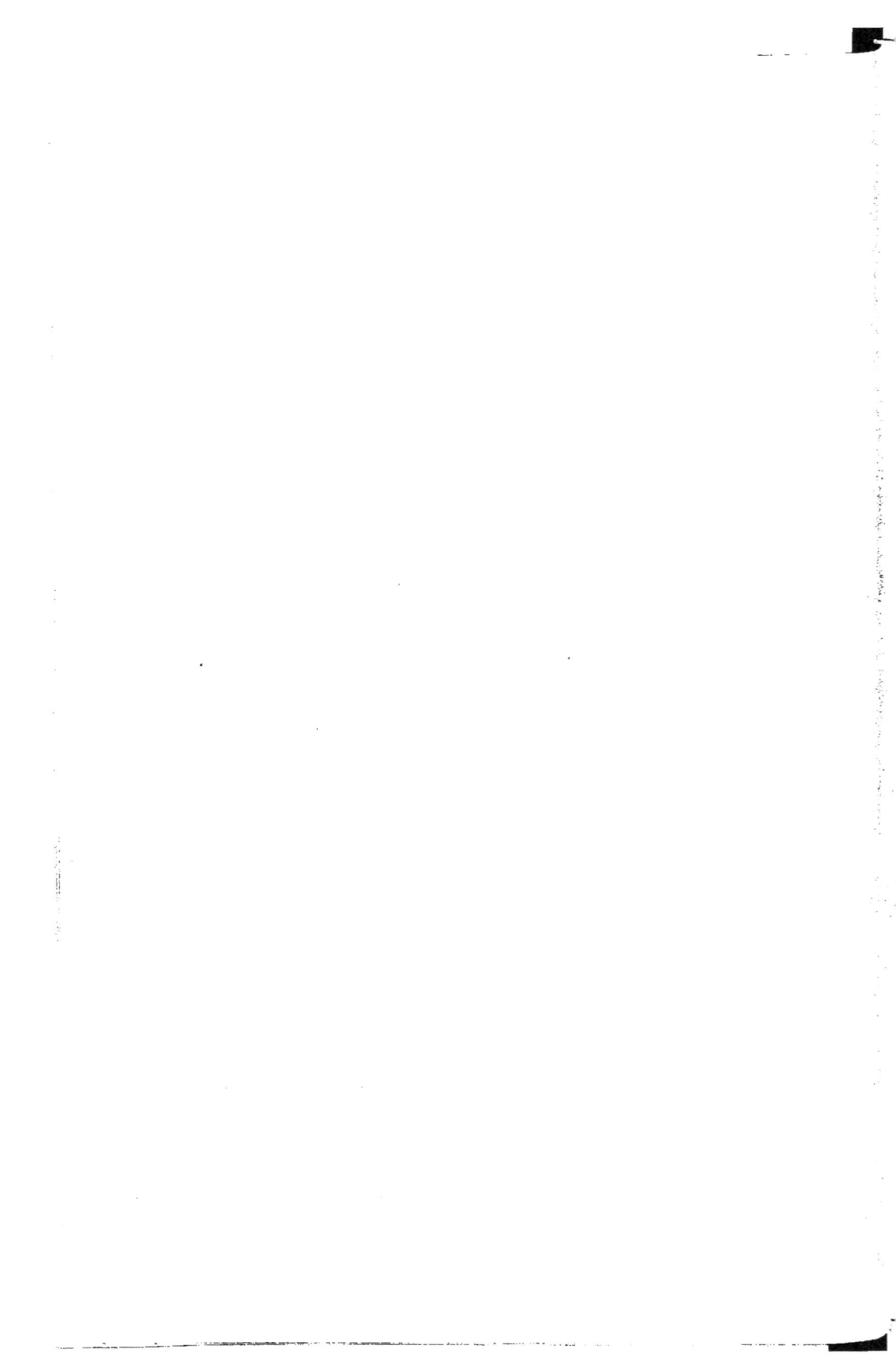

ÉTUDE

SUR LE

PRET MARITIME

EN DROIT ROMAIN

ET SUR LES

ASSURANCES MARITIMES

EN DROIT FRANÇAIS

THÈSE POUR LE DOCTORAT

Soutenue le

PAR

J.-G.-Eugène DURAND, AVOCAT

Né à Lamothe-Landerron (Gironde)

BORDEAUX

TYPOGRAPHIE L. CODERC, LIBRAIRE

rue du Pas Saint-Georges, 28.

1873

ÉTUDE

SUR LE

PRET MARITIME

EN DROIT ROMAIN

ET SUR LES

ASSURANCES MARITIMES

EN DROIT FRANÇAIS

THÈSE POUR LE DOCTORAT

Soutenue le

PAR

J.-G.-Eugène DURAND, AVOCAT

Né à Lamothe-Landerron (Gironde)

BORDEAUX

TYPOGRAPHIE L. CODERC, LIBRAIRE

rue du Pas Saint-Georges, 28.

1873

FACULTÉ DE DROIT DE BORDEAUX

PROFESSEURS

MM. COURAUD, Doyen, Chevalier de la Légion d'honneur et Officier de l'Instruction publique, Professeur de Droit romain.

BAUDRY-LACANTINERIE, Professeur de Droit civil.

RIBÉREAU, Professeur de Droit commercial.

SAIGNAT, Professeur de Droit civil.

BARCKHAUSEN, Professeur de Droit administratif.

DELOYNES, Professeur de Droit civil.

LANUSSE, Agrégé, chargé de cours : Droit romain et Pandectes.

VIGNEAUX, Agrégé, chargé de cours : Procédure civile et Droit criminel.

LECOQ, Agrégé, chargé de cours : Droit maritime.

RAVIER, Secrétaire.

CUQ, Bibliothécaire.

COMMISSION DE LA THÈSE

Président. . . . . . . M. BAUDRY-LACANTINERIE, *Professeur*

Suffragants. . . . .
- COURAUD, *Doyen.*
- LECOQ.
- SAIGNAT.
- BARCKHAUSEN.

A MES TROIS ONCLES

PRÊTRES

Pauca pro multis.

———

A MA FAMILLE

PRÉFACE

——

Le prêt à *la grosse* des Romains et notre contrat d'assurances maritimes sont la matière principale de ce travail. Comme introduction, nous avons joint au premier de ces deux sujets, un *Essai sur la Navigation et le Commerce des anciens*, et au second une *Histoire de l'origine des Assurances maritimes*.

Quelques lignes suffiront à expliquer les motifs de notre conduite.

La législation commerciale des anciens ne nous est guère connue. Le Digeste n'y consacre que trois titres, d'ailleurs de peu d'étendue, et quelques lois éparses dans cette vaste compilation. Quelle pourrait être la cause..., j'allais dire, de cet oubli? Il est difficile de l'indiquer sûrement. Mais quelle qu'elle soit, il ne faut pas croire que, si les ouvrages législatifs, qui nous restent de l'antiquité, parlent très-peu de son commerce et de son industrie, c'est qu'ils étaient de peu d'importance. L'opinion contraire est fondée sur des témoignages historiques qu'on ne peut révoquer en doute.

Et c'est pour combattre cette erreur que nous avons voulu montrer, par une esquisse rapide, ce que fut autrefois le négoce de la mer. Une semblable étude nous a paru d'autant plus utile et d'autant plus à propos, que l'isolement dans lequel se trouve le prêt maritime, au milieu des Pandectes, nous le présente comme peu connu, peu usité, comme un intrus dans la législation romaine, nous le fait voir, en un mot, sous un aspect qui ne lui est point favorable.

Qu'on nous permette une comparaison, qui, si elle n'est d'un goût parfait, aura du moins l'avantage de faire saisir toute notre pensée.

De même que pour bien juger de la valeur de certaines peintures, il faut que l'artiste ait pris soin de les entourer de riches enluminures, ou d'un cadre étincelant d'or et de pierreries, ou de les placer dans un jour fait pour le tableau ; de même pour bien comprendre toute l'importance du *nauticum fœnus,* pour le considérer sous son véritable jour, faut-il le regarder à travers l'histoire des peuples qui le pratiquèrent.

Quant à notre étude sur l'origine des assurances maritimes, elle se justifie d'elle-même. En effet, nos deux contrats ont entre eux une liaison naturelle : c'est en décomposant avec soin, je dirais même, avec une certaine subtilité, le prêt maritime, que les juristes du moyen-âge ont découvert l'assurance — *assecuratio.* Parler de l'un et de l'autre, sans indiquer ce fait historique, ce serait faire une omission, laisser une lacune dans notre ouvrage ; nous n'avons pu nous y résoudre.

Voilà donc par quelles considérations nous laissons la parole à l'histoire d'abord, à la loi ensuite, et nous divisons notre opuscule en deux parties : l'une, où il est traité du commerce des anciens ; l'autre, de celui des modernes, du moins en ce qui regarde notre travail ; et chaque partie en deux livres : le premier, pour l'histoire, et le second, pour la législation.

PREMIÈRE PARTIE

DU COMMERCE MARITIME DES ANCIENS

———

LIVRE PREMIER

HISTOIRE

ESSAI SUR LA NAVIGATION ET LE COMMERCE DES ANCIENS

—

CHAPITRE Ier

IMPORTANCE QUE LES ANCIENS ATTACHAIENT AU COMMERCE

> Ce serait aussi une chose belle et honorable
> d'assigner des places d'honneur aux mar-
> chands et aux pilotes, et d'accorder le même
> droit d'hospitalité à ceux qui paraîtraient
> utiles à l'État par l'importance de leurs vais-
> seaux et de leurs cargaisons.
> (XÉNOPHON, *Les Revues,* chap. III.)

« On peut dire, sans crainte d'être soupçonné d'exagération, que le
« commerce est le plus solide fondement de la société civile et le lien
« le plus nécessaire pour unir entre eux tous les hommes de quelque
« pays et de quelque condition qu'ils soient. Par ce moyen, le monde
« entier semble ne former qu'une ville et qu'une famille. Il y fait
« régner de toutes parts une abondance universelle. Les richesses d'une
« nation deviennent celles de tous les autres peuples. Nulle contrée
« n'est stérile, ou du moins ne se sent de sa stérilité. Tous ses besoins
« lui sont apportés à point nommé du bout de l'univers, et chaque
« région est étonnée de se trouver chargée de fruits étrangers, que
« son propre fonds ne pouvait lui fournir, et enrichie de mille commo-
« dités qui lui étaient inconnues, et qui cependant font toute la douceur

« de la vie. C'est par le commerce de la mer et des rivières, c'est-à-
« dire par la navigation, que Dieu a uni entre eux tous les hommes d'une
« manière si merveilleuse, en leur enseignant à conduire et à gouver-
« ner, comme dit Cicéron (*de Nat. Deor.* l. 2, n° 152), les deux choses
« les plus violentes qui soient dans la nature, la mer et les vents, et à
« les faire servir à leurs usages et à leurs besoins. Il a joint aussi les
« peuples les plus éloignés, et il a conservé, entre les nations différen-
« tes, une image de la liaison qu'il a mise entre les parties du même
« corps par les veines et les artères. » (Rollin, *Hist. anc.*, l. 24, chap. II,
art. 1ᵉʳ.)

Ces lignes, écrites avec autant de charme que de vérité, sont du bon
et sage Rollin. En les lisant, on croit entendre la voix même du bon
sens, qu'un ancien ferait parler. La raison nous apparaît ici sous la
figure grave et douce de Xénophon ou d'Hérodote. Mais si l'on a pu
dire, en effet, que l'excellent maître était un bourgeois de Tyr ou de
Memphis plutôt qu'un parisien du XVIIIᵉ siècle, on ne peut, certes,
nous adresser ni une telle critique ni un pareil éloge : à nos yeux, trop
souvent, le passé ne mérite que le dédain et l'oubli ; et cependant avec
un peu de lecture et de franchise, que nous en jugerions autrement et
que nous serions plus modestes !

Je ne veux parler ici que de la navigation et du commerce des anciens :
on sera étonné, dans la suite de ce travail, en voyant avec quelle facilité les peuples échangeaient les différents produits de leur sol et de
leur industrie ; on sera étonné en constatant la vie et les richesses
prodigieuses que le trafic répandait sur tout le bassin de la Méditerranée, et surtout l'habileté extraordinaire des Grecs et des Carthaginois
« à conduire et à gouverner, comme dit Cicéron, *ces deux choses les plus
violentes qui soient dans la nature, la mer et les vents* » ; on sera
étonné, même en comparant le passé avec le présent, le commerce et
la marine d'autrefois avec le commerce et la marine d'aujourd'hui.

Qu'il plaise seulement au lecteur de monter avec moi sur une trirème
de Corinthe ; nous ne descendrons même pas au premier rang des
rameurs ; nous nous contenterons de traverser le tillac, de la poupe à la
proue, et de compter les rames et les mâts. Après cette courte inspection, nous ferons le tour de la Méditerranée sur l'*Alcyon*. C'est un
excellent marcheur, dont la vitesse nous permettra à peine de jeter
un regard dans le port et sur les quais de chaque grande ville. Et,
avant de descendre, nous demanderons à notre voisin, un rusé marchand de Rhodes, ce qu'il pense des traités de commerce qu'Athènes a
conclus avec le roi du Bosphore et Rome avec les Carthaginois ; est-il
pour la liberté, est-il protectionniste ? Nous le saurons.

CHAPITRE II

DE LA MARINE DES ANCIENS

> Qu'est-ce qui a été? Ce qui sera. Qu'est-
> ce qui a été fait? Ce qui sera fait. Rien de
> nouveau sous le soleil. (Eccl.)

Notre navire est une trirème, parce qu'il est poussé par trois rangs de rames. Longtemps, même après Homère, on ne connut que la galère d'un seul rang. Les Corinthiens furent, à ce qu'on dit, les premiers qui changèrent la forme des vaisseaux ; et, au lieu de simples galères, ils en firent à trois rangs, pour donner, par la multiplication des rames, plus d'agilité et d'impétuosité à leurs galères. La forme de l'*Alcyon* est, à peu de chose près, celle de nos trois-mâts ordinaires ; il jauge autant. Vous êtes surpris, sans doute, que trois rangs de rameurs puissent ébranler cette masse. Mais remarquez, je vous prie, qu'ils sont plus de cent quarante, qu'à la vigueur de leurs muscles, on voit bien qu'ils ont été choisis et qu'ils n'ont d'autre métier depuis leur enfance. Ce n'est pas tout : l'*Alcyon* a aussi trois-mâts, dont les voiles carrées suffiraient à le mouvoir. Ces mâts sont autrement disposés que les nôtres : le plus grand est à l'arrière et le plus petit à l'avant; la hauteur en est à peu près la même qu'aujourd'hui. Mais... écoutez... voici de la musique. La chiourme, pour se mouvoir avec plus de justesse et de concert, est conduite par le son d'un instrument. Quelquefois les rameurs obéissent au chant d'une voix. Cette douce harmonie sert non-seulement à régler leurs mouvements, mais encore à diminuer et à charmer leurs peines. (Quintillien, liv. 1, ch. X.) On dit que les soldats crétois se rangeaient en bataille au son de la lyre.

Plusieurs savants, entre autres un Monsieur Jal, nient formellement l'existence des trirèmes et des navires plus importants, parce qu'il est impossible, disent-ils, de superposer utilement plus de deux rangs de rames. O logique singulière! Je ne comprends pas; donc ce n'était pas. Le brave Archimède ne serait qu'un imposteur si, le siècle dernier, l'on n'avait heureusement retrouvé son miroir.

Du reste, quoiqu'en disent M. Jal et son *Archéologie navale*, la disposition des rames par étages peut se concevoir, et des rameurs exercés peuvent manœuvrer, sans se gêner l'un l'autre. On les superpose d'après une ligne oblique, et non d'après un plan vertical. Le bois des rames s'allonge à mesure qu'il sort d'un rang plus élevé. Pour en alléger le poids, on équilibre l'aviron au moyen d'une lame de plomb qu'on soude au manche. Si la rame est encore trop lourde, on la confie à plusieurs rameurs.

Il n'y avait pas que des trirèmes, il y avait aussi des vaisseaux à cinq, à sept, à quinze et même à quarante rangs. Pourquoi le nier? Les meilleures autorités sont là qui l'affirment : Polybe, Athénée, Plutarque, et après eux, le marbre blanc de la colonne Trajane.

La poupe, πρυμνη-*puppis*, est l'arrière du vaisseau; la forme en est à peu près ronde, et l'extrémité se retourne en aile d'oiseau. C'est l'aplustre, απλαστον-*aplustrum*. On le remplace quelquefois par un autre ornement, qui figure un cou de cygne. Sous l'aplustre est assis le pilote, et il tient le gouvernail, qui est une rame beaucoup plus longue et plus large que les autres. Il faut croire que, dans les gros vaisseaux, le gouvernail repose sur un appareil qui en facilite la manœuvre. Parfois il y a deux gouvernails, l'un à droite et l'autre à gauche de la poupe; une grosse barre les joint et permet au pilote de leur imprimer le même mouvement et de les maintenir dans la même direction. La poupe domine ordinairement les autres parties du pont.

La proue, εμβολον-*rostrum*, s'avance au-delà de la carène et du ventre du vaisseau. Moins arrondie que l'arrière, elle porte, dans sa partie basse, contre la quille, une barre pointue, qui est aujourd'hui tout entière en acier. C'est l'éperon ou bec de la proue; on l'établit à fleur d'eau. Celui des gros navires se compose de deux ou trois barres superposées. Les premiers qui se servirent de cet engin de guerre, plaçaient la poutre trop longue et trop au-dessus de l'eau. Elle causait bien quelque dommage à l'adversaire; parfois elle se brisait en le heurtant, mais jamais elle ne le trouvait assez bas pour le couler à fond. Pendant que les Athéniens bloquaient Syracuse, un Grec, qui se trouvait parmi les assiégés, leur persuada de faire les proues plus basses et plus courtes, et son avis leur procura la victoire.

La poupe et la proue sont ornées de différentes manières : à l'avant, on fixe l'emblème qui sert à distinguer le navire et d'où il tire ordinairement son nom. L'éperon même affecte assez souvent la forme d'une tête de bélier, de loup ou de serpent. A la poupe, on peint surtout l'image de la divinité sous la protection de laquelle est placée le navire.

Comme on le voit, l'ensemble d'une galère, à part les rames, offre à peu près l'aspect des vaisseaux modernes; la carcasse ou carène n'a pas changé.

Les anciens, comme nous, partagent leurs bâtiments en deux grandes classes : celle des bâtiments de guerre, *naves bellicæ*, ou simplement *vaisseaux-νηες*, et celle des navires marchands. Les premiers s'appellent *vaisseaux longs-naves longæ-νηες μακραι* ; ils vont à la rame et à la voile. Les seconds sont des navires de charge, destinés au négoce et aux transports. On les nomme *φορτικα-πλοια-naves, onerariæ-actuariæ-mercatoriæ*. On distingue ces derniers à leurs flancs larges et arrondis, d'où l'épithète de *ronds-στρογγυλαι*, qu'on leur donne quelquefois. Ils ne marchent guère qu'à la voile, et ne portent aucune machine de guerre, pas même d'éperon. On les qualifie aussi de *navires ouverts*, parce qu'ils n'ont de pont qu'aux parties extrêmes. Le nombre de leurs rangs de rames sert à désigner les vaisseaux longs ; on dit : *une birème, une quinquérème*, etc. Cependant les navires d'un seul rang ne s'appellent qu'*aphractes*, ou *bâtiments ouverts* ; ils n'ont vers la poupe et la proue que de petits planchers, où l'on se tient pour combattre. Ils ressemblent assez à nos brigantins.

L'*Alcyon* fut un bâtiment de guerre ; c'est tout ce qu'il reste à Corinthe de ses trésors, de ses musées, de ses palais, de ses tours, de ses murailles, de son orgueil et de toute sa gloire. Mummius l'a épargné, en brisant ses machines et son éperon. D'intrépides guerriers le montaient naguère ; maintenant il porte des marchands et des esclaves (146 av. J.-C.).

Celui qui prend soin de toute la chiourme et commande dans le vaisseau s'appelle *ναυκλερος-nauclerus*. C'est le capitaine. Le pilote est le second officier.

La voile n'a pas été un progrès sur l'aviron ; ils furent contemporains. Il faut même dire que la rame servit à perfectionner l'art nautique. Avec la voilure, on n'obtient pas toujours, faute de vent ou par vent contraire, la vitesse désirée, et la direction du navire dépend peu de la main du pilote, et trop du caprice des éléments. On le sentait principalement dans les batailles. La rame a diminué le mal : allongée, multipliée, tenue avec force et en cadence, dans une manœuvre d'ensemble, elle précise, hâte la marche du navire, et surtout facilite les évolutions militaires. Combinée avec celle des voiles, la manœuvre des rames obtient une rapidité étonnante. Depuis longtemps l'aviron n'existe plus ; aujourd'hui nous avons la machine à vapeur et l'hélice, dont la simplicité est bien préférable.

Dans la plupart des vaisseaux de guerre, la partie moyenne du pont s'élève en plate-forme au-dessus des plus hauts bordages. Ainsi les combattants voient plus loin et lancent plus aisément leurs traits contre l'ennemi. On affermit encore sur le pont, des tours couronnées de créneaux et de parapets, des machines qui lancent de la poix, de l'huile bouillante, des pierres, etc., et sur l'avant, cet autre engin qu'on appelle *corbeau* :

« On plante verticalement sur la proue, un mât d'environ sept mètres de hauteur. Au pied du mât, tourne dans des espèces de gonds, l'une des extrémités d'une longue échelle, l'autre bout est muni inférieurement d'un croc de fer, et supérieurement d'un anneau du même métal. Une corde fixée à cet anneau, va passer dans la gorge d'une poulie installée à la partie supérieure du mât, et redescend ensuite dans le navire.

« Le corbeau représente ainsi une sorte de pont-levis, dont l'échelle forme le tablier. En temps ordinaire, cette échelle est dressée le long du mât ; mais dans les combats, quand un navire ennemi est à proximité suffisante, on lâche la corde, le corbeau s'abat tout-à-coup sur la galère opposée, et le croc de fer, pénétrant dans ses murailles, ne lui permet plus de s'échapper. »

Qui fut l'inventeur de cette machine ? Les Carthaginois étaient toujours plus habiles que les Romains à construire et à diriger leur flotte ; ceux-ci n'avaient que de lourdes et pesantes carènes, dont la chiourme, peu exercée, ramait lentement et parfois dans le vide ou la confusion. La lutte n'était pas possible, contre un ennemi agile et prompt, qui, tournant toujours, se dérobe sans cesse et vous assaille toujours. La galère romaine n'avait pas viré de bord, qu'elle était désemparée et coulée. Duilius imagina alors son fameux *corbeau*, qui peut s'abattre sur tous les côtés ; les Carthaginois furent vaincus, et le consul monta au capitole avec une gloire toute nouvelle et dont il jouit toute sa vie.

Les anciens ont porté l'architecture navale à un haut degré de perfection. On a vu des galères, dont les dimensions n'étaient pas inférieures à celles de nos plus grandes constructions maritimes. J'ai dit, qu'il y en avait eu à quarante rangs de rames ; rien n'est plus vrai. Mais j'ajoute que ces Léviathan n'étaient que pour la parade.

On en cite particulièrement trois, dont l'un appartenait à Hiéron, roi de Syracuse, et les deux autres à Ptolémée Philopator. L'un de ces derniers avait quarante rangs de rames et cent quarante mètres de longueur sur vingt de largeur. Quatre mille rameurs suffisaient à peine, pour mettre en mouvement cette masse énorme. Le second, appelé *Talamègue*, parce qu'il portait des lits et des chambres, était un peu moins grand. Aux trois côtés du vaisseau (le côté de la proue n'est point compté ici) on fit deux galeries l'une sur l'autre, d'une étendue immense. C'était un vrai palais portatif. Ptolémée l'avait fait construire pour se promener sur le Nil avec toute sa cour.

« On fut l'espace d'un an à construire le vaisseau d'Hiéron, roi de Syracuse. Il passait lui-même des journées entières parmi les ouvriers, pour les animer par sa présence. Le fameux Archimède conduisait les travaux.

« Le navire fut à vingt rangs de rames et d'une magnificence inouïe. Le dedans avait trois galeries, dont la plus basse était au-dessus de la cale. Dans celle du milieu, on trouvait à droite et à gauche des appartements au nombre de trente, dans chacun desquels il y avait quatre lits pour des hommes. L'appartement des patrons et des matelots avait quinze lits et trois salles à manger, dans la dernière desquelles, qui était à la poupe, on faisait la cuisine. Tous les pavés de ces appartements étaient composés de petites pierres rapportées de différentes couleurs, où était représentée l'Iliade d'Homère. Les planchers, les fenêtres et tout le reste étaient travaillés avec un art merveilleux, et embellis de toutes sortes d'ornements.

« Sur le premier pont, il y avait un gymnase, c'est-à-dire un lieu d'exercice, et des promenades proportionnées à la grandeur du navire. On voyait là des jardins et des plantes de toute espèce, d'un parfait arrangement. Des tuyaux, les uns de terre cuite, les autres de plomb, portaient l'eau tout autour pour les arroser. Ces conduits recevaient l'eau d'un grand réservoir, qui était à la proue et qui contenait cent mille pintes (500 hectolitres). On voyait à cet endroit, des berceaux de lierre blanc et de vigne, dont les racines étaient dans de grands tonneaux pleins de terre. Ces tonneaux étaient arrosés de la même manière que les jardins. Les berceaux faisaient ombre aux promenades.

« Ensuite on trouvait l'appartement de Vénus, à trois lits, dont le pavé était composé d'agates et d'autres pierres précieuses, les plus belles qu'on avait pu trouver dans l'île. Les murailles et le toit étaient de bois de cyprès. Les fenêtres étaient ornées d'ivoire, de peintures et de petites statues. Dans un autre appartement, il y avait une bibliothèque, au haut de laquelle, en dehors, on avait placé un cadran solaire.

« L'armement du navire n'était pas moins prodigieux que son luxe. Cette espèce de forteresse flottante était défendue par huit tours, proportionnées à sa grandeur : deux à la poupe, deux d'égale dimension à la proue, et quatre au milieu du vaisseau. Sur ces tours étaient des parapets, par lesquels on pouvait jeter des pierres sur les galères ennemies, qui auraient trop approché. Chaque tour était gardée par quatre jeunes hommes armés de pied en cap et par deux archers. Tout le dedans des tours était plein de pierres et de traits.

« Sur le bord du vaisseau, bien planchéié, était une espèce de rempart, sur lequel était une machine à jeter des pierres, faite par Archimède ; elle jetait une pierre du poids de trois cents livres et une flèche de douze coudées (18 pieds) à la distance d'un stade, c'est-à-dire à cent vingt-cinq pas de là.

« Le navire avait trois mâts, à chacun desquels étaient deux machines chargées de pierres. Là étaient aussi des crocs et des masses de plomb, pour jeter sur ceux qui approchaient. Tout le navire était environné d'un rempart de fer, pour empêcher ceux qui voudraient venir à l'abordage. Tout autour du navire étaient disposés des corbeaux de fer, qui, étant lancés par des machines, accrochaient les vaisseaux de l'ennemi et les approchaient du navire, d'où on les pouvait accabler facilement. Sur chacun des bords se tenaient soixante jeunes hommes armés de pied en cap ; il y en avait tout autant autour des mâts et des machines à jeter des pierres.

« Quoique la sentine fut extrêmement profonde, un seul homme la vidait avec une machine à vis. » Cette machine était du reste *la vis sans fin* qu'Archimède inventa pendant son voyage en Égypte (*Diod. Sic.* V. § 37), et à l'aide de laquelle il dessécha les terres qui avaient été inondées par le Nil.

« Un poète athénien fit une épigramme sur ce superbe navire. Il en fut payé : Hiéron lui envoya en récompense mille médimnes de blé et les fit conduire jusqu'au port du Pirée. On connaissait alors le prix des vers à Syracuse. » (Rollin, *Histoire ancienne.* liv. 11.)

Je le répète, ces vaisseaux, dont la forme étonne l'imagination la plus hardie, ne servaient point à la guerre ni au commerce. On dit cependant que celui d'Hiéron, dans une grande famine qui désola l'Égypte, y amenait des blés et toutes sortes de provisions. C'était faire là un bien noble usage, d'autant plus que le roi de Syracuse se montrait aussi généreux que magnifique. Il faisait présent du navire au roi d'Égypte, et les peuples de cette contrée recevaient les blés à vil prix. Il est vrai que le faste d'Hiéron coûtait peut-être davantage à ses propres sujets. Mais si, en général, de pareilles constructions navales ou autres n'étaient qu'un vain témoignage de l'orgueil des princes, il faut dire toutefois pour les excuser, qu'en y employant des génies comme celui d'Archimède, ils provoquaient souvent de précieuses découvertes, que la science et la postérité ont quelquefois su mettre à profit.

Je ne résiste pas au plaisir d'étonner encore ceux qui pensaient que les anciens n'ont eu pour flotte que quelques grandes gabares. Ptolémée Philadelphe comptait dans les ports de son royaume cent vingt galères à cinq et à sept rangs de rames, et quatre mille autres navires, qui étaient employés au service de son État et à l'avancement du commerce.

Mais rien n'est plus extraordinaire que ce que dit Plutarque à propos du célèbre Démétrius. Ce prince était mu par les passions les plus opposées. Tout entier aux plaisirs et à la bonne chère, il les quittait tout-à-coup pour l'étude, la méditation ou des préparatifs de guerre. Il aimait surtout les arts mécaniques. Quoi qu'il fît du reste, il agissait toujours en grand seigneur, en chef habile, en ouvrier consommé, et les outils même les plus vulgaires avaient encore dans ses mains quelque chose de noble et de royal. Cependant il savait encore mieux préparer un assaut que le donner, et le surnom de *Poliorcète* lui venait plutôt de ces machines incroyables que des villes nombreuses qu'il avait prises. Chaque jour son génie faisait de nouvelles inventions, dont l'importance et l'imprévu étonnaient ses amis, et dont ses ennemis euxmêmes ne pouvaient se défendre d'admirer la rare beauté. Je parle dans l'exacte vérité et sans aucune exagération. Ses machines, appelées *Élépoles*, étaient comme un spectacle, auquel s'empressaient d'accourir ceux mêmes qu'il assiégeait. Et leur enthousiasme était porté au comble, lorsqu'ils voyaient passer au loin, comme de légères barques, des vaisseaux qui avaient quinze et même seize rangs de rameurs. Et ne croyez point que ceux-là fussent pour la simple ostentation; le prince en faisait un usage merveilleux dans les combats et les siéges.

Pendant qu'il bloquait la ville de Sol, en Cilicie, Lysimaque, étant venu pour l'inquiéter, ne pouvait croire qu'il y eût de pareilles constructions; et, quoique son plus grand ennemi, il envoya prier Démétrius de faire voguer ses galères devant lui. Le preneur de villes se garda bien de refuser; et les manœuvres furent si promptes, si parfaites, que le roi Lysimaque s'en retourna tout ébahi. Ces vaisseaux étaient d'une beauté et d'une richesse étonnantes; mais leur légèreté et leur agilité paraissaient encore plus dignes d'admiration que leur grandeur et leur magnificence (Plut. *Vie de Dém.*, trad. ital. de Gir. Pompéi, édit. 1799, pag. 151 et 152).

Quoique le système des rames, tel que je viens de le faire connaître, offrît de grands avantages et fût un progrès, il était loin cependant de ne rien laisser à désirer. Il avait au moins l'inconvénient d'employer trop de bras à la manœuvre du vaisseau, et, par conséquent, d'être trop coûteux. On songea donc à l'améliorer en le rendant plus simple. Et pour y parvenir, on imagina, entre autres moyens, des roues dont chaque rayon se terminait en forme de rame. On les plaçait sur les flancs du navire, et des hommes ou des animaux les faisaient tourner. Vitruve décrit le mécanisme des roues à palettes (*De Architecturâ*, lib. 10, cap. X). Voici ce qu'en dit M. Louis Figuier, dans ses *Merveilles de la science* (3e série, *Bateaux à vapeur)* :

« La pensée de réunir sur une roue un certain nombre de rames, afin « d'obtenir un emploi plus commode de la force motrice, remonte jus- « qu'à l'antiquité. Il existe des médailles romaines qui représentent des « navires de guerre *(Liburnes)* armés de trois paires de roues, mues « par des bœufs, et Pancirole, professeur de Padoue, qui en parle en « 1587, prétend qu'elles surpassaient en vitesse les meilleures trirèmes.

« D'après un manuscrit, cité par M. de Montgery, il y aurait eu des « roues à aubes tournées par des bœufs, à bord des radeaux qui trans- « portèrent les Romains en Sicile, pendant la première guerre puni- « que. »

En Grèce, à Carthage et partout, les navires marchands appartenaient aux particuliers ; c'est ce que nous voyons par le passage suivant, tiré des *Revenus* de Xénophon (chap. III, *in fine*) :

« Je croirais bon d'essayer si, de la même manière que la ville entre- « tient des trirèmes aux frais de l'État, il ne serait pas possible d'entre- « tenir des vaisseaux marchands, qu'on affermerait sous cautionnement, « comme les autres services publics. Si, en effet, ce projet réussissait, il « en résulterait de beaux revenus. »

A Athènes, les plus riches devaient armer les galères de l'État, et les équiper de toutes les choses nécessaires, ou du moins d'une partie. Ces armateurs s'appelaient *triérarques*, dénomination qui, à la rigueur, ne convenait qu'aux seuls capitaines de vaisseaux.

L'année 509 de la fondation de Rome, il fallait une flotte, et l'argent manquait au trésor public. Le zèle des citoyens y suppléa, tant l'amour de la patrie, dit Rollin, dominait les esprits! Par souscription patriotique, on eut bientôt une armée navale. Il est vrai que la République s'engageait à rendre, dans le temps, les sommes prêtées, et qu'elle était fidèle à ses engagements. « C'est ainsi que la foi publique, ajoute le « même historien, est une ressource assurée pour un État, dans les « grands besoins. Y donner la moindre atteinte, c'est pécher contre la « règle la plus essentielle d'une saine politique, et laisser dans les es- « prits, une défiance qui souvent devient sans remède. »

Quelques années auparavant, la République avait cessé d'entretenir la flotte. Les particuliers armaient les navires et faisaient des courses contre l'ennemi ; mais, à leur retour, ils devaient les rendre à l'État, et ne garder pour eux que le butin qu'ils auraient fait.

En 538, le Sénat décida que la flotte serait fournie de matelots aux frais des citoyens, d'après leur fortune.

Souvent le propriétaire équipait lui-même, bien qu'il y eût aussi des armateurs, comme il y avait des affretteurs et des capitaines. A Rome, les patrons étaient ordinairement des esclaves choisis.

CHAPITRE III

L'ORIENT

> L'histoire du commerce est celle de la com-
> munication des peuples.
> (Montesquieu, *Esp.-des-Lois*, liv. 21, ch. V.)

L'histoire commerciale des anciens se partage en deux périodes : dans l'une, le négoce a surtout pour foyer l'Orient, l'Asie et la Grèce ; dans l'autre, ce sont plus particulièrement les côtes occidentales de l'Afrique, l'Italie, Marseille et l'Espagne qui l'alimentent ; la première a duré jusqu'à la prise de Tyr par Alexandre, l'an 333 avant l'ère Chrétienne ; la seconde commence avec la prospérité de Carthage et de Marseille et s'achève ou se perd dans ce débordement universel de la barbarie qui faillit submerger toutes choses, et que le Christianisme ne fit reculer qu'à force de temps, de luttes et de souffrances.

Quoique cette division en deux périodes marque pour le commerce un déplacement incontestable, on ne saurait nier cependant que l'Asie n'ait toujours plus ou moins attiré les regards intéressés de l'Occident. Malgré les belles et riches découvertes du XVᵉ siècle, on n'en conti- nua pas moins à rechercher avec avidité les produits luxueux des deux Turquies, de l'Arabie et des extrémités de l'Asie. Pendant que les Espagnols, à la suite de Colomb, de Pizarre et de Fernand Cortès, conquéraient une nouvelle terre promise, où coulaient abondamment des fleuves de lait et de miel, Vesco et les Portugais pénétraient jus- qu'au Cap, l'affrontaient et fondaient de magnifiques établissements dans les Indes orientales. Aujourd'hui même, le commerce de l'Indous- tan et de la Chine ne nous intéresse guère moins que celui des deux Amériques. L'Europe actuelle montre pour le Levant un zèle, une acti- vité, un entraînement dont le monde n'avait pas été témoin depuis bien des siècles ; la Mer Noire et la Crimée ont été le théâtre d'une guerre qui a glorieusement, il est vrai, vidé nos coffres et décimé nos armées. La Russie conduit chaque jour de nouveaux chemins et même des voies ferrées à travers la Mongolie et le Turkestan; on dit même que son immense Empire avoisine celui de la Chine, et que les Russes ne tarderont pas à susciter des embarras au gouvernement anglais des Indes; l'entreprise, que l'un des plus grands conquérants de l'antiquité n'acheva qu'imparfaitement ou même ne fit que tenter, quelques Français l'ont conduite à sa fin avec autant de bonheur que d'audace et de génie; ils ont percé l'isthme de Suez, et l'on va maintenant par eau de Marseille à Pondichéry en moins de temps que la flotte d'Alexandre n'en mit pour suivre les côtes depuis les bouches de l'Indus à celles de l'Euphrate.

Dans tous les siècles, l'Orient n'a pas moins excité l'ardeur et la cupidité du marchand que l'esprit inquiet et chercheur des philosophes. Quelle peut en être la raison? Montesquieu l'a fait connaître, en disant des Indiens ce qui est vrai de tous les Asiatiques : « Notre luxe ne « saurait être le leur, ni nos besoins être leurs besoins. Le climat ne « leur demande ni ne leur permet presque rien de ce qui vient de chez « nous. Ils vont en grande partie nus; les vêtements qu'ils ont, le pays « les leur fournit convenables; et leur religion, qui a sur eux tant d'em- « pire, leur donne de la répugnance pour les choses qui nous servent » de nourriture. Ils n'ont donc besoin que de nos métaux, qui sont les » signes des valeurs, et pour lesquels ils donnent des marchandises que » leur frugalité et la nature de leur pays leur procurent en abondance. »

En un mot, leur superflu convient très-bien à nos besoins, et ce que nous avons de trop est précisément ce qui leur manque; cette réciprocité est la cause des relations qui ont toujours existé entre l'Orient et l'Occident. Il est donc vrai que l'Asie n'a cessé d'être, pour le négoce, le centre des plus grands intérêts; on conviendra cependant que, dans notre époque, le commerce a eu pour elle des effets tout contraires à ceux qu'il produisit autrefois. Si elle puisa dans ses relations commerciales non-seulement les richesses et le luxe, mais encore l'influence et la domination; les temps sont bien changés : depuis que les Romains l'ont vaincue et soumise, son commerce n'a pas interrompu sa décadence; il a accru ses malheurs et alourdi le poids de ses chaînes, un moment brisées par le Christianisme. Autrefois, dans le commerce, les Orientaux jouaient surtout un rôle actif; depuis des siècles, ils n'y font qu'un rôle passif et d'exploités.

CHAPITRE IV

L'ÉGYPTE, TYR, LA JUDÉE ET LA GRÈCE

> Il n'y avait rien chez les Égyptiens que de grand dans leurs desseins et dans leurs travaux.
>
> (Bos. *Hist. univ.*)

> L'origine ancienne de Tyr et les fréquents changements de sa fortune l'ont rendue célèbre à la postérité. Elle fut bâtie par Agénor et tint longtemps sous sa domination, non-seulement la mer voisine, mais encore toutes celles où ses vaisseaux et ses armes ont pénétré
>
> (QUINTE-CURCE, *Hist.* d'Alexandre, I, 4, IV).

Les Égyptiens sont, avec les Phéniciens, les premiers navigateurs que l'on ait connus; il ne paraît pas toutefois qu'ils aient eu de flotte ailleurs que sur la Mer Rouge et peut-être même sur la mer des Indes. Ce qui peut faire penser que l'Égypte entretint des rapports avec les Indiens, c'est cette fable qu'*Osiris*, qui est le Bacchus des Grecs, *alla conquérir l'Indoustan*. Nous n'avons pas d'autres détails sur le commerce des Égyptiens [1], ce qui a fait croire à Montesquieu qu'il n'existait pas. Il serait peut-être plus vrai de dire que celui des Phéniciens s'exerçait surtout, et même à l'exclusion de tous autres, sur la Méditerranée. Les auteurs grecs et latins, qui ne connaissaient que très-peu la navigation de l'Égypte, en ont très-peu parlé, ont laissé entendre par là qu'il n'y avait pas alors d'autre commerce que celui des Tyriens, et ont même avancé qu'ils avaient été les inventeurs du trafic et de la navigation.

« Il semble, dit Rollin, que ces deux peuples voisins avaient partagé

---

[1] Leur industrie était digne de leur commerce maritime. Ils avaient inventé l'art de brocher les étoffes, et porté à un haut degré de perfection celui de les broder, qu'ils tenaient, dit-on, des Babyloniens.

Il existait, du temps du savant comte Philippe de Caylus (1692-1765), deux figures d'une porcelaine égyptienne égale à celle du Japon et qui portait toutes les marques de la plus haute antiquité. (Nouveau mémoire de l'*Académie des Inscriptions.*)

Moïse trouva parmi les Hébreux, après leur sortie d'Égypte, des ouvriers en bois, des orfèvres, des graveurs en pierres fines, etc.

« entre eux le commerce de la mer, que les Égyptiens s'étaient princi-
« palement emparés du commerce de l'Orient par la Mer Rouge, et les
« Phéniciens de celui d'Occident par la mer Méditerranée. »

Quoiqu'il en soit, la gloire de l'Égypte ne fut pas toujours éclipsée
par celle des audacieux ennemis d'Alexandre : un jour, Tyr disparut et
Alexandrie devint, quelque temps la reine de l'Orient.

Les Phéniciens n'occupaient qu'une lisière assez étroite, le long des
côtes de la mer ; Tyr, elle-même, était bâtie au milieu de sables et de
rochers ; et ils étaient entourés de peuples remuants, avides et jaloux.

Ces désavantages n'étaient pas, il est vrai, sans compensation : ils
avaient sur leurs côtes d'excellents ports et particulièrement celui de la
capitale. Fondée par le négoce et pour le négoce, le génie même de
cette passion, Tyr, dès son origine, avait un tel succès dans le commerce, que son petit territoire, sec et stérile, regorgeait d'habitants, et
que ce fut là, pour cette ville, un moyen de plus d'accroître son acti-
vité, d'étendre ses relations et d'établir chaque jour de nouvelles colonies, dont elle était la métropole.

« Les Phéniciens, dit l'auteur de l'*Histoire ancienne*, surent si heu-
« reusement profiter de ces divers avantages, que bientôt ils se rendi-
« rent les maîtres de la mer et du commerce. Le Liban et les autres
« montagnes voisines leur fournissant d'excellents bois pour la cons-
« truction des vaisseaux, on leur vit en peu de temps de nombreuses
« flottes marchandes, qui hasardèrent des navigations inconnues pour y
« établir leur négoce. Ils ne se bornèrent pas aux côtes et aux ports de
« la mer Méditerranée ; ils entrèrent dans l'Océan par le détroit de Cadix
« ou de Gibraltar, et s'étendirent à droite et à gauche. »

Quoi qu'on ait dit pour expliquer la prospérité de la ville de Tyr,
on est encore étonné qu'un si petit État, si bien fait, en apparence,
pour la médiocrité ou pour être la proie d'un autre, se soit élevé à un
tel degré de gloire et de puissance, et occupe tant de place dans l'histoire des grandes nations. Dans l'âge moderne, parmi les villes qui ont
dû au commerce leur grandeur et leur indépendance, on ne trouve à
lui opposer que la République de Venise.

Ce que nous disons de Tyr n'est pas exagéré, toute l'antiquité est
unanime à le reconnaître ; écoutez le témoignage du prophète Ézéchiel :

« Et tu diras à Tyr, qui habite au bord de la mer, et dont les flottes
vont aux îles lointaines : « Le Seigneur a parlé ; Tyr, tu as dit dans ton
« cœur : Assise au milieu des mers, je suis éclatante de beauté.

« Les peuples voisins, qui ont élevé tes murs, se sont plu à t'em-
« bellir.

« Tes vaisseaux sont construits avec le sapin de Sanir; les cèdres du
«Liban ont formé tes mâts ;

« Les chênes de Basan, tes rames; tes matelots se reposent sur le bois
« de Chypre, orné d'ivoire, et tes demeures sont construites avec le bois
« des îles de l'Italie.

« Le lin de l'Égypte a tissu tes voiles et tes pavillons; tes vêtements
« sont teints de l'hyacinthe et de la pourpre de l'Hellespont.

« Les habitants d'Arouad et de Sidon sont tes rameurs ; tes sages, ô
« Tyr, sont devenus tes pilotes..... Tes guerriers sont le Perse, le Lydien
« et l'Égyptien ; ils ont suspendu à tes murailles leurs cuirasses et leurs
« boucliers pour te servir d'ornement.

« Les enfants d'Arouad bordent tes murs et les Djémédéens gardent
« tes tours , où brillent leurs carquois; toutes les contrées de la terre
« s'empressent de rehausser l'éclat qui t'environne ; tu as été comblée
« de gloire et de richesses. »

Et l'homme de Dieu, dont la parole et les idées s'élèvent davantage ,
à mesure qu'il approche de la prophétie, s'écrie tout-à-coup :

« O Tyr, tes navigateurs ont touché à tous les bords; et voilà que les
« flots de la mer vont s'élever contre toi ; un vent violent te précipitera
« au milieu de l'abîme. Tes richesses, tes trésors, ton commerce, tes
« négociants, tes matelots, tes pilotes, tes hommes de guerre , et cette
« multitude qui était au milieu de toi tomberont dans la mer au jour
« de ta ruine.

« Qui a été semblable à Tyr, devenue muette au milieu des eaux ?

« Ses vaisseaux sortaient de ses ports pour alimenter les nations : son
« commerce avait enrichi les rois de la terre.

« Et voilà que Tyr, et ses richesses, et son peuple immense ont été
« précipités au fond de la mer.

« Les navigateurs de tous les peuples ont sifflé sur toi : tu as été
« réduite à rien, et tu ne seras plus à jamais. »

Deux grands faits dominent surtout dans l'histoire des Phéniciens : la
fondation de Carthage, dont nous aurons à parler, et le tour de l'Afrique, qu'ils firent pour le compte du roi d'Égypte, Néchao (640 avant
J.-C.). Leur flotte courut les mers australes, erra longtemps, et, ayant
poussé jusqu'au détroit de Gibraltar, elle entra dans la Méditerranée et
revint en Égypte trois ans après son départ. Ce voyage et ceux que les
Tyriens entreprenaient sur les côtes de l'Espagne, et bien au-delà du
détroit, ont fait croire qu'ils étaient les inventeurs des voyages de longs
cours. Quelques-uns en ont aussi conclu, en considérant, en outre, les
courses que les Carthaginois poussaient jusqu'aux îles Britanniques, que

les anciens connaissaient la boussole ou du moins quelque autre moyen de s'orienter, en l'absence des étoiles. On ne peut dire sûrement, en effet, qui trouva l'aiguille aimantée. Il est certain que cette découverte date, au moins du commencement de notre ère [1].

Lorsque l'on voit quelle étendue, quel degré de perfection avaient déjà atteint, chez les Phéniciens, les affaires et la navigation, on regrette vivement qu'aucun monument de leur droit maritime ne nous soit parvenu. Il est évident qu'entre tant de peuples, dont les flottes marchandes se croisaient sur mer, se pressaient et s'entre-choquaient dans chaque port, il existait des conventions, un droit international et qu'il était sans doute écrit comme le furent les lois de Moïse, de Lycurgue et de Solon. Croirait-on qu'il n'y avait pas, à cette époque, des commerçants qui louaient leurs navires, qui empruntaient de l'argent pour payer leur fret ou leur cargaison ; qu'il n'y avait pas des fréteurs et des affréteurs, des capitaines et des prêteurs *à la grosse*, et par suite des chartes-parties, des contrats *à la grosse* et même d'assurance ? Les mêmes causes produisent toujours les mêmes effets, les mêmes nécessités les mêmes expédients ; l'homme d'aujourd'hui n'est que l'homme d'autrefois, *nihil sub sole novum*.

La prophétie, que nous venons de citer, renferme presque tout ce qui faisait la matière du commerce de Tyr et des autres nations : l'or, l'argent, le fer, le cuivre, l'étain, le plomb, les perles, les diamants et toutes sortes de pierres précieuses ; la pourpre, les étoffes, les toiles, l'ivoire, l'ébène, les bois de cèdre ; la myrrhe, les cannes odoriférantes, les parfums ; les esclaves, les chevaux, les mulets, le froment, le vin, les bestiaux ; enfin, toutes sortes de marchandises précieuses.

La Judée, dont les revenus du fisc, énormes pour un pays si restreint, étaient de deux cent millions, faisait sous les règnes de David et de Salomon, un commerce extraordinaire avec l'Arabie et la Perse. Les Hébreux avaient construit deux ports : l'un, à l'une des embouchures de l'Euphrate ; l'autre, dans une île sur les côtes de l'Arabie, tous les deux au fond du golfe Persique. C'étaient Elath et Asiongaber. On ne

---

[1] Le prussien Klaproth (1783-1835) croit avoir établi que, 1,200 ans avant Jésus-Christ, les Chinois savaient que la pierre aimantée possédait la vertu d'affecter constamment la direction polaire, lorsqu'on la suspendait de manière à se mouvoir dans un plan orizontal. Gioja (Favio), d'Amalfi, et né en 1300, n'est pas l'inventeur de la boussole ; car Guyot de Provins, en 1190, en fit en vers une parfaite description. Hugues de Bercy en fit autant dans le XIIIᵉ siècle. C'est peut-être Gioja qui la suspendit sur un pivot.

peut pas dire cependant que les Juifs aimaient déjà le commerce.
D'après Josephe, sa nation, uniquement occupée de l'agriculture,
connaissaient peu la mer; « aussi, ajoute Montesquieu, ne fut-ce que
« par occasion que les Juifs négocièrent dans la Mer Rouge. »

Parmi les villes grecques qui s'adonnèrent au négoce, on doit mentionner Athènes, Rhodes et Corinthe. « Jupiter, dit Homère *(Iliade,*
liv. 2), aima les Rhodiens et leur donna de grandes richesses. » Leurs
lois ou coutumes commerciales étaient regardées comme les meilleures.
Les autres peuples les observaient. Nous verrons bientôt ce que Justinien en a conservé dans sa compilation des Pandectes.

Le même poète donne à Corinthe l'épithète de « riche. » « Cette der-
« nière ville, dit Montesquieu, fut admirablement bien située : elle
« sépara deux mers, ouvrit et ferma le Péloponèse, et ouvrit et ferma la
« Grèce. Elle fut une ville de la plus grande importance dans un temps
« où le peuple grec était un monde et les villes grecques des nations.
« Elle fit un plus grand commerce qu'Athènes. Elle avait un port pour
« recevoir les marchandises d'Asie, elle en avait un autre pour rece-
« voir celles d'Italie; car, comme il y avait de grandes difficultés à
« tourner le promontoire Malée, où des vents opposés se rencontrent et
« causent des naufrages, on aimait mieux aller à Corinthe.... »

Lorsque Athènes eut vaincu le grand Roi, elle abattit les forces maritimes de la Syrie, de l'île de Chypre et de la Phénicie, et se trouva, un
instant, en possession de l'empire des mers ; mais elle le fit moins servir
à son commerce qu'à son ambition politique. Le lucre n'était pas le
génie d'Athènes. La domination des autres grecs, l'indépendance, la
philosophie, les lettres, les arts, la gloire et l'admiration universelle,
tel était le rêve d'un athénien.

« Athènes, dit Xénophon, a l'empire de la mer ; mais, comme l'Atti-
« que tient à la terre, les ennemis la ravagent, tandis qu'elle fait ses
« expéditions au loin. Les principaux laissent détruire leurs terres et
« mettent leurs biens en sûreté dans quelque île, *la populace,* qui n'a
« point de terres, vit sans aucune inquiétude. Mais, si les Athéniens
« habitaient une île, et avaient, outre cela, l'empire de la mer, ils
« auraient le pouvoir de nuire aux autres, sans qu'on pût leur nuire,
« tandis qu'ils seraient les maîtres de la mer. »

Assurément ces réflexions n'indiquent pas chez les bourgeois de
l'Attique beaucoup d'amour ni d'aptitude pour le gain et les affaires.
D'ailleurs, on s'en étonne peu, quand on pense que les riches d'Athènes
étaient sans cesse menacés dans leur fortune et dans leur liberté, et que
le gouvernement appartenait au bas peuple, qui, loin de songer aux

moyens d'acquérir et de conserver, ne veut jouir que du moment, et, pour cette jouissance, ne craint pas d'aller jusqu'au crime, et allait même à Athènes jusqu'à se distribuer les deniers publics.

Le négoce des Athéniens était donc presque borné à la Grèce, aux îles voisines qui leur appartenaient, et au Pont-Euxin, d'où ils tiraient leur subsistance.

Si la noble et fière Athènes dédaignait le lucre et les affaires de comptoirs, il n'en était pas de même des îles de la Grèce et des colonies grecques de l'Asie. Là, tout le monde était marchand, on vendait tout, même l'art et les œuvres de l'art, et l'épithète de *grec* en devint synonyme d'homme rusé et cupide.

CHAPITRE V

CARTHAGE ET MARSEILLE

> Devictæ Carthaginis arces
> Procubuère; jacent infausto in littore turres
> Eversæ. Quantùm illa metûs, quantùm illa laborum
> Urbs dedit insultans Latio et Laurentibus arvis!
> Nunc passim, vix reliquias, vix nomina servans,
> Obruitur, propriis non agnoscenda ruinis.

L'affaiblissement de Tyr, par suite des désastres infligés à toute l'Asie par quelques milliers de grecs, sa décadence, enfin, sa destruction, les troubles et les guerres qui précédèrent et suivirent en Orient la mort d'Alexandre, opérèrent dans le commerce de grandes révolutions. Le négoce, qui vit du calme et de sécurité, se réfugia sur les côtes d'Afrique, de Sicile et des Gaules. Carthage et Marseille avaient hérité de l'empire maritime. Quoique rivales, elles parvinrent en peu de temps à une rare prospérité.

Avant d'en parler, nous devons en finir avec l'Orient. Alexandre avait pris d'assaut la ville de Tyr et l'avait rasée. Mais en lui ôtant sa marine et son commerce, il ne songeait pas à les anéantir : il bâtit Alexandrie et l'en dota.

« Ce nouvel établissement, dit Rollin, est, sans contredit, le plus « grand, le plus noble, le plus sage et le plus utile dessein qu'ait formé « ce conquérant. » La situation d'Alexandrie était, en effet, des plus heureuses. D'un côté, elle avait un libre commerce avec l'Asie et avec tout l'Orient par la Mer Rouge; de l'autre, celui de l'Afrique et de l'Europe lui était assuré par la mer Méditerranée; elle devenait ainsi le dépôt de toutes les marchandises de l'Orient et de l'Occident. Plus tard, Constantinople jouira à-peu-près des mêmes avantages.

Alexandrie n'en profita pas autant que Rollin veut bien le dire : son commerce n'eut jamais une bien grande étendue, du moins en Europe ; on ne peut vraiment le comparer à celui de Carthage. Cependant sous le règne de Ptolémée Philadelphe, il fut très-florissant.

Carthage, en digne fille de Tyr, se livra tout entière au commerce. On ne trouve point chez elle d'autre passion que celle du gain et des richesses. La vie publique même n'y avait pas d'autre objet. Le Sénat ne se réunissait que pour traiter d'affaires commerciales, pour ordonner des travaux sur la flotte ou dans les ports, pour veiller au succès des entreprises maritimes, à la sûreté des colonies déjà fondées ou pour en établir de nouvelles.

Carthage n'a point d'école, ou bien l'on n'y enseigne que la géographie, le calcul et l'astronomie, sciences que le commerce et la navigation rendent indispensables. Encore les apprend-on beaucoup moins par les maîtres que par la pratique.

Jamais un Carthaginois ne se pique de bel esprit ; il ignore qu'il y a des arts libéraux. La poésie, l'éloquence, la philosophie sont des futilités qu'il laisse aux Grecs. Les jeunes gens, depuis leur enfance, n'entendent parler que de comptes, que de marchandises, que de vaisseaux, que de voyages sur mer. L'habileté dans le trafic est comme une succession dans les familles, et fait la meilleure partie de l'héritage des enfants.

Le culte même des Carthaginois est un trafic, un odieux trafic. Leur divinité est barbarement cupide : elle n'échange ses faveurs que contre le sang, le sang le plus innocent et qui coûte le plus de larmes, celui des enfants.

Chez ce peuple extraordinaire, le commerce était tout ; le reste n'était rien, ou n'était qu'un accessoire.

Et que penser maintenant de son droit des gens ? La République faisait noyer tous les étrangers qui trafiquaient en Sardaigne et vers les colonnes d'Hercule ; quelques années avant la première guerre punique, elle déclara aux Romains ne pouvoir souffrir seulement *qu'ils se lavassent les mains dans les mers de la Sicile*. Et quelle tyrannie que son droit politique ! Elle défendit aux Sardes de cultiver la terre sous peine de la vie.

Avec les Carthaginois, l'art de la navigation fit vraiment de grands progrès. Ils acquirent, dit Polybe, une telle science de la mer, qu'en cela aucun autre peuple ne les égalait. Ils purent aborder en Angleterre, fonder même des établissements dans les îles Cassitarides, au sud-ouest du Cornouailles. Par ordre du Sénat (510 av. J.-C.), Hamon entreprit le tour de l'Afrique; il s'arrêta au troisième degré, après les îles Canaries, pour y établir une colonie. De là, il s'avança vers le Midi; et cette seconde navigation dura vingt-six jours; elle fut interrompue par le manque de vivres. Quelques savants prétendent qu'il était parvenu jusqu'aux extrémités de l'Arabie.

Hamon a écrit l'histoire de ses voyages. « C'est un beau morceau de « l'antiquité, dit Montesquieu, que la relation d'Hamon : le même « homme, qui a exécuté, a écrit; il ne met aucune ostentation dans ses « récits. Les grands capitaines écrivent leurs actions avec simplicité, « parce qu'ils sont plus glorieux de ce qu'ils ont fait que de ce qu'ils « ont dit.

« Les choses sont comme le style. Il ne donne point dans le mer-« veilleux; tout ce qu'il dit du climat, du terrain, des mœurs, des « manières des habitants se rapporte à ce qu'on voit aujourd'hui dans « cette côte d'Afrique : il semble que c'est le journal de nos naviga-« teurs. » On en a cependant nié l'authenticité.

Cet Hamon avait, du reste, de singuliers talents : il apprivoisait les animaux les plus sauvages et se servait des plus forts, comme de bêtes de somme. Il avait tellement adouci la férocité d'un lion, qu'il lui faisait porter une partie de ses bagages. Cette habileté lui devint funeste. Les Carthaginois s'imaginèrent que cet homme, après avoir réduit en servitude le roi des animaux, tenterait peut-être aussi d'y mettre ses propres concitoyens. C'est pourquoi ils l'exilèrent pour le reste de ses jours. Pour une République, c'était bien peu faire cas de la liberté individuelle!

Le commerce des Carthaginois eut longtemps, pour principal objet, les métaux, le plomb et l'étain, qu'ils allaient chercher dans la Gaule occidentale et même en Angleterre; l'or et l'argent qu'ils chargeaient, en particulier, sur les côtes de l'Espagne.

Les mines de ce dernier pays étaient bien abondantes : les Phéniciens, en abordant à Tartèse, y avaient trouvé tant d'argent que les navires ne pouvaient le contenir et qu'ils firent faire de ce métal leurs plus vils ustensiles; ils en mettaient jusqu'aux ancres de leurs vaisseaux. Aristote le raconte dans ses *Choses Merveilleuses*.

Au temps de la prise de Tyr, Carthage était dans sa plus grande prospérité. Elle commença dès-lors à décliner; pour étendre encore son trafic, elle s'avisa de faire la guerre; ses flottes, accoutumées à ne porter que des marchands et des marchandises, ne furent plus chargées que de munitions de guerre et de soldats; les affaires languirent : il se ferma deux partis : l'un, qui tenait pour le gain et les vieilles traditions de la patrie, et l'autre, qui, s'ennuyant de l'état pacifique de marchand, préférait la gloire des armes à celle du trafic. Ce dernier l'emporta : on déclara deux fois la guerre aux Romains; on envoya Amilcard en Espagne. Bientôt Annibal franchit les Pyrénées et les Alpes, et gagna partout des batailles. Les Carthaginois se couvraient de gloire aux portes de Rome, tandis que leur commerce n'était plus rien. A la fin, le parti de la paix et des affaires se réveilla; ses plaintes prévalurent, et Annibal ne reçut plus ni vivres ni soldats. Carthage ne songeait plus à la guerre, quand Scipion la porta chez elle. Aussi remporta-t-il une facile victoire.

Dès-lors sa décadence fut rapide et le mal sans remède. Ainsi le trafic lui avait donné la naissance; le trafic lui donna l'accroissement, et le trafic fut cause de sa ruine.

A l'époque de la seconde guerre punique, la rivale de Rome comptait sept cent mille habitants et était maîtresse de trois cents villes en Afrique et d'une étendue de pays de plus de mille lieues.

Marseille eut toujours Carthage pour ennemie. Celle-ci ne lui pardonna jamais, d'abord d'être sortie d'une colonie grecque et de faire le commerce, et ensuite de s'être alliée aux Romains. Montesquieu a écrit l'histoire de Massilia en ce peu de lignes : « Il y eut, dans les premiers « temps, de grandes guerres entre Carthage et Marseille au sujet de la « pêche. Après la paix, elles firent concurremment le commerce d'éco- « nomie. Marseille fut d'autant plus jalouse que, égalant sa rivale en « industrie, elle lui était devenue inférieure en puissance : voilà la « raison de cette grande fidélité aux Romains. La guerre que ceux-ci « firent contre les Carthaginois en Espagne fut une source de richesses « pour Marseille, qui servait d'entrepôt. La ruine de Carthage et de « Corinthe augmenta encore la gloire de Marseille; et sans les guerres « civiles, où il fallait fermer les yeux et prendre un parti, elle aurait « été heureuse sous la protection des Romains, qui n'avaient aucune « jalousie de son commerce. » [1].

---

[1] Deux anciens interprètes des Pandectes, Mornac et Gibalinus, nous apprennent qu'à l'exemple des Rhodiens, les Marseillais avaient fait des lois nautiques, mais que l'injure des temps nous les a dérobées : « *Quondàm à Massiliensibus plurimæ leges nauticæ, instar Rhodiaram, conditæ fuerunt; quas hodiè ignoramus, eò quòd vel injuriâ temporum, vel hominum ignariâ perierunt.*

[2] La République marseillaise se gouverna toujours avec sagesse, et conserva ses principes. Les statuts municipaux, qui furent promulgués dans

Comme sa rivale, elle aimait à étendre ses relations. En 320 avant J.-C.), le marseillais Pythéas, astronome, géographe et navigateur, ayant dépassé les îles Britanniques et le 60ᵐᵉ degré de latitude vers l'Ouest, aborda dans une île, qu'il nomma l'île de Thulé. Cette terre nouvelle, où il observa que le soleil se levait presque aussitôt qu'il s'était couché, ne peut être que l'Islande.

CHAPITRE VI

ROME

> Ils (les Romains) furent maîtres d'abord
> dans un art (art naval), qu'ils ne connais
> saient pas.
>
> (BOSSUET, *Hist. univ.* VIIᵉ époque.)

On a dit que les premiers Romains ignoraient ce qu'est un navire, et méprisaient le commerce. Ce n'est pas tout-à-fait exact. Ce qui est vrai, c'est que Rome ne vit jamais, dans le négoce, le fondement et l'appui de son existence. En effet, quoiqu'elle le pratiquât, elle ne se montrait point jalouse de ce qu'un peuple voisin y réussissait mieux qu'elle, pourvu toutefois qu'il devînt son allié et qu'il ne prît pas le luxe et les richesses pour le chemin de la domination. Il faut aussi reconnaître que les Romains n'eurent d'armée navale que fort tard. Mais ils savaient de bonne heure ce qu'étaient une galère et un marchand : ils avaient vu l'un et l'autre sur le Tibre. Les Phéniciens, qui trafiquaient partout, avaient dû les soustraire à cette ignorance. Eux-mêmes, sous les Rois, se livraient au commerce de la mer. C'est incontestable, puisqu'on les

---

le XIIIᵉ siècle, renferment, au sujet de la navigation et des contrats maritimes, plusieurs chapitres qui sont dignes de l'antiquité la plus éclairée; et nous pouvons nous glorifier que nos anciennes lois nautiques ne sont pas perdues; elles avaient été gravées sur la pierre : *Eorum leges Jonico mare erant publicè proposita.* Elles ont été transmises d'âge en âge par les mœurs des citoyens et par l'esprit de commerce, qui rend Marseille toujours plus florissante. »

(ÉMÉRIGON. *Traité sur le Prêt à la gr. av. et les As. mar.* Préface).

voit régler leurs droits maritimes avec Carthage, l'an 244 de la fondation de Rome. c'est-à-dire l'année même que Brutus proclama la République. Ce qui le prouve encore, ce sont les paroles du Consul Marcius,
annonçant aux Carthaginois que le Sénat de Rome avait décrété la destruction de leur ville. « C'est la mer, leur dit-il, c'est la mer et vos
« grandes richesses qui vous ont perdus; c'est la mer qui vous a fait
« envahir la Sicile et ensuite l'Espagne. En temps de paix même, vous
« attaquiez *nos vaisseaux marchands*, et pour dérober l'horreur de votre
« crime, vous jetiez les hommes dans la mer. » Ces derniers mots désignent, sans aucun doute, des faits antérieurs à la première guerre
punique. Car après et même longtemps avant, les Romains, dont la
force et l'orgueil était déjà redoutés, n'auraient point laissé un pareil
outrage impuni. Du moins est-il certain que leur commerce ne date
pas de leur puissance maritime et qu'ils avaient des comptoirs en Sicile
et en Afrique, avant d'y construire des camps et des forteresses.

La première bataille des Romains, gagnée sur mer, est de l'année 416,
de la fondation de Rome. Ils défirent la flotte des Antiates, et des navires
pris on enleva les éperons, pour les mettre dans la tribune aux haran-
gues, qui, depuis cette époque, se nomma les *rostres*. Les premiers
rostres sont, en effet, antérieurs aux victoires de Duilius, quoi qu'on
en ait dit.

En 445, on établit deux magistrats, pour veiller au commerce de mer,
pour équiper et entretenir les vaisseaux de la République.

Les Romains ne s'adonnèrent sérieusement à la navigation militaire
qu'en l'année 493. C'est alors que Duilius put, en quelques semaines,
construire et équiper une flotte de cent galères à cinq rangs de rames,
et vingt à trois rangs. Les plus grandes portaient chacune trois cents
rameurs et cent cinquante soldats. C'est alors aussi qu'il inventa son
fameux corbeau, qui lui valut un triomphe.

Le Sénat de Rome n'avait pas la passion de la mer; loin de seconder
le zèle de ses duumvirs, il laissait dépérir ses flottes ou bien en louait
les navires aux particuliers. Cependant les armées carthaginoises de
terre et de mer inquiétaient, gênaient partout l'influence romaine; le
bruit des victoires d'Amilcar vint le secouer de son indolence. C'est
alors que le patriotisme des Romains donna une flotte à la République.

Le Sénat du reste ne vit jamais dans la navigation qu'un moyen, non
d'étendre le commerce, mais d'augmenter sa domination et de faire des
conquêtes. Ébloui de la gloire des armes, uniquement occupé du dessein de conquérir le monde, il regarda le trafic et le luxe, fruit du trafic, comme une source de corruption et de ruines. S'il s'en servait

pourtant, il ne l'encourageait pas; il le laissait aux esclaves et aux peuples qu'il voulait subjuguer. Il est vrai que l'esprit de conquête et l'esprit de commerce s'excluent mutuellement dans une même nation; pour s'en convaincre, il suffit de se rappeler Napoléon Ier et le système continental. En effet, l'esprit de conquête entraîne fatalement le tumulte, le désordre, la désolation, et porte partout le trouble; l'autre, au contraire, ne respire que la paix et la tranquilité.

Si la République favorisait peu, chez elle, le commerce et l'industrie, elle les soutenait pourtant chez les autres peuples, qui étaient ses alliés. Après la ruine de Carthage, elle se fit la protectrice de toutes les îles de l'Ionie. Vint une époque, dans ses guerres contre Mitridate, où tout le bassin de la Méditerranée recherchait sa tutelle. Protéger les faibles est le secret de ceux qui veulent devenir les plus forts. Aux uns elle concédait le *droit italique*, aux autres elle abandonnait la mer et les navires qu'elle y avait pris sur l'ennemi. Elle fit cette dernière largesse à Corfou, à Apollonie et à Dyracchium.

L'archipel Ionien, les côtes voisines et presque toutes les îles de la Grèce jouissaient alors d'une prospérité inouïe. On y voyait autant de gouvernements séparés que de villes différentes. Outre son école de philosophie, ses théâtres et ses jeux, chacune avait un port, une flotte et un grand commerce. Aujourd'hui, l'aspect de ces rivages est bien changé : tout y était fertile et riant, on n'y voit que des rochers nus, le désert et la tristesse.

Les sentiments généreux de Rome ne laissaient pas que de tourner à son profit. Ce magnifique bassin de la Méditerranée, qui devrait être un lac français, disait-on jadis, devenait un lac romain, d'où la République tirait des troupes, des vivres et toutes sortes de richesses. Il lui fournissait même des esclaves. Cette marchandise lui venait particulièrement de l'île de Délos, où souvent l'on en mettait en vente plus de dix mille à la fois. C'était surtout la piraterie qui alimentait ces marchés de chair humaine. Les Ciliciens dépeuplaient les côtes de l'Asie-Mineure et allaient ensuite vendre leurs captifs aux intendants des grandes maisons de Rome.

L'histoire des païens abonde en faits de cette nature. Mais Dieu en châtie parfois les auteurs bien cruellement. Ces Romains qui s'entendent ainsi avec d'infâmes pirates pour faire une traite d'hommes libres, pour multiplier leur faste et leur orgueil en multipliant leurs crimes et leurs débauches d'inhumanités, ces Romains, dis-je, deviendront, à leur tour, des victimes de leurs complices. Le Cilicien ne bornera pas ses brigandages aux côtes de la Syrie, il infestera la mer et les ports de la

Sicile, de Naples et de toute l'Italie; bientôt il vaincra des Préteurs et des Consuls romains, il mettra dans les fers, il humiliera les plus fiers citoyens de la *Ville*. Il fera plus : il tirera du milieu de ses prisonniers quelques soldats obscurs et souvent indignes, il les chargera de la pourpre consulaire, il les pendra aux mâts de ses navires; ou bien, après les avoir souffletés, battus et conspués, il les jettera dans la mer avec tous les insignes de la grandeur romaine. Il apparaîtra devant Gaète, il viendra même dans Ostie; la panique en montera au Capitole. Le Sénat et le peuple, affolés de terreur, tomberont aux genoux de Pompée, un sauveur débonnaire, celui-là, mais dont les pouvoirs illimités seront comme une semence fatale, d'où il naîtra, au sein même de la République, des pirates et des Césars. Et Rome, à son tour, connaîtra la dure servitude!

Les premiers pirates sortaient de la Cilicie; leurs bandes étaient le fruit des guerres et des troubles, dont les derniers successeurs d'Alexandre affligèrent la Syrie. Dans la suite, on comprit sous le nom de CILICIENS un ramassis de voleurs et de scélérats, venus de toutes les contrées de l'Orient et même d'Europe. Comme les côtes de la Cilicie étaient d'un abord difficile et ne présentaient que des rochers et des écueils; quoique maîtres de tout le littoral voisin, ils en firent le lieu de leur principal repaire. A la fin, ils avaient non-seulement des ports et une flotte, mais encore de grandes villes, comme Phasélis et Olympe. Mitridate lui-même se disait leur allié.

C'est pendant l'une de ces guerres que la République soutenait contre le roi du Pont, que Jules César, devenu leur captif, se vengea d'eux avec autant d'esprit que de courage.

Il revenait de Bithinie, de chez le roi Nicomède, avec lequel il avait eu des relations peu honorables et qui auraient compromis, s'il ne l'avait déjà perdue, sa réputation de bonnes mœurs. A la hauteur de l'île de Pharmacuse, il tomba entre les mains des pirates. Ceux-ci lui demandèrent vingt talents pour sa rançon. Peu troublé, le jeune praticien éclate de rire : « Je vois bien, leur dit-il, que vous ne connaissez pas « le personnage que vous avez pris; je vous en donnerai cinquante. » Et aussitôt il envoya ses gens dans les différentes villes du continent; il ne retint auprès de lui qu'un ami et deux serviteurs.

Quoiqu'il fût presque seul au milieu de ces brigands, il les regardait avec hauteur, et s'il voulait dormir, il leur commandait de se taire. A la fin des trente-huit jours qu'il passa avec eux, il n'était plus un prisonnier, mais un maître dont ils étaient les gardes et les valets. Du reste, il prenait part, en toute sécurité, à leurs jeux et à tous leurs exercices. Souvent il s'amusait à composer quelque morceau de poésie ou des discours oratoires qu'il lisait ensuite à ses pirates; et s'ils n'admiraient pas ces pièces, il les traitait d'ignorants et de barbares. Chaque jour, il leur disait d'un air enjoué : « Patience, mes amis, patience; bientôt vous serez tous mis en croix. » Tant de liberté et d'insolence n'étaient, pour ses geôliers, que de la bonne humeur et de la jeunesse; ils en riaient toujours.

Cependant la galère, qu'il avait envoyée à Milet, en était revenue avec la somme promise. A peine César a-t-il payé sa rançon, qu'il se hâte de gagner Milet; il y arme aussitôt deux ou trois petits navires, se met en mer et surprend les pirates dans la rade même où il les a laissés. Il reprend sur eux l'argent qu'il leur a donné, et, les ayant conduits enchaînés à Pergame, il les fait supplicier comme il le leur a trop souvent promis. (Plut. *Vie de César*, trad. ital. de G. Pompei, t. VI, p. 312 et 314.)

Lorsque la République eut conquis l'Orient, elle comprit mieux l'importance des affaires et d'une bonne marine. On avait fait de riches conquêtes, il les fallait conserver et en tirer le meilleur parti possible. D'où la nécessité d'avoir, avec des soldats, des navires et un commerce. Le niveau des vertus romaines était d'ailleurs bien descendu. On était loin de mépriser l'or et le luxe, comme du temps de Fabricius; le négoce, qui les procurait, s'était presque ennobli. Comme l'État, les particuliers tournaient leur ambition vers la marine et les côtes de l'Asie. Comment un Fabius, un Pollion, un Lucullus et tous les grands de Rome n'auraient-ils pas eu des marins, des escadres, eux qui disposaient, chacun, de plusieurs milliers d'esclaves, d'une ou deux provinces en Syrie ou en Afrique? C'étaient des rois qui faisaient le commerce, et parfois même guerroyaient pour leur propre compte.

A une époque plus modeste de la grandeur romaine, Caton, l'austère Caton, plaçait, dit Plutarque, son argent sur les vaisseaux. Le bonhomme faisait des prêts à la *grosse aventure*, et d'autres aussi. « Il est bon, dit-il, de prêter au peuple, d'augmenter sa fortune par le commerce; mais il faut éviter les opérations qui la peuvent compromettre. » (Cat. *init. lib. De re rusticâ*). Pour lui, il était membre d'une Société qui avait sur mer cinquante bâtiments...... Si c'étaient là le langage et la conduite de celui que l'on regardait comme la règle même du vieil esprit romain, jugez maintenant de ce que devait être l'austérité des autres!

Cicéron, lui, se montre plus réservé que le censeur : « S'il ne s'agit, dit-il, que d'un médiocre trafic, *mercatura, si tenuis est*, n'en faites pas de cas, *sordida putanda est*; c'est trop vil. Quant au négoce, qui roule

« sur de grandes opérations, et qui, apportant de toutes parts une
« grande abondance de choses utiles à la vie, donne moyen à chacun
« de se fournir de ce qu'il lui faut, on ne saurait le blâmer, lorsqu'il
« s'exerce sans fraude et sans mensonge. Il n'a rien que d'honnête et
« de louable, si ceux qui s'y appliquent ne sont pas insatiables et se
« contentent d'avoir gagné du bien jusqu'à un certain point. » (De offic.
liv. 1, n° XLII). D'où viennent à l'orateur ces scrupules qu'on ne trouve
pas chez Caton, qui cependant personnifie la vertu antique? Ah !...
Cicéron écrivait le livre des devoirs; puis.... il ne vivait que pour les
honneurs et la gloire. Caton, sans dédaigner les belles et bonnes places,
s'accommodait des petites affaires et des petits profits; du reste, il
connaissait mieux que Cicéron les hommes et la pratique de la vie.

Revenons à la marine militaire. Jamais les flottes de la République
ne furent ni plus belles, ni mieux commandées que dans les guerres que
déchaîna le poignard de Brutus. Chaque compétiteur eut son armée
navale. Agrippa dirigeait celle d'Octave, et y employait vingt mille matelots. C'est à cet homme de génie, que les Romains durent la construction du port Jules. Les deux plus grands poëtes de Rome, ont célébré
ce travail fameux.

A propos de la flotte d'Octave, Appien rapporte une curieuse céré-
monie : « César, dit-il, fit avec soin la lustration de sa flotte. On dressa
des autels précisément sur le bord de la mer. En face étaient rangés les
vaisseaux, garnis de leurs matelots et de leurs soldats, qui tous observaient un profond silence. Les prêtres, après avoir égorgé les victimes,
en prirent les entrailles, et, montant des esquifs, ils firent trois fois le
tour de la flotte, accompagnés des principaux commandants, qui priaient
les dieux de faire tomber sur ces victimes, tous les malheurs dont la
flotte pouvait être menacée. Ensuite les prêtres jetèrent dans la mer,
une partie des entrailles, et brûlèrent l'autre sur les autels. »

Vers l'an 37 avant J.-C., toutes les forces militaires de la République
avaient été concentrées sur la mer. On voyait, autour de la Sicile seulement, quatre flottes, dont on ne pouvait compter les navires de toutes
grandeurs et de toutes formes. Chacune était au service d'un parti. La
guerre civile avait trop longtemps ensanglanté la terre ; la mer devait
être désormais le principal théâtre de ses horreurs ; ce que les peuples
auraient préféré, si vainqueurs ou vaincus, après chaque bataille navale, n'avaient cherché, les uns, le prix de leur victoire, les autres, la
consolation de leur défaite, dans le pillage et la dévastation des côtes et
des plus grandes cités.

La mer était devenue la passion des généraux romains : Lépide,

Octave, Antoine et Sextus se disputaient cette amante. Mais il y avait deux rivaux plus heureux que les autres, c'étaient le neveu de César et le fils de Pompée. Ce fut Sextus le plus redoutable, du moins en apparence, qui porta le défi; César eut honte de le refuser. Au jour fixé, la rencontre eut lieu au nord de Messine, entre Myles et Nauloque. Chacun entrait en ligne avec une flotte de trois cents vaisseaux. On se battait près de terre; et les témoins étaient sur la côte : c'étaient les légions des deux adversaires, qu'ils avaient rangées sur le rivage pour mieux juger du combat. L'action fut vive et longtemps disputée. Enfin l'armée d'Octave prit la supériorité. Le corbeau ou main de fer, qu'Agrippa avait eu soin de perfectionner, assura la victoire au futur Auguste.

Sextus, pendant quelques temps, avait tenu l'empire de la mer. Aussi vain que le grand Pompée, il voulait qu'on l'appelât *fils de Neptune*. Il échangea même la pourpre romaine contre un costume vert, plus conforme à la couleur de son aïeul, l'Océan. Il ne quittait presque jamais ses vaisseaux, et il y donnait de splendides fêtes. Un jour, il offrit à Neptune des sacrifices solennels; et, pour l'honorer, il fit jeter dans la mer des chevaux, et même, selon quelques-uns, des hommes vivants.

Malgré ces extravagances, le fils de Pompée avait de l'esprit, et, ce qui valait mieux encore, l'âme d'un romain. S'il regardait la mer comme son patrimoine, c'était par vanité, il est vrai; mais aussi parce que les ennemis de sa famille l'avaient dépouillé de ses biens. Quelques temps avant la bataille de Myles, Sextus s'était réconcilié avec César et Antoine. Leur alliance devait être célébrée par de somptueux festins, qu'ils convinrent de se donner tour à tour. Ils tirèrent entre eux au sort à qui commencerait, et le sort ayant désigné Sextus, Antoine lui demanda où il les recevrait. « Là, répondit Sextus en lui montrant son « navire, là, on n'a pas laissé à Pompée d'autre maison paternelle que « celle-là. » Le trait était mordant pour Antoine, l'usurpateur même de la maison qui avait appartenu au grand Pompée dans Rome.

Sextus ne songeait point à prendre d'autre vengeance; tout entier à ses devoirs d'hôte, il se montra aussi cordial que magnifique. Les nouveaux amis d'ailleurs étaient pleins de confiance, et la joie la plus vive égaya le repas. On riait surtout aux dépens d'Antoine, dont la passion pour Cléopatre fournit matière à bien des plaisanteries; les têtes étaient échauffées, et tout le monde parlait à la fois, lorsque le pirate Ménas, s'approchant de Sextus, lui dit à l'oreille : « Voulez-vous que je coupe « les amarres et que je vous rende maître, non de la Sicile et de la Sar- « daigne, mais de tout l'univers? » — Ma foi! l'offre est belle, songeait Sextus... Et il succombait presque à la tentation; mais, tout-à-coup, se

tournant avec noblesse, il répondit à Ménas : « Tu devais le faire sans me
« le dire, mais puisque tu m'en as parlé, contentons-nous de ce que nous
« avons ; car, je ne sais point me parjurer. » Les convives n'entendirent
rien de ce qui se disait, et le repas s'acheva aussi gaiement qu'il avait
commencé. (Plut., *Vie d'Ant.-G. Pompéi*, t. VIII, pages 242 et 243.)

On pense bien qu'au milieu de tant de troubles et de guerres civiles,
qui bouleversaient le monde entier, les affaires avaient disparu, et que
le gros négoce, qui est la principale source de la prospérité commerciale, se tenait à l'écart, attendant le retour du calme et de la sécurité.
C'est ainsi dans toutes les révolutions. On le sentait bien à Rome par
les famines qui décimaient le peuple. Heureusement Auguste rendit la
paix au monde et surtout aux affaires ; aussi n'eût-il pas de peine à se
faire accepter.

Avec le premier empereur de Rome, les choses, dans le trafic comme
ailleurs, prennent une face nouvelle. Tous les préjugés sont tombés,
ou, pour mieux dire, il n'est plus besoin que les préjugés tombent. De
la vieille Rome, que reste-t-il debout ? La Rome des empereurs n'est-
elle pas, aux deux tiers, composée d'anciens esclaves devenus affranchis, d'ingénus fils d'affranchis, et d'étrangers devenus citoyens ? Rome
n'est plus, en quelque sorte, qu'une *mosaïque*, où figurent les restes
de toutes les nations vaincues. Ces Romains-là, qui n'ont de romain que
leurs vêtements et la finale de leur nom, loin de rougir du négoce, ne
cherchent pas d'autre gloire avec les jouissances de la vie.

CHAPITRE VII

DIFFÉRENTS TRAITÉS DE COMMERCE QUI NOUS RESTENT DES ANCIENS

> ..... Il faut que l'État soit neutre entre sa
> douane et son commerce, et qu'il fasse en sorte
> que ces deux choses ne se croisent point ; et
> alors ou y jouit de la liberté de commerce.
> (MONTESQUIEU, *Espr.-des-Lois,* liv. 20,
> chap. XIII.)

Au commencement de ce premier livre, j'ai annoncé différents traités
de commerce conclus dans l'antiquité. Ceux qui nous ont été conservés,
ne sont point nombreux ; en voici trois pourtant qui suffiront à prouver
que nos ancêtres les plus reculés s'occupaient, comme nous, de liberté
et de protection commerciales.

Le plus ancien date de l'an 508 (avant J-C.), de la première année de la République romaine. C'est le premier que Rome fit avec Carthage ; il est ainsi conçu :

« Entre les Romains et leurs alliés d'une part, et les Carthaginois et
« leurs alliés de l'autre, il y aura alliance à ces conditions : que ni les
« Romains ni leurs alliés ne navigueront au-delà du *Beau-Promontoire*
« (cap qui ouvrait Carthage au Nord-Est), s'ils n'y sont poussés par la
« tempête ou contraints par les ennemis ; qu'en cas qu'ils y aient été
« poussés par force, il ne leur sera pas permis d'y *rien acheter ni d'y*
« *rien prendre*, sinon ce qui sera précisément nécessaire pour le radou-
« bement de leurs vaisseaux ou pour le culte des dieux, c'est-à-dire
« pour les sacrifices, et qu'ils en partiront au bout de cinq jours ; que
« les marchands *ne payeront aucun droit*, à l'exception de ce qui se
« paye au crieur et au greffier ; que tout ce qui *sera vendu* en présence
« de ces deux témoins, ou en Afrique ou en Sardaigne, la foi publique
« en sera garant au vendeur. »

Ainsi, à Carthage, les Romains ne peuvent acheter ; mais il leur est permis de vendre. Dans ce traité de commerce, on trouve à la fois, la liberté et la prohibition, qui, l'une et l'autre, sont absolues. Pourquoi y est-il défendu aux Romains d'apporter à Rome des marchandises achetées en Afrique ? Pour les empêcher, sans aucun doute, de se procurer certaines inventions, que les Carthaginois avaient faites, pour lutter avec avantage contre leurs voisins, soit dans la guerre, soit dans le commerce. Pour mieux leur ôter les moyens de connaître son État et ses affaires, Carthage leur défendait de naviguer sur ses côtes.

Pour ce qui est de la faculté de vendre sur les marchés d'Afrique, les Romains ne l'ont, que dans les cas prévus par le traité ; mais alors ils l'ont pleine et entière. L'industrie africaine était plus féconde et plus avancée que celle des Romains ; elle n'avait rien à craindre de la concurrence. De plus, cette générosité de Carthage, la mettait en état de faire à l'égard de Rome, ce qu'elle prohibait pour elle-même. Il est probable que dans ce traité, les rusés Carthaginois n'étaient pas dupes et que les Romains ne connaissaient encore bien, ni leurs futurs ennemis, ni leurs propres intérêts.

Le second traité est de l'année 345 avant notre ère ; il fut conclu entre les mêmes parties que le premier. Il y est dit « que les Romains
« ne trafiqueront point et ne bâtiront point de villes dans la Sardaigne
« ni dans l'Afrique... ; qu'à Carthage seulement et dans la partie de la
« Sicile qui obéit aux Carthaginois, les Romains auront, par rapport
« au trafic, les mêmes droits et priviléges que les citoyens. »

Ce traité fut renouvelé, pour la troisième fois, l'an 305. (Tite-Live, liv. 9, chap. XLIII.)

Les choses ont bien changé : Rome commence à ne plus être à la merci de Carthage ; elle traite avec elle sur le pied de l'égalité, et obtient que ses propres marchands auront chez sa rivale les mêmes avantages que les citoyens carthaginois.

Ces deux premiers traités sont rapportés par Polybe, liv. 1, chap. III et suiv.

Le troisième fut conclu entre Athènes et Leucon, roi du Bosphore cimmérien (aujourd'hui la Crimée), dans le IVe siècle avant J.-C. [1], Il est ainsi mentionné par Rollin (liv. 10, chap. II, § 4) :

« La ville d'Athènes accorda le privilége de bourgeoisie et l'*exemption du droit d'entrée* à Leucon, qui régnait dans le Bosphore, et à ses enfants, parce qu'elle tirait des terres de ce prince une quantité considérable de blé, dont elle avait un extrême besoin, ne subsistant presque que de ce qu'elle en faisait venir du dehors. Leucon, à son tour, se piquant de générosité, exempta les marchands athéniens du *trentième imposé sur tous les grains qui sortaient de son pays*, et leur accorda le privilége de se fournir chez lui de blé préférablement à tous les autres. »

On voit, par ce traité, que le gouvernement d'Athènes était protectionniste. Alors, comme aujourd'hui, les gouvernements étaient pour la liberté ou la prohibition, suivant leur plus grand avantage ; ils ne consultaient point telle ou telle théorie philosophique, mais uniquement les intérêts de leurs peuples, et ils étaient dans la vérité.

---

[1] Il monta sur le trône l'an 393 avant J.-C.

LIVRE DEUXIÈME

LÉGISLATION

DU PRÊT A LA GROSSE AVENTURE DES ROMAINS (D., liv. xxıı .
tit. ıı; C., liv. ıv, t. xxxııı, etc.); ET *DE LA LOI RHODIENNE : DU
JET* (D., liv. xıv, tit. ıı).

———

CHAPITRE Jᵉʳ

DU PRÊT A LA GROSSE AVENTURE DES ROMAINS

> Mais à la fin il (Caton) devint un peu trop
> âpre et trop ardent à acquérir, et abandonna
> le labourage, disant que l'agriculture était de
> plus grande délectation que de grand pro-
> fit..... Davantage il presta son argent à usure
> maritime..... et le faisait en cette sorte : il
> voulait que ceux à qui il prestait son argent
> pour trafiquer sur mer, associassent plusieurs
> autres marchands avec eux , jusqu'au nombre
> de cinquante, et qu'ils eussent autant de na-
> vires, et lors il entrait dans la société pour une
> partie seulement, laquelle il faisait manier
> par un de ses serfs affranchis, qui s'appelait
> Quintion.
>
> (Plut. M. Caton , trad. d'Amyot.)

NOTIONS PRÉLIMINAIRES

Tout porte à croire , en parcourant la collection des lois romaines,
que les anciens maîtres du monde s'étaient soumis au droit commercial
des autres peuples ; car leur propre législation est, ou peu s'en faut,
purement civile. Venus dans un temps où le commerce était déjà très-
répandu , ils trouvèrent sur le négoce des lois et des coutumes bien
supérieures à celles qu'ils auraient pu faire. Sachant , d'une part, grâce
à leur bon sens ordinaire, qu'en pareille matière, l'expérience est le
meilleur législateur, tenant , d'un autre , le trafic et ceux qui le prati-
quent en médiocre estime , ils se mirent sans peine , pour ce qui est de
la mer et des affaires, à la remorque des autres nations. Le meilleur

Code de commerce leur parut être celui des Rhodiens; c'était sans doute celui qui prévalait dans le bassin de la Méditerranée.

Quoi qu'il en soit, les Romains avaient donné le droit de Cité aux lois rhodiennes, comme on le voit par le passage suivant d'un rescrit de l'empereur Antonin : « Je règne sur le monde, et la *Loi Rhodienne sur la mer;* qu'elle juge donc le procès qui nous a été soumis, comme tous ceux qui regardent la navigation, pourvu toutefois qu'elle ne déroge point à nos lois romaines. *Ainsi l'a décidé pour d'autres cas le Divin Auguste.* (Loi 9 au *Dig.* De Lege Rhodiâ de jactu [1].)

Mais, soit par fierté nationale, soit parce que ces lois étrangères n'étaient que des usages, toujours un peu vagues, toujours plus ou moins saisissables, tant que l'écriture et un législateur unique ne les ont pas coordonnés et fixés, les jurisconsultes romains les ont peu commentées, du moins dans leurs Œuvres qui ont échappé à l'oubli et aux malheurs du temps. Le *Digeste* cependant renferme deux importants fragments de la législation rhodienne : le premier forme le titre, *De Lege Rhodiâ de jactu,* nous en ferons connaître les principales dispositions ; ce n'est évidemment qu'un extrait; le second est notre titre même, *De nautico fœnore,* le fond en accuse bien l'origine; mais ici les Romains n'ont pas été de simples compilateurs; ils se sont approprié le bien d'autrui, en lui donnant une forme et une organisation romaines ; ils ont adapté le prêt *à la grosse* des Grecs au *mutuum* romain, et ils en ont fait, en quelque sorte, un contrat national. C'est ainsi, du reste, qu'ils avaient déjà traité les lois civiles d'Athènes et de Sparte.

Le prêt *avec usure nautique*, à lui seul, constitue, à proprement parler, tout le Droit maritime des Romains. On a bien soutenu qu'ils pratiquaient les assurances ; mais je crois que cette opinion manque de fondement, je l'examinerai en son lieu, c'est-à-dire dans ma seconde partie, en faisant l'historique de ce contrat. Ici, notre seule tâche est d'étudier les titres : *De nautico fœnore* du *Digeste* et du *Code* et les lois et *Novelles* qui s'y rattachent des autres parties du Droit romain.

Section Ire

DÉFINITION DU CONTRAT DE GROSSE

Le prêt *à la grosse aventure* avait à Rome différentes qualifications, qui sont : *Mutuum cum nautico fœnore*, prêt avec intérêt maritime;

---

[1] Ἐγώ μεν τοῦ κόσμου κυριος, ὁ δὲ Νόμος τῆς θαλασσης, τῷ νομῳ τῶν Ῥοδίων χρινεστω τῳ ναυτικῳ, εν οἷς μή τίς τῶν ἡμετέρων αὐτῷ νομος εναντιοῦται, τουτο δὲ αὐτὸ και ὁ Θειοτατος Αὔγουστος εκρινεν.

nauticum fœnus, produit ou intérêt maritime; *trajectitia pecunia*, argent à transporter par mer. La première exprime le contrat tout entier, sa double origine et sa double nature; la seconde détermine la cause par le nom de l'effet, et la dernière désigne le contrat par son utilité. Mais sa dénomination la plus fréquente, c'est *nauticum fœnus*.

Le *nauticum fœnus* est un contrat par lequel une personne prête à une autre, le plus souvent, une somme d'argent, et quelquefois, des marchandises aux conditions suivantes :

1° Qu'en cas de perte, durant le trajet, de cette somme ou des marchandises qui en auront été achetées, ou même du navire qui en aura été réparé, ou simplement des objets prêtés, argent, marchandises ou navire auront péri pour le prêteur, qui alors n'aura rien à réclamer;

2° Que, dans le cas d'heureuse arrivée au terme ou à leur destination des susdits objets, l'emprunteur rendra au prêteur, en équivalents, la somme ou les marchandises prêtées, avec une valeur représentant et l'intérêt ordinaire du prêt et le prix des risques qu'il a mis à sa charge.

Cette valeur est proprement le *nauticum fœnus*. Ces choses, dont le prêteur accepte les risques, constituent *ses cautions, son gage, ses hypothèques*. L'emprunteur l'en garantit des vices et s'engage à observer fidèlement toutes les clauses expresses ou tacites du contrat.

Telle est la définition du *contrat de grosse;* tel en est l'ensemble des caractères et des principaux effets. Analysons maintenant avec soin les différentes parties du *nauticum fœnus :* sa nature, ses éléments essentiels, les effets qu'il produit par rapport aux contractants, les clauses pénales qui prévoient la négligence et le retard de l'emprunteur à s'exécuter; enfin, l'action ou la procédure que la loi met aux mains du prêteur; et nous terminerons cette étude par l'examen de quelques-unes des nombreuses explications que l'on a données de la loi 5 (au D. *de nautico fœnore*).

Section II

DE LA NATURE DU *NAUTICUM FŒNUS*

Quelle en est la nature? La nature de ce contrat est double comme son origine; elle est à la fois étrangère et romaine.

Elle est romaine : en effet, le *nauticum fœnus* est sorti du *mutuum;* la tradition en est le fond même, c'est un contrat réel; et nous y trouvons d'autres caractères qui sont de l'essence même du prêt romain :

1° Une aliénation de la part du prêteur, et, comme conséquence, la nécessité pour lui, d'abord, d'être propriétaire de la chose prêtée ou d'avoir au moins le pouvoir de l'aliéner, et ensuite, d'être capable de consentir à cette aliénation ;

2° Une obligation contractée par l'acquéreur. D'où la nécessité pour l'emprunteur, de vouloir et de pouvoir s'obliger ;

3° Cette obligation ayant pour objet des choses de même nature e de même valeur que celles qui ont été fournies. Ces choses sont fongibles, ou par nature, ou par convention des parties.

Elle est étrangère : en effet, comme dans le *mutuum* l'emprunteur devient propriétaire, les risques de la chose prêtée sont pour lui, *res perit domino ;* mais ici il en est tout autrement : dans certaines limites fixées par les parties, les risques de l'objet garantissant l'obligation de l'emprunteur, sont à la charge du prêteur. C'est là le caractère distinctif et capital du prêt *à la grosse :* « Si les marchandises, dit Modestin, voyagent aux risques du créancier, il y a alors contrat *de grosse : Et interest, utrum etiam ipsæ (merces) periculo creditoris navigent : tunc enim trajectitia pecunia fit.* » (Loi I au D., *De n. f.*) Il n'y a guère de lois, dans les deux titres précités, qui n'affirment, au moins indirectement, ce signe caractéristique.

Le *nauticum fœnus* n'est donc ce qu'il est, que parce que *le prêteur assume les risques,* ajoutons les risques appelés *fortunes de mer.* Il n'est pas question des autres, comme nous l'expliquerons plus loin. D'où est venu au *mutuum* ce caractère nouveau et qui le modifie si profondément? Du Droit rhodien, sans doute.

Quoiqu'il en soit, voilà une première différence entre le prêt avec intérêt maritime et le *mutuum* ordinaire. En voici d'autres, dont trois découlent de cette première :

1° Le prêteur étant soumis à l'éventualité des risques, le *nauticum* est un contrat aléatoire; le prêt ordinaire ne l'est pas.

2° Le *nauticum* est encore un contrat intéressé de part et d'autre; et il l'est essentiellement, puisqu'il est aléatoire. Le *mutuum,* par nature, est un contrat de bienfaisance; il ne devient *à titre onéreux* qu'autant que l'emprunteur s'engage, en vertu d'une stipulation, à payer les intérêts de la somme prêtée.

3° Dans ce dernier contrat, le taux des intérêts a toujours été limité ; dans le *nauticum,* il ne le fut que depuis Justinien (Loi 26 au *Code, De usuris*). Avant, Paul disait, au Livre II de ses *Sentences,* § 3 : « Le contrat *de grosse,* parce que le créancier a pris les risques à sa charge, comporte, durant le voyage, des *intérêts illimités.* »

4° Le prêteur ordinaire ne peut exiger des intérêts de son argent prêté, qu'en vertu d'une stipulation; le donneur *à la grosse* peut, au contraire, imposer le *nauticum fœnus* en vertu d'un simple pacte. Il est vrai que le *mutuum*, contrat de droit strict, ne saurait admettre, en général, qu'un pacte vînt aggraver les obligations de l'emprunteur; mais la règle comporte plusieurs exceptions, dont une en faveur du prêt maritime : « Dans certains contrats, dit Paul (au D., loi 7, *De n. f.*), les intérêts sont dus en vertu d'un pacte comme en vertu d'une stipulation — *In quibusdam contractibus etiam usuræ debentur, quemadmodum per stipulationem.* » Tous les interprètes conviennent qu'après le mot *etiam*, il faut sous-entendre les mots *ex nudo pacto*, qui semblent avoir été retirés du texte et y devoir être replacés, comme le prouve d'ailleurs le sens du contexte. « Voici un exemple, poursuit le Jurisconsulte : Si vous prêtez une somme *à la grosse aventure, sous condition que l'emprunteur, en cas d'heureuse arrivée de son navire, vous rendra le capital avec des intérêts*, vous aurez droit aux intérêts comme au capital. » Dans tous les contrats aléatoires, dit Scévola (au D., loi 5 § 1er *eod.* tit.), un pacte sans stipulation, suffit pour ajouter à l'obligation de l'emprunteur. » Cette dernière différence n'est pas comme les autres, la conséquence de la première. La loi l'admet cependant, pour faciliter les opérations commerciales.

La nature légale du *nauticum fœnus* a préoccupé les jurisconsultes modernes ; Cujas y voit deux contrats, un *mutuum* et un contrat innommé — *do ut des*; M. de Savigny n'y découvre que ce dernier. Pour moi, à ne considérer que son origine, ainsi que je l'ai fait plus haut, je dirai : dans le négoce le prêt romain était insuffisant, on le doubla du prêt rhodien. Notre contrat est donc un *mutuum*, sur lequel on a, pour ainsi dire, greffé un contrat étranger, le prêt maritime; mais la greffe n'a modifié le sujet que suivant les besoins de son existence, et le vieil arbre subsiste, portant le nouveau. Au point de vue légal, je ne vois qu'un seul contrat, *réel, unilatéral, aléatoire* et *intéressé de part et d'autre*, le prêt avec intérêt maritime, pourvu de l'action civile du *mutuum*.

Section III

ÉLÉMENTS ESSENTIELS DU *NAUTICUM FŒNUS*

Cinq éléments entrent dans la formation du prêt *à la grosse* : 1° une somme d'argent ou des marchandises qui soient prêtées; 2° une ou plusieurs choses sur lesquelles le prêt soit fait; 3° des risques auxquels ces choses soient exposées, dont le prêteur se charge; 4° une valeur convenue, que l'emprunteur s'oblige de payer au prêteur en cas d'heureuse arrivée, pour le prix et des intérêts de son prêt et des risques qu'il aura courus, ce qui s'appelle proprement *nauticum fœnus* ou *profit maritime;* 5° Le consentement des parties sur toutes ces choses, et en particulier celui du prêteur, qu'il se charge des dangers de la mer.

§ 1. — *De la chose prêtée.*

Le *nauticum fœnus* est un contrat réel; et comme le *mutuum*, il se forme par la tradition et l'aliénation de la chose prêtée; mais ce qui est particulier à notre contrat, c'est que cette chose ne peut être l'objet, ou mieux, la cause d'un prêt *à la grosse* qu'autant qu'elle sera *transportée par mer : Trajectitia ea pecunia est, quæ trans mare vehitur.* (Loi 1 au D. *De n. f.*) Que si elle était, quoique destinée au voyage, dépensée dans le port, le contrat, dont elle est la cause, serait caduc : *Cæterùm si eodem loco consumatur, non erit trajectitia.* (Loi 1 *ibidem.*)

Cette chose est ordinairement une somme d'argent; mais « ce contrat, « dit Pothier, peut être susceptible de toutes les choses dont l'est le « contrat *mutuum*, c'est-à-dire de toutes celles *quæ pondere, usu,* « *numero et mensurâ constant, et quæ usu consumuntur.* (Loi 2, § 1. au D. *De reb. cred.*) Si c'est de l'argent, la somme doit faire le voyage ou servir à l'achat de marchandises qui seront exposées aux risques de la mer : « On examine, dit encore la Loi 1 (au D. *De n. f.*), si les marchandises, achetées avec l'argent prêté, doivent être transportées par mer. »

Le contrat ne laisse pas d'être à la *grosse aventure*, parce que l'argent doit servir à acheter des victuailles pour le temps du voyage et consommées, en effet, seulement après le départ, ou bien à radouber le navire, à le pourvoir d'agrès et d'apparaux et même de rameurs, s'il va à la rame, enfin à l'armer de toutes pièces et même à le construire.

§ 2. — *Des choses sur lesquelles se fait le prêt à la grosse.*

Le prêteur, en livrant la chose, dont il cesse d'ailleurs d'être propriétaire, exige que l'emprunteur affecte une garantie au paiement de sa créance. Cette garantie s'appelle un *gage* ou une *hypothèque*, et peut consister dans la chose même qui est prêtée. Dans l'usage, on ne donne *à la grosse* que de l'argent. Eh bien! cet argent est peut-être destiné par l'emprunteur à solder une dette qu'il a contractée ou qu'il contractera dans un autre port. Dans ce cas, l'objet prêté devient le gage même du prêteur *à la grosse*. Il faut en dire autant du cas où la chose livrée est une marchandise.

Souvent, celui qui emprunte est un chargeur; il se propose d'acheter des marchandises qu'il veut aller ou faire vendre sur un autre marché que le sien. Le prêt est alors garanti par les marchandises achetées.

L'emprunteur est un capitaine dont le vaisseau a été fort maltraité par une tempête; les voiles et tous les agrès, les rames et les rameurs ont été mis en pièces, emportés par l'ouragan — *rari nantes in gurgite vasto*; après la cargaison tout entière, il a encore fallu sacrifier à la colère des flots la mâture, les vivres, les vêtements mêmes de l'équipage. Le bâtiment réclame donc d'urgentes réparations et le renouvellement de tout ou partie de la chiourme; la somme prêtée y pourvoira, et le navire, jusqu'à concurrence du taux de l'emprunt, y compris les intérêts de toute nature, deviendra le gage du prêteur.

Il arrivera même que l'achat du navire aura été payé avec l'argent emprunté *à la grosse aventure*; la garantie du prêt sera alors le vaisseau tout entier.

Si l'équipage, que forme ou renouvelle un patron, se compose d'hommes libres, il aura des loyers à payer; il suffira à cette dépense en empruntant *sur le corps* de son navire, sur les agrès, ou enfin sur d'autres effets exposés aux risques de la navigation. S'il prend des esclaves pour matelots et s'il emprunte pour en solder l'achat, l'équipage même sera le gage du prêteur.

Nos textes ne prévoient point, expressément du moins, ces différentes hypothèses; mais la nature du prêt *à la grosse*, les besoins auxquels ce contrat satisfait et qui se manifestaient alors comme aujourd'hui, et le sens large et général de ces mêmes textes nous autorisent à croire que les Romains faisaient du *nauticum fœnus* à-peu-près le même usage que nous et que, sur ce point, leur droit maritime ressemblait au nôtre. « Le donneur *à la grosse*, dit Paul (au D., loi 6 *De n. f.*), en échange de son argent, reçoit en gage des marchandises qui demeurent sur le bâtiment, *quasdam merces* IN NAVE *pignori accepit*. » Qu'importe l'usage du prêt! Pour qu'il soit *à la grosse aventure*, il suffit que les parties l'aient voulu et que la chose, qui le garantit, soit sur le navire et exposée aux dangers de la mer; le vaisseau peut donc être, *à fortiori*, cette garantie. « L'emprunteur, dit M. Rhallys (*Thèse pour le Doctorat*, Paris, 1868), pouvait hypothéquer le navire et ses agrès, considérés comme accessoires; il pouvait hypothéquer séparément les agrès, des marchandises, des esclaves chargés ou à charger sur le navire, le navire avec sa cargaison, des objets précieux non destinés à la vente, ses biens présents et à venir. Nous savons, par le témoignage de Démosthènes, que toutes ses précautions étaient usitées à Athènes, et il est fort pro-

bable que les Athéniens furent sur ce point imités par les Romains. »
La perte fortuite des gages, par le fait, libère le débiteur.

Le donneur *à la grosse* pouvait recourir aux garanties ordinaires et
de droit commun : à la fidéjussion, ou bien au gage et à l'hypothèque
que j'appellerai *terrestres*, dont les objets ne courent pas les risques
maritimes. C'est ainsi que le débiteur hypothéquait parfois, comme dit
M. Rhallys, *ses biens présents et à venir*. Mais ces cautions n'étaient
que subsidiaires ; l'existence en était subordonnée à l'heureuse arrivée
du gage principal. C'est ce que nous enseigne Paul dans la loi 6 de notre
titre au *Digeste* :

« Un prêteur a, pour gage de sa créance, les marchandises chargées
sur tel navire ; mais en cas qu'elles soient insuffisantes à le désintéresser, il se fait pareillement donner en gage d'autres marchandises, embarquées sur d'autres vaisseaux, lesquelles sont déjà, pour
partie, engagées à d'autres prêteurs. Il les a prises en gage pour le
surplus, *si quid superfuisset, pignori accepit*. On demande si, le premier
vaisseau, dont la cargaison aurait peut-être suffi à le remplir de sa
créance, ayant péri, il doit supporter cette perte ou avoir recours
contre les autres navires. Voici ma réponse : La perte des gages est ordinairement à la charge du débiteur et non du créancier ; mais, l'argent
donné à la grosse aventure *ne pouvant être répété par le créancier
qu'autant que le vaisseau est arrivé à sa destination dans le temps fixé*,
l'obligation du débiteur, à défaut de l'accomplissement de la condition,
est éteinte ; par conséquent, l'action sur les gages est périmée, même
par rapport à ceux qui n'ont pas péri ; en effet, si le vaisseau perdu a
sombré avant le temps donné, on peut dire que la condition ne s'est pas
accomplie. Ainsi donc, il n'y a pas de poursuites à exercer sur les gages
déposés dans les autres vaisseaux.

« Mais dans quel cas le créancier sera-t-il donc admis à poursuivre
ses gages supplémentaires ? Il le sera, soit par l'accomplissement de
la condition de l'obligation, c'est-à-dire par la conservation du gage
principal : le navire et la cargaison sont heureusement arrivés au port
ou au terme déterminés, et alors on traite l'espèce comme le cas
d'une obligation conditionnelle, où *non aliàs obligantur res hypothecæ, nisi conditio existiterit*, soit par la destruction du premier gage,
destruction survenue par la faute de l'emprunteur : il n'a pas toujours
suivi la route qui lui était tracée par la convention, et on applique la
règle : *Pro impletá habetur conditio, cùm per eum stat, qui, si impleta
esset, debiturus erat* (au D., loi 81, § 1, *De condition*.), soit par la vente
qui est faite à vil prix du gage principal : la somme, en provenant, ne
peut suffire à désintéresser le créancier, ou soit enfin par la perte du

vaisseau, survenue après le temps donné pour qu'il arrivât au port. »

En résumé, ces garanties, prises en dehors du navire, auquel, d'une façon ou d'une autre, le prêt est toujours affecté, ne sont que subsidiaires, c'est-à-dire n'existent que si le navire ou les valeurs qu'il porte, sont *gages principaux*; et l'on ne conçoit pas un contrat *de grosse* qui ne serait garanti que par un fidéjusseur, que par un gage ou une hypothèque *terrestres*. Qui dit *nauticum fœnus*, suppose nécessairement que le prêteur a droit à un intérêt extraordinaire, mais aussi qu'en retour, il se charge des risques de la chose prêtée, achetée ou réparée; ce qui veut dire qu'en cas de sinistre, il ne touchera ni intérêt ni capital, parce que cette chose, qui en assurait le paiement, n'existe plus. Qui dit prêt *à la grosse*, dit par là même : *Risques de mer et gage exposé à ces risques*. Il y a cette différence entre le gage principal et la garantie qui n'est que subsidiaire, c'est que le premier résulte du contrat même et l'autre d'une clause expresse. En un mot, on ne prête *à la grosse* que sur un objet, et cet objet, exposé à des fortunes de mer, est le gage du prêteur. Si le contrat ne comprenait pas un gage et un gage maritime, ce ne serait qu'un pari.

La garantie que fournit l'emprunteur assure toujours le paiement du capital, du profit maritime et autres accessoires, tels que les intérêts qui peuvent être dûs en vertu de clauses pénales; c'est l'application du droit commun (au D., loi 18, *Qui potiores*, etc., loi 4 *De n. f.*).

Si le prêt *à la grosse aventure* a été fait pour l'aller et le retour, l'emprunteur pourra vendre ses marchandises malgré l'hypothèque qui les grève. Comment pourrait-il autrement réaliser l'opération qui était l'objet de son voyage? Seulement les marchandises nouvelles, qui remplaceront celles qui ont été vendues, seront frappées du même droit de gage.

Il est à remarquer que les différents jurisconsultes romains, qui se sont occupés des garanties du prêt *à la grosse*, employent presque toujours le mot *pignus*. Mais ce gage, n'est-ce pas plutôt une hypothèque? Qui dit gage, dit objet dont la possession a été remise au créancier : « Le mot *gage*, disent les Instituts (§ 7. *in fine. De act.*), s'applique proprement à la chose qui est livrée au créancier, surtout quand c'est un meuble; au contraire, le mot *hypothèque* est proprement employé pour la chose affectée sans tradition, par un simple pacte. » Cette différence est également admise par Ulpien (au D., loi 9, § 2, *De pign. act.*). Il est vrai que Papinien (au D., loi 4, *De n. fœn.*), semble confondre le *gage* avec l'*hypothèque* : « Après le temps des risques, dit-il, les gages ou hypothèques—*pignora* vel *hypothecæ*—ne garantissent plus que le paiement des intérêts ordinaires. » Marcien (au D., loi 5, § 1, *De pign.* et *hyp.*), approuve cette confusion d'une manière générale : « *Inter pignus et hypothecam tantùm nominis sonus differt*, pas d'autre différence que celle des mots. » Je crois cependant qu'entre Ulpien et les *Institutes*, d'une part, et Marcien, et, si l'on veut, Papinien de l'autre, la divergence n'est qu'apparente, et que Justinien la fait disparaître, en disant au même § 7 : « En ce qui concerne l'action hypothécaire, il n'y a aucune différence entre le gage et l'hypothèque : lorsqu'il est convenu entre un créancier et son débiteur qu'une certaine chose répondra du paiement, les deux dénominations peuvent être appliquées. » Quant au texte de Marcien, venant après une longue énumération des différentes espèces d'obligations, on peut croire qu'il veut dire que le gage et l'hypothèque se ressemblent en ce sens qu'ils s'appliquent également à toutes.

Comme le mot *pignus* signifie souvent à la fois *gage et hypothèque*, qu'il est plutôt synonyme de garantie que de l'un ou de l'autre en particulier, et que d'ailleurs aucune loi, que je sache du moins, n'est venue trancher la présente question, j'appliquerai donc ici le droit commun : et je dirai que la *caution* qui résulte du contrat même *de grosse*, n'offrant aucun des signes caractéristiques du gage, est tout simplement une hypothèque.

La question n'est point sans intérêt : on sait, en effet, que la même chose ne peut pas être donnée en *gage* (garantie distincte de l'hypothèque) en même temps à différents créanciers ; tandis qu'elle peut être grevée, au contraire, de plusieurs hypothèques ; et c'est ce qui arrive souvent.

En conséquence, si le même navire, les mêmes marchandises garantissent à la fois le paiement de plusieurs créances, maritimes ou autres, dans quel ordre ces créances, de dates diverses, seront-elles payées? Dans l'ordre établi par la règle générale, *Qui potior tempore, potior jure* ; à moins que parmi les créanciers il y en ait un dont l'argent ait servi à sauver le gage commun, cas auquel il est juste que celui-là soit préféré à tous les autres. C'est ainsi que le prêteur *à la grosse*, qui aura fourni au navire, en cours de voyage, une somme pour continuer sa route avec sécurité, primera le prêteur précédent ; car *salvam fecit totius pignoris causam*. Tous ces principes sont contenus dans les lois 5 et 6 (au D., *Qui pot.*, etc.).

Loi 5. « Quelquefois le second créancier est préférable au premier, *v. g.*, si l'argent prêté par le second créancier a été dépensé pour conserver la chose : ainsi, un navire était hypothéqué, et j'ai prêté pour l'armer et le radouber. »

Loi 6, §§ 1 et 2. « De même, si un créancier prête sur des marchandises hypothéquées, soit pour les sauver, soit pour en payer le nolis, il sera préférable, quoique postérieur en date ; car ce nolis même est préféré. Il faut en dire autant du loyer des magasins ou de l'emplacement. »

La règle : *Qui potior tempore,* etc., ne s'applique pas non plus lorsque l'argent prêté a servi à la construction ou à l'achat d'un navire. Et, par argent prêté, il faut entendre l'argent prêté *à la grosse* ou autrement, *quoquo modo crediderit.* Le créancier, pour avoir mis la chose dans le patrimoine du débiteur, a un *privilége* (au D., lois 26 et 34, *De rebus auct. jud.)* :

Loi 26. « Celui qui prête pour construire, armer ou acheter un navire, *privilegium habet.* » Loi 36. « Celui qui prête pour l'armement, la construction ou le paiement d'un navire, *quoquo modo crediderit, privilegium habet post fiscum.* »

Quels sont la nature et les effets de ce *privilége ?* La question est vivement controversée. Nous n'avons pas à la traiter ici ; il nous suffira de dire que ce *privilegium* des Romains ne ressemblait pas entièrement au nôtre. A Rome, quoique privilégiée, une créance n'en demeurait pas moins chirographaire ou hypothécaire ; seulement, elle était préférée à toutes celles de sa qualité, sans acquérir la condition supérieure. (au Code, loi 9, *Qui pot. in pign.).*

§ 3. — *Des risques.*

Le débiteur supporte la perte fortuite des gages, telle est la règle (au C., loi 6, *De pigner. act.)* ; les risques de la chose engagée sont pour le donneur *à la grosse,* c'est-à-dire pour le créancier ; voilà l'exception, qu'annonce d'ailleurs la même loi 6, en disant, « *à moins qu'il n'ait plu aux contractants que la perte des gages libérât le débiteur, — ut amissio pignorum liberet debitorem.* » Cette exception, limitée aux *fortunes de mer,* est le fond, la raison même de l'existence du *nauticum fœnus.*

Pourquoi en est-il ainsi ? Pourquoi le prêteur assume-t-il les risques de la chose engagée ? Cette dérogation au droit commun est fort naturelle. Le plus souvent, qu'est l'emprunteur ? un homme dont toute la fortune consiste dans son navire ou dans la cargaison. Si ces biens périssent, que lui restera-t-il ? rien. Quelle ressource le créancier aura-t-il pour se faire payer ? aucune. Si l'on ne sort point de la législation ordinaire, il y aura bien des emprunteurs, mais non des prêteurs, et le commerce languira. On a donc imaginé un contrat qui, pour procurer de l'argent au capitaine, au négociant, a dû fournir des avantages au prêteur. Ce dernier a dit à l'emprunteur : « Les garanties que vous m'offrez, sont trop précaires ; sur vingt chances, il y en a certainement huit que votre navire ou vos marchandises périront ; et comme ils sont votre unique bien, en définitive, c'est moi qui supporterai la perte ; j'aime mieux en courir les risques volontairement et toujours. En cas de sinistre, que vous soyez solvable ou non, ma créance aura le sort de mon gage ; mais si les objets, que grève mon hypothèque, arrivent heureusement, vous m'indemniserez de la perte éventuelle que, dores-et-déjà, je m'expose à subir. »

Trouvant cette convention fort équitable et tout aussi avantageuse pour lui que pour le créancier, dont l'argent lui est, du reste, nécessaire, l'emprunteur l'accepte ; et c'est ainsi qu'est né le premier *nauticum fœnus*. La sagesse des créanciers, la situation peu rassurante du débiteur, la nature et les besoins du commerce maritime, tels sont les puissants motifs qui ont fait inventer le prêt *à la grosse*.

Il est donc, comme dit Pothier, de l'essence de notre contrat, qu'il y ait des risques de mer, auxquels les choses, sur lesquelles le prêt est fait, soient exposées, puisque, suivant la convention, le prêteur en est chargé moyennant un certain prix.

Ces risques doivent être maritimes, fortuits et courus dans les temps et lieu fixés par la convention ou, s'il n'en est rien dit, par sa nature même.

Ils doivent être *maritimes*. « L'argent, donné *à la grosse aventure*, est celui, dit Modestin (au D., loi 1, *De n. f.*), *qui est transporté par mer*, tandis que l'argent qui *est dépensé dans le lieu même du contrat*, n'est point assimilé au premier. » Ce sont les fortunes de mer, et non les autres, que les contractants ont en vue. C'est là une règle absolue, un seul exemple en sera le commentaire : le capitaine a dépensé à terre, avant tout départ et je ne sais de quelle manière, les valeurs qu'il avait empruntées, en sorte que ni l'objet du prêt (argent ou marchandises), ni les choses, qui en ont été achetées, n'ont couru de risques maritimes. Qu'arrivera-t-il ? Au jour fixé pour l'exécution du contrat, les parties pourront-elles se prévaloir des avantages que la réussite ou l'insuccès du voyage offrent à l'une ou à l'autre ; y aura-t-il eu *nauticum fœnus* ? Non. Le créancier même ne pourra pas dire : « Ah ! vous avez dissipé, avant votre départ, la somme que je vous avais prêtée..... Mais que m'importe l'usage d'une chose qui ne m'appartenait plus ! C'est un contrat *de grosse* que nous avons fait ensemble ; j'en demande l'exécution. » Eh bien ! non, cette demande ne sera pas admise, parce qu'il n'y a plus *nauticum fœnus*, parce qu'il n'y en a jamais eu, puisque la substance même de ce contrat, — *un gage exposé à des risques maritimes*, a fait défaut; *ex nihilo nihil.*

Fortuits, c'est-à-dire dus à une force majeure, laquelle est *vis divina quæ præcaveri, et cui resisti non potest.* On n'appelle pas risques fortuits, ceux qui ont été amenés par la faute, même légère, du capitaine ou par le vice du navire ou des marchandises achetées avec l'argent prêté. Je dis *faute même légère* et non pas *fait*, parce que cette dernière expression est trop large; en effet, si le capitaine a été obligé, dans un sinistre, de jeter ses marchandises à la mer; si la chose, qu'il avait hypothéquée à son créancier, a ainsi péri, n'est-ce point par son *fait?* Et cependant en devra-t-il compte? Non. Pourquoi? Parce que la perte des objets engagés est bien moins son fait que celui du sinistre, de la force majeure?

Que si le capitaine n'est point l'emprunteur ou son esclave, les parties peuvent déroger au droit commun et comprendre, par clauses expresses, dans les risques de mer et fortuits, la simple imprudence, l'impéritie et même le dol tant du capitaine que des gens de l'équipage. Aucun texte de loi ne s'oppose à une pareille convention.

Courus dans les temps et lieux, etc. Traitons de cette dernière hypothèse, où les contractants ont omis de limiter, quant au temps et lieux, les risques que le prêteur a pris à sa charge.

1° Quant à la durée de ces risques, ils commencent à courir depuis que le navire a mis à la voile : « *In nauticâ pecuniâ ex eâ die periculum spectat creditorem, ex quo navem navigare conveniat* (au D., loi 3, *De n. f.*). Mais à quel moment cesseront-ils d'exister? C'est là une question que le juge ne peut décider, qu'en étudiant, au préalable, la nature de l'espèce qui est portée devant lui. Posons le cas suivant : Le capitaine Cimon doit aller de Marseille à Carthage; mais il relâchera à Naples, où il se propose de payer un de ses créanciers. En conséquence, à Marseille, il emprunte *à la grosse* l'argent nécessaire à ce paiement, et il se met en route. Il est évident que les risques cesseront d'être à la charge du prêteur, dès que Cimon aura jeté l'ancre dans le port de Naples.

Prenons une autre espèce : il est d'usage qu'un emprunteur, en achetant à Syracuse telles marchandises pour les vendre sur le marché d'Alexandrie, en achète telles autres dans cette dernière ville pour les ramener dans la première. Dans ce cas, le prêt a certainement pour objet ce double achat, et les risques seront pour le créancier durant tout le voyage. En un mot, la fin de ces risques est une question de fait que le juge examinera, en tenant compte de la volonté présumée des parties, des circonstances et des usages qui ont dicté la convention, de ce que j'appelle la nature de l'espèce.

J'ai dit que le commencement des risques est la mise à la voile, et leur fin, le moment où l'ancre est jetée ; c'est vrai, lorsque le *pignus* est une somme d'argent. — *In nauticâ pecunia*, etc., ou bien le navire ; mais le faut-il dire aussi, quand l'emprunt a été contracté sur des marchandises qui peuvent être avariées, quoique en bon état, dès qu'elles sont sur la mer ? Nos textes sont muets. Que faire donc ? Appliquer ce principe, que *les risques sont à la charge du prêteur, du jour que le* pignus *est exposé aux fortunes de mer*. Or, puisque ces marchandises peuvent être avariées, dès qu'elles se trouvent sur les eaux ; en effet, une bourrasque peut submerger le canot qui les porte, un gros temps, produire dans le bâtiment une humidité qui les viciera, et voilà précisément des cas de fortunes de mer ; nous dirons donc qu'en général, pour les marchandises, les risques du prêteur courent depuis qu'elles sont dans le navire ou sur les barques qui les y portent, jusqu'à ce qu'elles soient déposées sur la terre.

2° Quant aux lieux des risques, si la convention ne les relate pas, le capitaine suivra l'itinéraire que lui tracent les usages ou la nature du prêt. Ici encore, les parties devront s'en remettre à l'équité du Juge.

Mais je suppose maintenant qu'elles ont déterminé, dans le pacte, les temps et lieux des risques ; dans ce cas la convention est la seule loi des parties. Il n'est pas douteux, en effet, que le donneur *à la grosse* ne puisse comprendre, d'avance, les risques qu'il accepte, dans telle partie du voyage, dans tel itinéraire, dans tel nombre de jours, de semaines ou de mois, qu'il appartient aux contractants de fixer. C'est ce qu'enseigne la loi 122, § 1er (au D. *De verb. oblig.*), dont l'explication a été souvent l'objet de vives controverses. Nous allons reproduire sommairement les principales discussions qui ont eu lieu. Le fragment est de Scévola, et voici comment il s'exprime :

« Stichus, esclave de Seius, étant à Béryte, ville de Syrie, prêta *à la grosse aventure* une somme d'argent à Callimaque, dont le navire devait aller à Brindes et en revenir dans l'espace de deux cents jours. Les marchandises achetées à Béryte, pour être vendues à Brindes, et celles qui les remplaceraient sur le vaisseau, tels étaient les gages et hypothèques du créancier. De son côté, le prêteur se chargeait des risques de tout le voyage. Mais il fut convenu qu'arrivé à Brindes, Callimaque, après avoir vendu ses marchandises et en avoir pris de nouvelles, se remettrait en mer pour la Syrie, avant les *ides prochaines de septembre*, et que, si, à cette époque, il n'avait pas refait sa cargaison et quitté

Brindes, il paierait dans cette ville même, *comme si le voyage était achevé*, le capital, les intérêts maritimes et tous les frais que nécessiterait le transport de cet argent à Rome. Héros, vicaire de Stichus, suivrait l'emprunteur, et toucherait à Brindes lesdites sommes, s'il n'observait pas les clauses du traité. Stichus, esclave de Seius, l'ayant interrogé, Callimaque répondit qu'il s'exécuterait fidèlement. »

Jusqu'ici le texte n'a présenté qu'une singularité; il porte : *Stichô servo Lucii Titii, promisit Callimacus*, au lieu de *Servo Seii*, c'est évidemment là une inadvertance de copiste, qui n'est pas d'ailleurs importante. Mais Scévola poursuit en ces termes : « *Avant les ides de septembre*, ainsi qu'il était convenu, l'emprunteur, ayant pris de nouvelles marchandises, se mit en route avec Héros, *comme pour revenir dans la province de Syrie. — Quasi in provinciam Syriam perventurus enavigavit.* Mais Callimaque, depuis qu'il a chargé ses nouvelles marchandises suivant son engagement, c'est-à-dire au temps où il devait en payer à Brindes l'argent, pour le faire parvenir à Rome, Callimaque, dis-je, a eu son navire submergé; et l'on demande si l'emprunteur ne pourra pas invoquer la présence et le consentement d'Héros, qui avait bien mission de l'accompagner, mais auquel Stichus n'avait donné aucun autre mandat, que celui de toucher l'argent et de le porter à Rome, et s'il sera tenu, par l'action *ex stipulatu*, de payer le susdit argent au maître de Stichus. Le Jurisconsulte répond que d'après les faits qui viennent d'être exposés, Callimaque sera tenu. »

Cette réponse paraît étrange. D'un côté, Scévola reconnaît que l'emprunteur a parfaitement observé toutes les clauses du contrat, et de l'autre, il répond : « Malgré sa conduite irréprochable, malgré le sinistre, *il sera tenu*, comme s'il avait dû payer à Brindes. La contradiction est flagrante. Elle est cependant trop grossière pour qu'un Jurisconsulte vînt à y tomber. Cujas pense avoir trouvé le mot de l'énigme. L'emprunteur d'après lui, s'est bien mis en route avant les ides de septembre, mais il n'est point parti assez tôt pour arriver à Béryte avant l'expiration des deux cents jours. Et la perte du navire a été la suite de cette négligence. C'est pour éviter le sinistre que le *prêteur avait ainsi limité* la durée de la navigation. Qu'importe donc que le navire ait péri avant le terme ! Cette opinion est inadmissible, d'abord, parce qu'il suffit à la libération du débiteur, que le sinistre soit arrivé fortuitement dans les lieux et délais convenus, ensuite, parce qu'il n'est pas juste d'alléguer un retard quelconque, tant que l'emprunteur n'est pas sorti des clauses du contrat, enfin parce que l'explication de Cujas est purement hypothétique et ne repose sur aucun texte.

Beaucoup d'interprètes s'accordent à voir la cause de notre difficulté dans une infidélité de copiste. Mais s'agit-il d'une omission ou bien de termes mal transcrits? Là, nos maîtres se divisent. D'après Duarem, au lieu de *merces perferendas Beryto in navem* MISISSET *eo tempore*, etc., il faut lire : *Merces perferens in navem, mansisset eo tempore....* Pothier, Donneau et quelques autres croient que ce malheureux copiste aura omis le mot : *non*, et ils disent : *et cùm non antè idus*, etc; ce que nous aurions dû traduire ainsi : *Ce ne fut qu'après les ides de septembre que l'emprunteur, ayant pris de nouvelles marchandises, se mit en route*, etc. Cette correction est certainement la plus simple et la meilleure.

Robertus prétend que le texte ne contient ni oubli, ni contradiction, ni aucune altération, que le scoliaste ne mérite point tous ces reproches dont l'accablent ordinairement nos savants, lorsqu'ils sont à bout de leur latin et de leur science, et qu'il suffit, pour comprendre ce passage, de bien traduire les mots : *enavigavit quasi perventurus*, — il se mit en route, comme pour revenir ; — ils signifient que l'emprunteur *est sorti* de l'itinéraire qu'on lui avait tracé, et que par conséquent la perte des marchandises, quoique arrivée dans le temps convenu, lui est imputable. Cette explication me paraît préférable à la correction du texte, qui répugne, comme tous les actes arbitraires. D'ailleurs si le Jurisconsulte n'avait pas indiqué un changement de route, aurait-il dit, *quasi perventurus?* Si l'emprunteur suivait l'itinéraire prévu, c'est-à-dire la route directe de Brindes à Béryte, pourquoi cette forme dubitative, comme *pour revenir* en Syrie.

Que l'on admette l'une ou l'autre de ces différentes explications, de toutes il faut conclure ce que nous disions plus haut, que le donneur *à la grosse* peut, d'avance, limiter les risques. C'est là ce que nous y cherchions avant tout.

Et comme corollaire de cette première proposition, qui nous paraît démontrée, nous avancerons cette seconde, *que le débiteur est en faute, s'il n'observe pas scrupuleusement toutes les clauses du contrat*, s'il vient, par exemple *à dérouter*, c'est-à-dire à se détourner du chemin qu'il avait promis de suivre. Et la conséquence de sa faute, c'est qu'au moment où elle se produit, les risques assurés par le prêteur, sont totalement courus, en sorte que, dores-et-déjà. l'emprunteur doit le capital et les intérêts maritimes, comme si le *pignus* avait fait une heureuse traversée.

L'emprunteur doit faire le voyage convenu et l'accomplir avec le navire ou les marchandises affectés à la créance du prêteur. Si ce dernier n'a pas spécifié les marchandises dont il assumait les risques, le

4

preneur *à la grosse* n'en devra pas moins acheter des objets qui soient dans le commerce. S'il manque à l'une ou à l'autre de ces deux obligations, comme les risques, dont le prêteur s'est chargé, n'ont pas été courus, le contrat *de grosse* sera caduc, et le créancier aura droit, quoi qu'il arrive, à la restitution de la somme avancée. C'est ce qu'on peut induire de la loi 3 (au *Code*, *De n. f.*), dont l'explication présente quelques difficultés. « Puisque vous prétendez, disent les Augustes Maximien et Dioclétien, avoir prêté sous la condition que la somme vous sera rendue avec des intérêts maritimes, quand le vaisseau que l'emprunteur assurait être expédié pour l'Afrique, serait arrivé au port des Salonites, en sorte que vous ne vous êtes soumis à supporter que les risques de la navigation pour l'Afrique, et que votre débiteur, après avoir changé de voyage — *nec loco quidem navigii servato*, a encore chargé son navire de marchandises prohibées, — *illicitis comparatis mercibus*, qui ont été confisquées; il serait contraire au droit public qu'on mît à votre charge la perte d'effets *qui n'ont péri sur mer que par la cupide* et *criminelle audace de votre débiteur*. »

La fin de ce texte indiquerait seulement l'application de cette règle : *Le prêteur ne répond que de la perte fortuite, non de celle qui provient de la faute de l'emprunteur*. Il me semble cependant que cette explication ne suffirait pas ici, et je crois même qu'elle dérogerait aux principes élémentaires de notre contrat. Il est essentiel, avons-nous dit, qu'il y ait des risques, et les risques maritimes assumés par le donneur *à la grosse*. Eh bien! dans l'exemple précité trouve-t-on ces risques-là ? L'emprunteur a chargé des effets de contrebande et partant des marchandises sur lesquelles le créancier ne voulait pas, ne pouvait pas vouloir prêter, et dont il n'a pas, en conséquence, accepté les risques; ce qui veut dire que ses risques, à lui, n'ont pas été courus.... Mais si ses risques n'ont pas existé, c'est comme s'il n'y en avait eu aucun; donc le contrat est et demeure caduc.

La loi porte : *Nec loco quidem navigii servato*; ces mots semblent bien indiquer, d'après le conteste surtout, une rupture et non pas seulement un changement de voyage. L'emprunteur avait promis d'acheter telles marchandises désignées et de les aller vendre dans le port des Salonites; mais ce n'est point ce qu'il a fait : il s'en est procuré de contrebande, qu'il a entrepris de porter sur un autre marché? Sa fraude a été punie : pendant le voyage, qui n'était pas celui dont le prêteur s'est chargé des risques, il a été arrêté par les agents du fisc, et sa cargaison a été confisquée. Ici encore, le contrat, n'ayant pas reçu le moindre commencement d'exécution, reste caduc, et le prêteur a droit à la restitution de son capital.

Telle doit être, selon nous, l'explication de cette loi 3. Les Empereurs ne disent point que le créancier peut demander le paiement de son argent et des intérêts maritimes, mais seulement qu'il ne doit pas être victime de l'avarice de son débiteur. Il nous semble que les Augustes ont été dominés par cette pensée, vraie de quelque façon qu'on interprète la loi 3 : *Il serait inique que votre bonne foi fut sacrifiée à la cupidité d'un scélérat.* La loi ne prononce la nullité du prêt qu'implicitement et en se référant aux principes généraux du *nauticum fœnus*.

§ 4. — *Du profit maritime.*

Le donneur *à la grosse*, en retour de l'avantage qu'il fait à l'emprunteur, en se chargeant des risques fortuits de la navigation, exige, qu'en cas d'heureuse arrivée, ce dernier lui paie la somme prêtée et des intérêts qui représentent à la fois l'intérêt ordinaire et le prix des risques. Comme *pretium periculi*, l'usure nautique est la conséquence de ce fait, *que la perte des gages par fortune de mer est à la charge du créancier* : « Il ne peut pas y avoir, dit Pothier, de contrat du prêt *à la grosse aventure*, s'il n'y a *un profit maritime* stipulé par le contrat, c'est-à-dire une certaine somme d'argent, ou quelque autre chose que l'emprunteur s'oblige de payer au prêteur, outre la somme prêtée, pour le prix des risques dont il s'est chargé. » (*Traité du contrat de prêt à la grosse aventure*, n° 19.) Du temps de Pothier, les intérêts maritimes n'étaient que le *pretium periculi*, parce que, d'après lui, l'usure ordinaire était prohibée ; mais chez les Romains, la loi se bornait, comme elle se borne aujourd'hui chez nous, à lui imposer un taux. L'observation de notre grand jurisconsulte ne saurait donc convenir tout entière à l'ancien profit nautique, dont le double caractère ressort nettement de ce passage de Papinien (au D., loi 4 *in princ., De nautico fœnore*) : « Il n'y a pas de différence entre le cas où l'argent prêté n'a pas été à la charge du créancier et celui où il a cessé d'y être, après le terme fixé et l'accomplissement de la condition : dans l'un comme dans l'autre, il ne sera pas dû *un intérêt plus grand que l'intérêt légitime — majus legitimâ usurâ fœnus non debebitur.* Mais, dans le premier, il en sera toujours ainsi, et dans le second, après le règlement du temps des risques, les gages ou hypothèques ne garantiront point *d'usure plus grande* que l'intérêt ordinaire — *non titulo majoris usuræ tenebuntur.* » Cette comparaison que le Jurisconsulte établit entre l'intérêt légal et le *nauticum fœnus*, la qualification d'*usure* qu'il ne cesse de donner à ce dernier, indiquent bien le double emploi que le profit maritime faisait en droit romain.

Comme l'usure nautique est essentiellement attachée à l'existence de risques maritimes, il faut dire qu'ils ont forcément la même durée. C'est ce que démontre la loi 4 que je viens de citer; et cette preuve se fortifie de ce que disent (au *Code*, loi 4, *De n. f.*), les divins empereurs Dioclétien et Maximien : « Il est certain que l'argent prêté *à la grosse aventure*, étant aux risques du prêteur, est affranchi du taux légal, jusqu'à ce que le navire soit arrivé dans le port. » Et il ne faut pas oublier que les parties ne pourraient pas convenir que l'intérêt maritime continuera à courir après le temps des risques, parce qu'alors il perdrait sa raison d'être, et que les contractants violeraient la loi qui règle l'usure ordinaire.

Si la loi romaine avait limité l'usure ordinaire, avait-elle aussi mis des bornes au profit nautique? Que le taux fût déterminé par l'usage, les parties ou la loi, donnait-on *à la grosse*, à tant pour cent *par an* pendant la durée des risques, ou bien simplement à tant pour cent pendant le voyage ou la partie du voyage assignée aux risques? Pour répondre à cette double question, il faut se placer à deux époques différentes de l'histoire du Droit romain : *avant et après Justinien.*

¶ 1.— *Du profit maritime avant Justinien.*

1° Il n'y avait point de taux légal. « L'argent donné *à la grosse aventure*, dit Paul *(Sent.,* liv. II. T. 14. § 3.), peut produire des *intérêts illimités*, à raison des risques auxquels le prêteur est soumis, tant que le vaisseau est sur mer. » Cependant l'usage avait fixé certaines limites; mais les parties pouvaient ne pas s'y astreindre. Cette coutume fut, sous Justinien, l'objet d'une enquête, comme l'atteste la *Novelle* 106. Des capitaines, des armateurs et autres gens de négoce déclaraient sous la foi du serment, qu'il y avait autrefois toutes sortes de prêts *à la grosse.* Souvent les créanciers, pour chaque solide prêté, exigeaient qu'il leur fût possible de charger sur le navire un boisseau d'orge ou de froment, dont le fret et les droits de douanes seraient pour l'emprunteur; outre ces avantages, ils stipulaient encore 10 pour cent comme intérêt, et à ces conditions, ils prenaient à leur charge les risques maritimes. D'autres fois ils se contentaient pour toute usure d'un huitième, c'est-à-dire de 12 $\frac{1}{2}$ pour cent.

S'il faut en croire cette *Novelle*, et rien n'autorise le doute, en fait, l'usure maritime avait des bornes, comme nous l'avons dit; mais ce n'était là qu'un taux usuel et qui n'avait rien de légal. En effet, rien n'est plus naturel ni plus légitime que cette liberté du profit nautique. Ce qui justifie le taux légal, c'est qu'il y a trop de différence entre la situation du créancier et celle du débiteur et que l'un est quelquefois trop à la merci de l'autre ; c'est que le législateur peut savoir, d'avance et avec assez d'exactitude, les avantages que le prêteur ordinaire est en droit de retirer de son argent. Mais en est-il de même dans le contrat *de grosse?* Le créancier n'y est-il pas considérablement rapproché du débiteur? Le premier n'a-t-il pas à supporter des charges, qui, pour être éventuelles, n'en sont guère moins sérieuses? Et si le dernier paie de gros intérêts avec le capital, n'est-ce pas lorsqu'il a déjà réalisé ou qu'il est à même de réaliser d'énormes bénéfices? Que fait-il en payant au créancier une usure extraordinaire, sinon que partager des avantages, dont-il garde souvent la plus large portion? Qu'est un débiteur vulgaire? Trop souvent, un malheureux qui n'accepte la loi d'un créancier, que pour éviter la tyrannie d'un autre, que pour échapper à la prison, à la honte ou à la faim? Et le preneur *à la grosse?* Un spéculateur, qui calcule d'avance et librement les succès probables de ses opérations.

Autre considération : qu'y a-t-il de plus variable que les suites et les chances d'un prêt à la *grosse aventure?* Qui peut compter les différentes sortes de risques auxquelles un navire, une cargaison sont exposés? Comment établir une mesure unique de leur étendue et de leur importance? L'équité, l'intérêt du commerce, l'intérêt de l'une et l'autre parties exigent donc que le taux du profit maritime soit plus élevé que celui des usures communes, et je dirai plus, qu'il soit illimité, c'est-à-dire à la seule et libre appréciation des contractants.

2° Jusqu'au règne de Justinien, le taux de l'usure nautique, fixé par les parties, fut toujours pour la durée des risques. Le voyage heureusement achevé, le terme, assigné par le prêteur à ses risques, heureusement arrivé, mille solides avaient autant rapporté durant quelques semaines que pendant un an. En effet, le gage peut être plus exposé par une navigation de quelques jours que par un voyage de long-cours. L'intérêt maritime se calculait donc uniquement en vue de la nature et de l'importance des fortunes de mer — « *octavam partem*, dit la *Novelle* 106, *percipere (percipiunt creditores) pro singulis solidis nomine usurarum, non in tempus aliquod certum numerandum, sed donec naves revertantur salvæ.* »

¶ 2. — *Du profit maritime depuis Justinien.*

1° Ce prince, qui était l'empereur *Touche-à-tout*, voulut avoir raison de l'expérience des siècles. Non content d'abaisser le taux de l'usure ordinaire, il bouleversa encore la législation, ou plutôt, les usages qui réglaient la matière des intérêts maritimes. La loi 26 (au C., *De usuris*) en prohiba la liberté : « Quant aux contrats *de grosse* et à ceux qui y ressemblent, dit l'Empereur, le taux de l'usure sera de 12 pour cent et pas au-dessus, quoique les anciennes lois aient permis de le dépasser..... En aucun cas le juge ne devra souffrir qu'on excède le taux légal, sous prétexte de quelque usage. Si un créancier enfreint la présente loi, il ne pourra en aucune façon exiger l'excédant ; s'il en a été payé, cet indû s'imputera sur le capital. En livrant son argent, il n'aura pas non plus le droit de faire des retenues, de quelque nom qu'il les appelle. » Justinien proscrit toutes clauses expresses ou tacites, tous moyens détournés qui au fond seraient une violation de sa loi sur le taux de l'usure.

Avant lui, l'intérêt ordinaire ne pouvait excéder l'*usura centesima*, c'est-à-dire 1 pour cent par mois ou 12 pour cent par an ; il se payait par douzième, le premier jour des calendes de chaque mois. [1] Mais le Code le réduisit à 4 pour cent pour les personnes illustres, et à 8 pour cent pour les commerçants, et à 6 pour cent pour les autres personnes.

2° En faisant de l'*usure centesima* le taux du profit nautique, Justinien innova encore. L'intérêt maritime dut se calculer par an et non plus par voyage ; les parties durent, en quelques sorte, considérer le temps plutôt que les risques. Ce n'est pas là une disposition expresse de notre loi 26 ; mais il est difficile de soutenir que cette règle n'y est pas contenue, au moins implicitement. En effet, l'Empereur y déclare au commencement, qu'il vient *régler d'une manière générale — generalem sanctionem facere necessarium esse duximus —* le taux de l'usure et modifier ce que l'ancienne loi offrait de dur et de trop lourd. Il énumère ensuite et classe les différents taux ; mais il ne distingue, en rien, le 12 pour cent des autres, qui évidemment sont par an. Si cette abrogation des us et coutumes comporte quelque réserve, nous ne la voyons écrite nulle part.

---

[1] C'est-à-dire le premier jour de chaque mois. De là l'expression de *durissimæ kalendæ;* Horace dit :

> *Paulum deliquit amicus,*
> *Quod nisi concedas, habeare insuavis, acerbus :*
> *Odisti, et fugis, ut Drusonem debitor æris,*
> *Qui nisi, cùm tristes misero venêre kalendæ,*
> *Mercedem aut nummos unde unde extricat; amaras*
> *Porrecto jugulo historias, captivus ut, audit.*

Les créanciers avaient un livre sur lequel ils mentionnaient les créances productives d'intérêt et le nom de chaque mois. Ce registre s'appelait *kalendarium* et a été l'origine du *calendrier*.

Les intérêts maritimes, quoiqu'ainsi réglés par le *Code*, ne se percevaient point, chaque mois, comme l'ancienne *usura centesima*. L'obligation de l'emprunteur étant conditionnelle, ils ne pouvaient être exigibles qu'après l'avènement de la condition. Si les parties n'avaient pas fixé d'autre terme plus éloigné, le jour de l'exigibilité du profit nautique était celui où les risques avaient cessé d'être à la charge du créancier. Cette règle est de l'essence du prêt *à la grosse*; Justinien ne pouvait y toucher sans modifier le fond même de notre contrat.

Les innovations de la loi 26 étaient maheureuses. C'est pourquoi la *Novelle* 106 constate les réclamations qu'elles suscitaient de toute part, les entraves que leur application apportait au prêt *à la grosse* et l'habitude que les contractants avaient prise de n'en pas tenir compte. Aussi le Législateur ne tarda-t-il pas à se condamner lui-même; la même *Novelle* 106 remet en vigueur les anciens usages en ce qui concerne le taux de l'*usura nautiqua*.

Mais, par un esprit de versatilité incroyable, l'Empereur, dans sa *Novelle* 110, abroge sa dernière abrogation et revient à la première [1].

§ 5. — *Consentement des parties.*

Au fond de tous les contrats on trouve une convention, c'est-à-dire un accord préalable qui intervient, de part et d'autre, sur toutes les choses qui composent la substance du contrat. On ne dit : c'est un *mutuum*, c'est une *stipulation*, c'est une *vente*, qu'après que cet accord s'est manifesté entre les parties.

Pour ce qui est de la forme des contrats, chez nous, d'ordinaire, cette union des volontés suffit, mais, à Rome, un autre élément était indispensable, je veux dire la *cause civile*, qui méritait à la convention, au simple pacte, le nom de contrat et une qualification générique.

Quant au prêt *à la grosse*, outre la *cause civile*, outre cet accord général que je viens de mentionner, il fallait encore, pour l'existence et la validité de ce contrat, que les parties eussent mis, par clause expresse, les risques de mer à la charge du prêteur : « Les risques de l'argent prêté à condition qu'il périra pour le créancier, disent les Empereurs Dioclétien et Maximien, ne sont point à la charge du débiteur, avant que le navire soit parvenu à sa destination; mais il en est autrement, dès qu'il n'apparaît pas *formellement* de cette convention — *Sine hujus-*

[1] Voir Montesquieu touchant la faiblesse, l'inconstance et même la vénalité du gouvernement de Justinien, surtout vers sa fin (*Grandeur et décadence des Romains*. Chap. XX.)

modi verò conventione, infortunio naufragii debitor non liberabitur (au *Code*, loi 4, *De n. f.*). « La règle générale, c'est que les gages périssent pour le débiteur. Que si les contractants veulent y déroger, par exemple, faire un *nauticum fœnus*, il est raisonnable qu'ils s'en expriment; une exception ne saurait être sous-entendue. Mais comment manifesteront-ils, à cet égard, leurs volontés ? En *convenant* que le prêt *à la grosse* est fait sur tel *objet déterminé*, dont le créancier prend les risques à sa charge moyennant un intérêt extraordinaire. Ce qui signifie que cet objet est la garantie principale de la créance (capital et intérêts) du prêteur, et que s'il périt fortuitement, dans les temps et lieux convenus, le débiteur sera libéré. Cette convention peut n'être et n'est ordinairement qu'un pacte ajouté au *mutuum*.

Section IV

DES EFFETS DE NOTRE CONTRAT PAR RAPPORT AUX PARTIES

§ 1er — *Par rapport au créancier*

Si les garanties, que le débiteur lui a données, périssent dans les temps et lieux déterminés et sans faute aucune de la part de ce dernier, le prêteur *à la grosse aventure* perd tous droits au paiement de la somme avancée et des intérêts maritimes. Si la perte n'est que partielle, le créancier aura droit à ce qui restera des gages; et il se fera payer, comme ayant une créance hypothécaire, et même, dans certains cas, *hypothécaire* et *privilégiée*, ainsi que nous l'avons expliqué en traitant des garanties du prêteur. Il ne pourra toutefois exiger le paiement de l'*usure*, que si le *pignus* est heureusement arrivé.

Il peut arriver que le donneur *à la grosse* ait prêté des marchandises, et qu'en conséquence lesdites marchandises soient le gage du prêteur : si elles périssent, non par fortune de mer, mais par leur vice propre, que se passera-t-il ? En définitive la perte sera pour le créancier; car s'il répond des risques fortuits, *à fortiori*, doit-il supporter ceux qui lui sont imputables. D'ailleurs la situation de l'emprunteur est favorable. Comme il est tenu de fournir une quantité, une somme, et qu'il résulte de cette obligation que, l'objet ne pouvant pas périr, il ne saurait être question, en principe, de l'extinction de l'obligation *rei interitu*. peut-être le prêteur l'actionnera-t-il, comme si la perte était arrivée par la faute du débiteur ou par le vice *propre* de la chose; mais, dans ce cas, l'emprunteur n'aura qu'à lui opposer l'exception de dol. Que si non-seulement les choses prêtées périssent, mais encore occasionnent la perte d'autres effets, alors l'exception de dol ne suffira pas à l'emprunteur ; en conséquence il aura, selon le cas, l'*actio de dolo* ou une *actio in factum*.

Que si les marchandises, quoique viciées, arrivent heureusement, le preneur ne sera jamais tenu d'en rendre que de pareilles et de même valeur.

§ 2. — *Par rapport au débiteur.*

L'obligation principale du preneur *à la grosse* est de payer, en cas d'heureuse arrivée, la somme prêtée et les intérêts convenus. Mais il peut en avoir d'autres qui résultent des différentes clauses ajoutées au contrat. Si, par exemple, la convention porte que le navire se mettra en route à telle époque, par telle direction, ou avec tel poids de charge seulement, l'emprunteur doit conformer sa conduite aux termes du pacte ; sinon, en cas de sinistre, la perte des gages sera pour lui.

Il y avait aussi des clauses où les parties prévoyaient la négligence et le retard de l'emprunteur à s'exécuter. Bientôt nous les étudierons.

Le preneur était encore tenu de respecter certains usages, sous peine de répondre des risques de la chose engagée. Ainsi, d'après Saummaise, on n'entreprenait pas de voyage après le troisième jour avant les Ides de novembre, ni avant le sixième jour avant les Ides de mars.

Comme le gage principal du prêteur doit être soumis à partie ou totalité des risques de la navigation que va faire l'emprunteur, ce ne pourra jamais être un bien à venir, ou qui ne soit pas sur le bâtiment ou le bâtiment lui-même. La perte de cette garantie, en libérant entièrement le débiteur principal, affranchit aussi les autres, comme nous l'enseignent les principes et la loi 6 (au D. *De n. f.*) que nous avons expliquée. Il arrivait, même chez les Romains, que le prêteur *à la grosse*, en exigeant un fidéjusseur, se proposait de se garantir, non point contre l'insolvabilité du débiteur, mais bien contre les fortunes de mer, ou même prévoyait à la fois l'un et l'autre cas. C'était là comme une sorte d'assurance ; mais ce n'en était pas une véritable. Cette fidéjussion est tout ce que peuvent indiquer quelques-uns des textes que nous mentionnerons en parlant de l'origine du contrat d'assurance. Une pareille caution n'était donc pas libérée par la perte du gage principal.

Ainsi qu'on l'a vu, l'obligation capitale de l'emprunteur est essentiellement conditionnelle, et la condition, c'est l'heureuse arrivée des gages du prêteur.

Section V

Après avoir décomposé le contrat *de grosse*, après en avoir analys
avec soin les différentes parties, il nous reste à montrer certaines clau
ses qui accompagnent ordinairement le *nauticum fœnus*, et sont comm
l'appendice des obligations de l'emprunteur. Il arrive souvent, en effe
qu'au jour fixé pour le paiement des intérêts et du capital, le débiteu
ne s'exécute pas; dans ce cas, le créancier aura-t-il à souffrir de c
retard? Et s'il avait embarqué sur le navire un de ses esclaves pou
veiller sur les gages et percevoir, au terme des risques, les somme
dues, devra-t-il supporter, sans aucune indemnité, les dommages qu
lui cause le désœuvrement de son esclave pendant que le débiteur man
que à ses promesses? Non, mais à condition que les parties règlent ce
difficultés à part et de la manière que nous allons indiquer.

§ 1. — *Clause qui répond à la première question.*

Dès que les gages sont heureusement arrivés à destination ou seule
ment au terme que les parties ont assigné aux risques du prêteu
les *intérêts maritimes* sont dûs et cessent de courir. Si le débiteur n
fait pas honneur à ses engagements, le créancier a le droit de le pou
suivre et de le faire condamner en justice; mais, en attendant, so
capital restera-t-il improductif? La *Novelle* 106 (1er alinéa *in fine)* nou
fait connaître que, durant les trente jours qui suivent l'heureuse arrivé
du navire ou du susdit terme, le prêteur *à la grosse* ne peut exige
aucun intérêt. La loi accorde ce délai de grâce à l'emprunteur dont le
affaires sont en mauvais état et qui ne trouve pas à vendre ses mar
chandises. Mais au bout de ce temps, les sommes dues au prêteu
redeviennent productives d'intérêts, si toutefois ce dernier a pris soi
d'en faire l'objet d'une clause.

Cette clause doit être une stipulation, comme nous l'enseigne l
loi 4, *in fine* (au D.,.*De n. f.*) : « *Dans la stipulation* de l'intérêt qu
intervient après l'époque des périls, etc. — *In stipulatione fœnoris post
diem periculi separatìm interpositâ*, etc. » Comment en serait-il autre
ment? Par un pacte, on ne peut faire courir que l'usure maritime. C'es
là une exception, et la règle générale veut que le prêteur se serve tou
jours d'une stipulation et jamais d'un pacte *ad augendam debitori
obligationem*. Du reste, s'il y a quelques autres cas ainsi favorisés, l
nôtre n'est pas du nombre.

Cependant, bien que l'usure de l'argent prêté *à intérêt* ne puisse être réclamée en l'absence du lien de la stipulation ; payée en vertu du pacte, elle ne peut ni être réputée comme indue, ni être imputée sur le capital. (Loi 3, au *Code, De usuris*). En effet, le pacte suffit, conformément aux principes généraux, pour que les intérêts soient dus *naturellement*, et dès lors, pour que la répétition n'en soit pas admise, s'ils ont été payés. (Loi 95, § 4, au D., *De salut.* et loi 1 *princ.* au D. *De pactis.)* Cette règle générale s'applique également à la deuxième clause pénale, que nous étudierons plus loin.

Cette sorte d'intérêt moratoire ne peut dépasser le taux légal ; c'est une usure ordinaire. La preuve en résulte de différents textes : de la même loi 4 *(in princ.)*, que nous avons déjà citée ; de la loi 44 (au D. *De usuris*), qui s'exprime ainsi : « *Pœnam pro usuris stipulari nemo supra modum usurarum licitum potest*, etc. » Comme on le voit, la clause, dont il est ici question, renferme une peine pour le débiteur qui ne s'exécute pas dans le temps voulu.

Si l'emprunteur était de mauvaise foi, ou bien s'il avait renoncé, par avance, au délai de grâce que la loi accorde au débiteur malheureux, *l'usure pénale* courait-elle, dès que le capital et les intérêts maritimes sont exigibles ? Dans le premier cas, il est évident que le Législateur n'a songé qu'à venir en aide au malheur, et non point à d'iniques résistances. Dans l'autre, il n'est pas moins certain que le délai de grâce n'a pas été imaginé dans un intérêt public, mais seulement en faveur du débiteur, et qu'en conséquence il pourrait y renoncer.

Mais ces intérêts conventionnels, et non purement moratoires, ne seront-ils pas aussi les intérêts du profit nautique ? Ne peut-on pas dire que les règles qui prohibent l'anatocisme, n'ont pas été faites contre l'usure maritime ? La question est controversée.

Dans le sens de l'affirmative, on allègue que le profit nautique n'est usure qu'à moitié ; que pour le reste, c'est, pour ainsi dire, un capital représentant la valeur des chances que le débiteur *à la grosse* court de ne pas rembourser les sommes par lui empruntées, et qu'on ne peut invoquer ici les motifs qui ont inspiré le Législateur, lorsqu'il a prohibé l'anatocisme. En effet, ajoute-t-on, le prêteur *à la grosse aventure* n'est pas un créancier ordinaire, qui ne capitalise point les intérêts, mais les dépenses toujours, ne serait-ce que pour en vivre mieux à son aise — *lautius vivere*. C'est, au contraire, un spéculateur qui a toujours besoin d'argent, soit pour courir les risques d'un autre voyage, soit pour faire d'autres opérations commerciales. Il capitalise toujours, et jamais ne se permet de dépenses voluptuaires. On comprend donc que, si le débiteur tarde à lui payer ce qu'il lui doit, le prêteur à la grosse souffre de grands dommages, et qu'il est juste qu'il en exige une entière réparation, ce dont il serait empêché, si le débiteur pouvait retenir gratuitement une partie des sommes qu'il lui doit.

Ces raisons ont sans doute une grande valeur ; mais elles ne s'appuient, malheureusement ! sur aucun texte de loi ; et à l'opinion de ceux qui les font valoir, nous préférons celle de Pothier, qui nous paraît plus conforme à l'esprit et à la lettre de la législation romaine. D'après ce Jurisconsulte, à Rome, le profit maritime, quelque extraordinaire qu'il soit, n'en est pas moins un intérêt ; partout, en effet, les *Pandectes* et le *Code* le désignent sous le nom d'*usura nautica, de nauticum fœnus* ; partout il est présenté et traité comme un intérêt ; en conséquence, la loi ne faisant aucune distinction, les justiciables ne peuvent que l'imiter. L'opinion contraire est d'autant moins admissible, que nous savons comment Justinien a réglementé le profit maritime dans la loi 26 et la *Novelle* 110, et qu'il n'a laissé à ce dernier qu'un seul avantage sur l'intérêt ordinaire, celui d'un taux plus élevé.

En résumé, l'usure pénale ne sera due que pour la somme prêtée ; elle ne sera qu'ordinaire et conventionnelle ; encore ne courra-t-elle qu'en vertu d'une stipulation.

Si le créancier prévoit qu'il s'écoulera un temps assez long entre le prêt et le commencement des risques maritimes, il pourra stipuler, pour cet intervalle, un intérêt ordinaire. L'usure maritime qui viendra ensuite ne saurait courir pour ce premier intérêt, même en vertu d'une convention expresse, qui serait contraire aux lois proscrivant l'anatocisme.

Nous savons que, si la somme prêtée à la grosse aventure n'a point été employée à l'expédition projetée, il n'y aura pas *nauticum fœnus, non erit trajectitia*, etc. ; il faut dire aussi que, dans ce dernier cas, les intérêts ne pourront en être dûs qu'au taux légal et en vertu d'une stipulation.

L'usure pénale est stipulée à tant pour cent par chaque jour de retard ; et l'ensemble de toutes ces échéances quotidiennes ne peut dépasser le double — *duplum* — de la somme prêtée. C'est là une règle commune à tous les intérêts, sauf à l'intérêt maritime, dont l'accumulation est impossible. Avant Justinien, cette loi générale souffrait une exception : au cas où un gage avait été constitué comme sûreté des intérêts, le créancier avait un droit de rétention, même *ultra duplum*. Le *Code* (loi 27, § 1, *De usuris*) prohibe l'accroissement des intérêts *ultra duplum*, bien que des gages aient été constitués.

Les romanistes allemands prétendent que l'usure ordinaire, pour l'existence de laquelle nous exigeons une convention et même plus, une stipulation, est purement moratoire et court à raison seulement de la mise en demeure du débiteur et depuis cette mise en demeure ou *ab lite contestatâ.*

Cette question, qui est l'objet de la plus vive controverse, est étrangère à notre sujet, car elle s'étend à tous les intérêts dus en vertu d'un *mutuum* et doit se formuler ainsi : Les intérêts d'une somme prêtée sont-ils seulement conventionnels, c'est-à-dire dus par le débiteur, en vertu, soit d'un pacte, soit d'une stipulation, ou bien sont-ils simplement moratoires, c'est-à-dire, dus par un emprunteur à raison de sa mise en demeure et depuis cette mise en demeure! Il semble bien que, vu la nature du *mutuum*, vu le principe qui régit les contrats *stricti juris*, et vu aussi les textes que nous avons déjà cités plus haut, il n'est jamais dû aucun intérêt moratoire en matière de prêt. Le contraire est néanmoins soutenu, et certains interprètes, dit M. Vernet (*Textes choisis sur la Théo. des oblig.*, p. 27), pensent que le débiteur, poursuivi par une action *stricti juris*, devait les intérêts moratoires à partir de la *litis contestatio.* Pour cette controverse, nous renvoyons au travail si remarquable que nous venons de citer.

§ 2. — *Clause qui répond à la seconde question.*

Il était d'usage qu'un esclave du prêteur *à la grosse* montât sur le navire et perçut, au terme des risques que ce dernier avait assumés, les sommes qui lui étaient dues. Le créancier comprenait dans l'usure maritime l'indemnité à laquelle donnait lieu l'absence de l'esclave. Pour ce qui est du dommage que lui causait le désœuvrement de l'esclave, par suite du retard de l'emprunteur à s'exécuter, la réparation n'en pouvait être due qu'en vertu d'une clause expresse.

Cette clause devait être également une stipulation. Sur ce point encore les textes sont formels : « *Pro operis servi trajectitiæ pecuniæ gratiâ secuti, quod in singulos dies in* stipulationem *deductum est, ad finem centesimæ, non ultra duplum debetur. In stipulatione fœnoris post diem periculi separatìm interpositâ, quod in eâ legitimæ usuræ deerit, per alteram* stipulationem *operarum supplebitur* (au D, loi 4, § 1, *De n. f.*). » La loi 9 (*eodem titulo*) n'est guère moins explicite : « *Si trajectitiæ pecuniæ pœna; uti solet,* promissa *est.....* » Au point de vue des principes du *mutuum*, il faut traiter cette clause comme la première.

Quel peut être le taux de cette nouvelle usure? L'un des textes qui précèdent répond à cette question, mais d'une façon assez obscure :

« Le prêteur, dit Papinien (loi 4, § 1.), n'exigera pas, comme indemnité du travail de l'esclave, qu'il a envoyé chercher son argent, une
rétribution qui excéderait la somme prêtée, ou l'intérêt ordinaire.
Dans la stipulation de l'intérêt après l'époque des périls, ce qui a été
stipulé séparément pour chaque jour, sera suppléé par une autre
stipulation relative au travail de l'esclave, jusqu'à concurrence de
l'intérêt légitime. »

Pour bien comprendre le sens de ces deux phrases, il faut distinguer
les deux cas suivants : ou bien le prêteur *à la grosse* n'a imposé que
l'une ou l'autre de nos deux clauses, ou bien il a stipulé l'une et
l'autre peines.

1er *Cas*. — S'il s'agit de la première clause, nous savons comment
on la traite.

Quant à l'autre, voici l'interprétation que je propose : comme indemnité
des services dont le maître sera privé, le créancier a stipulé une somme
pour chaque jour de retard. Eh bien ! cette somme, ou mieux, cette
usure de chaque jour n'excèdera par l'intérêt légal et ordinaire. Et le
total, pour ainsi dire, de toutes les échéances ne devra pas dépasser la
somme prêtée — *non ultra duplum*, c'est-à-dire le capital doublé.

Ce qui embarrasse les interprètes dans la première phrase, ce sont
les mots — *ultra duplum*. Cujas en propose la suppression ; mais il me
semble qu'il n'est pas nécessaire de croire à une interpolation pour
expliquer le texte de Papinien.

2e *Cas*. — Les deux clauses font parties du contrat *de grosse*.

Pourra-t-on les traiter à part et comme si chacune d'elles existait
seule ? Non. Les deux intérêts d'un seul jour n'en formeront qu'un seul,
qui ne s'élevera pas au-dessus du taux légitime, c'est-à-dire 12 pour
cent, si l'on considère le prêt avant Justinien, et l'une des trois espèces
mentionnées plus haut, si l'on se place sous l'empire de la loi 1re
(au Code, *De usuris*) ; et les deux sommes de la totalité des échéances
n'en feront qu'une seule, qui ne sera pas supérieure au double de la
somme prêtée, c'est-à-dire *au capital doublé*.

Cette interprétation est la même que celle de M. Rhallys, qu'il exprime
ainsi : « Papinien veut dire deux idées : 1° la somme stipulée pour
prix des services de l'esclave, jointe aux intérêts des sommes dues
(c'est-à-dire aux intérêts de la première clause), ne peut dépasser la
centesima usura; 2° la peine, composée de ces deux éléments bien
distincts, cessera de courir, lorsque la somme de ces termes échus et
non payés *égalera le capital*. »

La première clause n'a d'effets ordinairement, qu'après un délai de trente jours; il n'en est pas de même pour la seconde : la peine sera encourue du moment où le débiteur aura refusé de tenir ses promesses.

Section VI

DE LA PROCÉDURE QUE LE CRÉANCIER DOIT EMPLOYER POUR FAIRE VALOIR SES DROITS

Pour bien analyser notre sujet, il faut distinguer :

1° La procédure particulière au contrat *de grosse*, de celle qui résulte des deux clauses ci-dessus exposées ;

2° Le cas où l'emprunteur agit pour lui-même de celui où ce n'est qu'un esclave ou un mandataire libre qui s'engage vis-à-vis du prêteur.

Première distinction

1° *De l'action propre au contrat de grosse*. — Nous avons vu que les interprètes n'étaient pas d'accord sur la nature légale du *nauticum fœnus*. C'est à propos de la procédure de notre contrat que se manifeste l'intérêt de cette controverse.

Cujas voit, dans le prêt *à la grosse aventure*, deux contrats, dont l'un est *innomé* et l'autre est un simple *mutuum*. En conséquence, il accorde au prêteur deux actions : la *conditio certi*, en ce qui touche le capital, et l'action *præscriptis verbis* pour ce qui regarde la somme représentant les risques maritimes.

Pour M. de Savigny, il n'y a qu'un contrat *innomé*, et partant une action unique, l'action *præscriptis verbis*. « Dans ce contrat, dit-il, la « forme du prêt n'est qu'une apparence extérieure ; en réalité, on don-« nait une somme avec chance de perte, et l'autre partie promettait « une somme supérieure dans le cas où la perte n'aurait pas lieu. Cette « convention rentrait donc dans la classe des *contrats innomés*, don-« nant lieu à l'action *præscriptis verbis*. »

Pour moi, je n'y découvre que le prêt avec intérêt maritime, pourvu de l'action civile du *mutuum*, tant pour l'usure que pour le capital. C'est ce que je vais prouver, en établissant, d'une part, que l'action *præscriptis verbis*, qui est l'action des *contrats innomés*, n'était pas et ne pouvait être attachée au prêt *à la grosse*, et de l'autre, que le prêteur, pour faire valoir ses droits, recourait, en réalité, à l'action du *mutuum* pure et simple.

1° L'action *præscriptis verbis* n'était pas attachée au prêt *à la grosse aventure*.

En effet, l'existence de cette action ne remonte pas à une époque bien éloignée : l'inventeur en est Labéon, le chef de l'école des Proculiens, tandis que le *nauticum fœnus* existait bien longtemps avant Auguste. Ce premier fait historique prouve au moins que l'action *præscriptis verbis* n'était pas essentiellement celle du *nauticum fœnus*.

Un second établira qu'elle ne l'était pas du tout. Il est vrai qu'il y avait des *contrats innomés* avant l'apparition de cette action ; mais quelle procédure leur appliquait-on ? Celle du contrat dont se rapprochait le plus chaque *innomé*, ou bien les actions *de dolo* ou *in factum*. L'innovation des Proculiens jeta le trouble dans les différentes écoles. Les Sabiniens la combattirent avec opiniâtreté, et ce ne fut que de guerre lasse qu'ils l'acceptèrent ; encore prenaient-ils sans cesse de nouveaux biais pour en atténuer les effets et revenir à l'ancienne doctrine. Toutes les fois que la justice et les écoles avaient à se prononcer touchant la nature d'un *contrat innomé*, la lutte se ravivait, et c'étaient des controverses interminables. Le Digeste ne parle jamais d'un de ces contrats sans témoigner de ces ardentes discussions. Le *nauticum fœnus*, s'il en est un, serait le seul dont la nature et l'action auraient été les mêmes pour tout le monde. En effet, on ne voit trace de divergence parmi les différentes lois qui s'y rapportent. Mais est-il croyable que les Sabiniens, sans réserve, sans résistance aucune, aient accepté le prêt *à la grosse*, un *mutuum* après tout, comme un *contrat innomé*, et l'aient pourvu de l'action *præscriptis verbis*, qu'ils repoussaient de toutes leurs forces ? Non.... Cet accord des jurisconsultes romains, touchant le caractère légal du *nauticum fœnus*, prouve qu'il n'y avait pas lieu à divergence, parce que personne ne le regardait comme un *contrat innomé* et ne lui attribuait l'action *præscriptis verbis*. Il ne serait pas sage d'interpréter autrement le silence de nos textes.

L'action *præscriptis verbis* n'était pas attachée au *nauticum fœnus*, et *ne pouvait l'être*.

En effet, cette action est de *bonne foi*, et celle qu'engendre le prêt *à la grosse aventure*, est *stricti juris*. En établissant ces deux propositions, j'aurai, par là même, il me semble, établi que les opinions des grands romanistes Cujas et de Savigny sont toutes deux fausses, quoique différentes l'une de l'autre ; j'aurai presque atteint le but de ma démonstration ; il me suffira d'expliquer la formule de l'action, que le *Digeste* attribue au *nauticum fœnus*, et j'aurai démontré qu'elle ne diffère pas, au fond, de l'action qui est particulière au *mutuum*, je veux dire, la *condictio certi ;* ce qui est en définitive, ce que je veux prouver.

Première Proposition

L'action præscriptis verbis, *est* bonæ fidei — D'après les *Institutes*, elle l'est pour deux *contrats innomés* : « Bonæ fidei *sunt hæ (actiones) :*

ex empto vendito, etc... præscriptis verbis *quæ* de æstimato *proponitur et ea quæ ex permutatione competit (De act.*, § 28.). »

Mais n'est-elle de *bonne foi*, que dans ces deux espèces de *contrats innomés : l'échange* et le contrat *estimatoire ?*

La plupart des interprètes croient que Justinien a cité deux cas d'une application fréquente et qu'il ne faut voir, dans ce passage, rien de limitatif.

Ceux qui pensent que l'action *præscriptis verbis* est tantôt de *bonne foi* et tantôt *strictis juris*, ou même que ce dernier cas est la règle, et l'autre l'exception, nous opposent un texte de Julien, qui, d'après la *Florentine*, serait ainsi conçu : « *Cùm quid precariò rogatum est, non solùm interdicto uti possumus, sed et* incerti condictione, *id est*, præscriptis verbis (Loi 19 § 2, au D. *De precariò). —* Celui qui a donné *à précaire*, peut non-seulement, employer un interdit, mais encore la *condictio incerti*, c'est-à-dire *l'action præscriptis verbis.* » Mais, ajoute-t-on, si elle est une *condictio*, elle est nécessairement *stricti juris.*

Mais, répondons-nous, on n'observe donc pas que Ulpien, dans le même titre (loi 2, § 2, *in fine*), se sert de la même espèce et des même s mots pour dire tout le contraire ; lisez : « *Itaque* cùm quid precariò rogatum est, non solùm *hoc* interdicto uti possumus, sed etiam præscriptis verbis *actione*, *quæ ex bonâ fide oritur.* »

Évidemment, en présence de ces deux textes, il faut croire à une inadvertance. Mais de qui sera-t-elle le fait ? Elle ne peut l'être que d'un copiste ou bien des rédacteurs du *Digeste.* Des rédacteurs... C'est bien grave ! Il faudrait supposer d'abord qu'il y avait divergence entre les deux jurisconsultes sur la nature et les effets du *précaire* et de l'action *præscriptis verbis*, ce que rien n'indique sûrement ; ensuite, que deux lois, du temps de Justinien, se contredisaient l'une l'autre, et que Tribonien et ses collègues avaient, qu'on me permette l'expression, la berlue, lorsqu'ils rédigeaient le titre *De precario.* C'est insoutenable. La contradiction était trop apparente ; ils l'auraient vue. Il vaut mieux croire à l'étourderie d'un copiste. Où ne trouve-t-on pas des fautes de transcription ? Nos Codes, qui n'ont peut-être été transcrits qu'une seule fois, et encore l'ont-ils été sous les yeux de leurs rédacteurs, en renferment plusieurs ; comment les *Pandectes* et tous les ouvrages qui, à leur naissance et longtemps après, n'ont point joui des bienfaits de l'imprimerie, auraient-ils été plus heureux ! Il faut difficilement croire à une interpolation, mais encore plus à une contradiction. Du reste, l'altération qu'a subi, selon nous, le texte de Julien, M. Demangeat l'explique d'une manière très-plausible. « Une faute, dit-il, s'est glissée

« dans la leçon du texte de Julien que donne le manuscrit de Florence,
« et il faut, avec plusieurs autres manuscrits, lire ainsi la fin du texte :
« *incerti actione, id est, præscriptis verbis.* »

Cette dernière version est donc probable, puisque d'autres manuscrits
la portent; puisque Paul (*Sent.* V, VI, § 10) compare à l'action *commodati directa*, qui est certainement *de bonne foi*, l'action du concédant *à
précaire : « Et civilis actis* hujus rei, *sicut commodati, competit.* »

Quant à l'argument de ceux qui prétendent que les termes des *Institutes* sont limitatifs, il est très-clairement réfuté par le texte suivant :
Papinien dit, au livre VIII de ses *Questions : «* Si vous égariez la
chose que je vous ai « remise pour vous la faire *inspecter,* j'aurais
« contre vous l'action *præscriptis verbis.* — *Si rem titi inspiciendam*
« *dedi, et dicas te perdidisse, ità demùm mihi* præscriptis verbis *actio*
« *competit*..... Donc, si j'ai fait cette remise à quelqu'un, si l'affaire est
« dans son intérêt seulement, ou dans le nôtre à tous les deux, il sera
« tenu du dol et de la faute ; si elle est dans mon seul intérêt, il ne
« sera tenu que du dol, parce qu'il faut la considérer comme un dépôt,
« *quia prope depositum hoc accedisse.* » (au D., loi 17, § 2, *De præscriptis verbis).* Or, dit M. Demangeat, cette théorie des fautes, nous
le savons, s'applique uniquement là où existe une action de *bonne
foi ;* donc, ajouterons-nous, l'action *præscriptis verbis* de ce contrat
qui n'est ni *estimatoire,* ni *échange,* est une action de bonne foi ; donc,
le texte de Justinien n'est qu'énonciatif ; donc, l'argument de nos adversaires est sans aucune force.

Conclusion : Mais si, d'une part, Justinien n'a entendu faire qu'une
simple énonciation, indiquant par là plutôt que toutes les autres actions
de ce genre étaient de *bonne foi ;* si, d'une autre, on ne trouve dans
aucun texte la preuve du contraire, que faut-il en conclure, sinon que
notre première proposition est démontrée ?

Deuxième proposition

L'action qu'engendre le prêt *à la grosse,* est une action *stricti juris.*

Quand on veut employer une action de *bonne foi,* il n'est jamais
nécessaire de faire subir à sa formule une modification quelconque,
afin de permettre au demandeur d'agir dans un lieu autre que celui fixé
pour l'exécution du contrat. C'est là ce qui résulte clairement de l'interprétation de la loi 7 (au D., *De eo quod certo loco...)*

Or, je suppose que Titius ait fait un prêt *à la grosse* à Cléon, et que
ce dernier ait promis de lui payer usure et capital à Corinthe, comment
devra-t-il procéder, si Cléon quitte ladite ville sans faire honneur à ses

engagements? Quelle action la loi met-elle à son service? l'action arbitraire *de eo quod certo loco*. C'est, en effet, ce qu'indique le jurisconsulte Ulpien (au D., loi 2, § 8, *De eo quod certo loco* : « *Quid si tra-
jectitiam pecuniam dederit, Ephesi recepturus, ubi sub pœnâ debebat
pecuniam, vel sub pignoribus : et distracta pignora sunt, vel pœna com-
missa morâ tuâ vel fisco aliquid debebatur, et res stipulatoris vilissimo
distracta est?* in hanc arbitrariam, *quod interfruit*, veniet : *et quidem
ultra legitimum modum usurarum.* — Que faut-il dire du cas où celui
qui *a prêté de l'argent à la grosse aventure* pour être payé à Ephèse, y
devant lui-même la même somme sous une peine, ou sous la condition
de donner un gage à son créancier, le retard de son débiteur lui a fait
encourir la peine, ou a déterminé la vente du gage, ou l'a obligé, étant
débiteur du fisc, de vendre ses biens à vil prix? Qu'il faut faire entrer
dans *cette action arbitraire* (de eo quod, etc.), l'intérêt plus qu'ordinaire qu'il avait à être payé. »

Mais quelle est donc l'utilité de cette action arbitraire? A Corinthe,
l'action même du prêt *à la grosse* aurait suffi au créancier; mais ailleurs,
il lui faut modifier sa formule, sans quoi il encourrait la peine de la
plus-petitio loco. C'est pour lui épargner cette déchéance que l'action
arbitraire *de eo quod*, etc., a été imaginée, et c'est pour cela aussi que
l'action du prêt *à la grosse* n'est pas une action de *bonne foi*, mais bien
une action *stricti juris*, et que *ma seconde proposition est démontrée*.

Mais, au fond, qu'est cette action arbitraire *de eo quod*, etc.? Les
jurisconsultes romains distinguent, avec grand soin, l'action *arbitraire*
de l'action de *bonne foi*, et même, dit M. Demangeat, les opposent l'une
à l'autre. C'est ce que l'on voit dans les textes suivants : « Dans ces
actions, *quæ non sunt arbitraria, nec bonæ fidei*, etc. » (au D., loi 3, § 1,
De usuris.) « *In actionibus* in rem, dit Marcien (au D., loi 5, pr. *De
in litem jur.), et in* ad exhibendum, *et in* bonæ fidei judiciis *in litem
juratur.* » D'après les *Institutes* (*De act.*, § 31), les actions *in rem et ad
exhibendum* sont arbitraires.

Ce qui caractérise l'action *de eo quod certo loco*, c'est qu'elle étend
les pouvoirs du juge : « Il y a *plus-petitio loco*, dit Justinien (*De act.*,
§ 33), lorsque, après avoir stipulé qu'il serait payé dans un lieu déterminé, le créancier actionne son débiteur dans un autre endroit. Ainsi,
Primus s'est fait promettre que Titius le paierait à Ephèse, et il va le
poursuivre à Rome. Si Titius a opté pour Ephèse, c'est qu'il y trouvait
un avantage ; et Primus, en le citant devant le juge d'un autre lieu,
encourra la *plus-petitio loco*, à moins qu'il n'ait fait insérer certaines
réserves dans sa formule. C'est pour cela que le prêteur offre *petenti*

alio loco une action arbitraire, dans laquelle on tient compte au débiteur de l'avantage qu'il avait à payer à Éphèse... » Si je comprends ce qu'est l'action *de eo quod certo loco,* je dirai qu'elle n'est qu'une modification apportée à une action *stricti juris,* qui n'a d'autre étendue que les termes mêmes du contrat, et condamne le juge à s'y renfermer ; je dirai qu'elle n'est qu'une action *stricti juris* modifiée, comme dans l'exemple que cite Justinien, où elle n'est au fond que la *condictio ex stipulatu.* Et, dans le cas de prêt *à la grosse* cité par Ulpien, qu'est-elle? pas autre.chose que la *condictio certi,* dont l'*intentio certa* aura été rendue *incerta.* Et si le créancier actionne au lieu déterminé par le pacte, son action ne peut être que la *condictio* pure et simple. En effet, l'action qu'engendre le *nauticum fœnus* ne peut être qu'une *condictio* ou bien l'action *præscriptis verbis ;* or, nous savons qu'elle ne peut être celle-ci ; donc, elle sera celle-là. Et j'ai démontré que le prêteur *à la grosse aventure* n'a qu'une seule action, la *condictio du mutuum* ordinaire.

2° *De l'action qui naît de chacune des clauses ci-dessus exposées.* Ces deux clauses sont des stipulations ; il n'en peut naître donc que la *condictio incerti* ou *condictio ex stipulatu.* Elle est *incerti,* c'est-à-dire que l'*intentio* est *incerta,* parce que le chiffre des intérêts, dus comme peine du retard, ne peut être fixé d'avance , attendu que l'usure pénale continuera de courir pendant le procès.

Comment les susdites clauses auront-elles effets? Ne faudra-t-il pas que le créancier, pour donner cours à l'intérêt pénal, mette le débiteur en demeure; ou bien y sera-t-il *ipso facto,* après le jour qu'il devait payer l'intérêt maritime et le capital ?

Avant Justinien , la question était controversée. Labéon et Pomponius (au D. lois 2 et 9, *De n. f.*) semblent bien dire que le bailleur *à la grosse* doit adresser une *interpellatio* au preneur, à moins que cette *interpellatio* ne soit rendue impossible par le fait du débiteur, cas auquel le créancier, qui aura fait constater cette impossibilité par témoins, sera traité comme s'il avait interpellé.

Loi 9. — « Si, comme il est d'usage, il a été stipulé une peine à défaut du paiement de la somme prêtée *à la grosse aventure,* ladite peine sera encourue, bien qu'à l'échéance, le débiteur soit décédé, » c'est-à-dire, bien que la succession du débiteur soit vacante, parce que la peine est encourue comme si l'emprunteur eût laissé un héritier. Le Jurisconsulte ne fait qu'appliquer une règle générale, posée dans la loi 77 (au D., *De verb. oblig.*). A l'application du principe il faut joindre celle de la loi 2. (*De n. f.*).

Loi 2. — « Suivant Labéon, s'il ne se trouve personne à interpeller pour le paiement de la somme placée dans le commerce maritime, une déclaration devant témoins tiendra lieu d'interpellation faite au débiteur. »

Mais l'opinion contraire était soutenue par Africain (au D., loi 23, *De oblig. et act.*). Il déclare, en effet, que la seule échéance du terme constitue le débiteur en demeure. « Titius, dit ce jurisconsulte, avait prêté de l'argent *à la grosse aventure*, et il avait stipulé de son débiteur que s'il ne payait pas à son esclave, tel jour, intérêt et principal, il aurait à répondre du temps qu'il ferait perdre à Stichus. Titius, au jour dit, n'a touché qu'une partie de son argent; plus tard, il a interpellé son débiteur : la clause pénale aura-t-elle produit son effet avant l'époque de l'interpellation ? Africain répond : « Titius peut invoquer la « clause pour le temps qui a précédé l'interpellation ; il le pour- « rait quand même il n'aurait fait *aucune interpellation à son débi- « teur.* »

Justinien mit fin aux controverses, en prenant parti pour Africain. C'est ce que nous voyons au *Code* (loi 12, *De contrah. et com. stip.*). L'Empereur, désireux de restreindre, autant que possible, le champ que l'ancienne jurisprudence livrait aux disputes et aux procès, déclare qu'à l'avenir, lorsqu'un débiteur aura promis de se libérer à jour fixé et de payer certaine somme, comme peine de son retard, il n'y aura plus aucun doute : *il ne pourra éviter la peine, sous prétexte qu'il n'a pas été averti*, et la convention s'exécutera malgré l'absence de toute interpellation — *etiam citrà ullam admonitionem eidem pœnœ pro stipulationis tenore fiet obnoxius.*

Toutefois l'emprunteur n'encourt *la peine de la demeure*, qu'autant qu'elle lui est imputable. Dans le cas contraire, il arrivera ce que dit Servius (au D., loi 8, *De. n. f.*) : « La peine imposée à raison du non- « paiement d'une somme prêtée *à la grosse aventure*, ne saurait être « exigée, si le prêteur est cause qu'il n'a pas été payé dans le temps « convenu. »

Servius ne fait qu'appliquer une règle générale que l'on trouve dans d'autres lois, par exemple, dans la loi 105 (au D., *De verb. oblig.*); dans la loi 9, § 1 (au D., *De usuris.*). Cette dernière s'exprime ainsi : « Si le créancier vient à mourir, ne laissant personne à qui le paiement « puisse être fait, l'arrivée du terme ne constitue point le débiteur *en* « *demeure;* et si l'on augmente le chiffre des intérêts à raison du temps « qui s'est écoulé depuis le terme, le débiteur opposera utilement « l'exception *de dol.* »

Deuxième distinction.

1° *L'emprunteur agit pour lui-même.* — L'hypothèse n'offre pas d'autre difficulté que celle que nous venons d'étudier.

2° *L'emprunteur est un esclave ou un mandataire libre.*

Un esclave. — Les Romains faisaient souvent le commerce au moyen de leurs principaux esclaves. Qu'arrivait-il dans ce cas ? C'est que, d'après le Droit civil, le créancier ne pouvait agir par la *condictio*, ni contre le maître, avec lequel il n'avait pas directement traité[1], ni contre l'esclave, capable seulement de contracter des obligations naturelles : « *Servus quidem, non solùm domino suo obligari non potest, sed ne alii quidem ulli.* (*Inst.* § 6, *De inut. stip.*) »

Cependant, comme le créancier avait en réalité suivi la foi du maître et que les avantages, tout aussi bien que les inconvénients du contrat, étaient pour ce dernier, le Préteur jugea équitable d'étendre la portée de la *condictio* et d'y soumettre le patron de l'esclave. Ce fut là, du reste, une mesure générale, dont il est parlé aux *Institutes* (*Quod cum eo*, etc., IV, 7), et au *Digeste* (Tit. *De exercit. act.* et *De instit. act.*), et dont je n'ai pas à m'occuper. Il me suffira de constater que cette action, une de celles que les interprètes disent *adjectitiæ qualitatis*, n'est que l'action qui dérive naturellement du contrat qui a été fait. Ici, c'est donc la *condictio ex mutuo*, dont le préteur a modifié la *demonstratio*. On l'appelle *exercitoria*, du nom du *préposant-exercitor*, à cause de cette modification qui la caractérise.

Lorsque l'esclave *préposé*, au lieu de faire lui-même l'emprunt, en a chargé un tiers, l'action *exercitoria* n'en est pas moins donnée contre le *préposant*. L'équité et l'avantage du négoce le veulent ainsi (au *Dig.*, loi 1, § 5, *De exer. act.*).

S'il y a plusieurs *préposants*, elle se donne *in solidum* contre chacun d'eux, afin que le préteur qui n'a traité qu'avec un seul individu, n'ait pas plusieurs parties à mettre en cause. (au D., loi 1, § 25 et 2, *De exer. act.*)

Un mandataire libre. — Le Préteur donne au créancier une action *exercitoria utile* contre le *préposant*, il la donne *ad exemplum institoriæ actionis* (au D. loi 19, *prin. De inst. act.*, et 13 § 25 *De act. emp.*).

En résumé, dans cette deuxième hypothèse, que l'emprunteur soit un mandataire libre ou un esclave, l'action fournie au créancier est prétorienne et non *civile*.

---

[1] Il ne peut être question d'appliquer ici cette règle : *on ne peut obliger autrui par autrui*; car la personne de l'esclave se confond avec celle de son maître. Du reste l'esclave peut acquérir pour son maître, mais il ne peut l'obliger.

Section VII

DE LA LOI 5 (au D. De n. f.).

Si nous en croyons la plupart des interprètes, aucune autre loi n'aurait eu plus à souffrir que notre loi 5, de l'ignorance ou de l'étourderie des scoliastes; presque chaque mot y aurait subi une mutilation, ou même une substitution. Et ce qui en rend encore l'explication plus difficile, c'est que, tout en admettant que le texte a éprouvé des malheurs, les romanistes varient sur les mots à corriger, ou si, par hasard, ils sont d'accord sur le mot, ils diffèrent sur la manière de les rectifier.

Quoiqu'il en soit du nombre et de la place qu'il faut assigner à ces altérations, il se dégage de l'ensemble de la loi 5 une pensée générale, que les commentateurs sont unanimes à y voir, et que je formule ainsi : *En matières de contrats aléatoires, les risques assumés par le créancier valent un prix,* periculi pretium ; *et le pacte même, quoique non revêtu de la forme de la stipulation, est civilement obligatoire.* Voilà la seule interprétation que l'on puisse sûrement fournir de cette loi ; quant aux autres, elles seront toujours plus ou moins contestables, elles ne seront jamais que des conjectures plus ou moins plausibles, tant que l'authenticité du texte actuel paraîtra douteuse, ou tant qu'on n'aura pas retrouvé celui qui est authentique. En conséquence, sans en adopter aucune comme l'expression de la vérité, sans toutefois laisser d'exprimer une préférence, je me bornerai à reproduire les deux explications qui m'ont paru les plus ingénieuses et qui sont de Cujas et de M. Pardessus.

Mais avant d'aller plus loin, mettons sous les yeux du lecteur, ce texte lui-même :

Loi 5 pr. (Scævola). *Periculi pretium est, et si conditione quamvis pœnali non existente recepturus sis quod dederis, et insuper aliquid præter pecuniam, si modò in aleæ speciem non cadat : veluti ea, ex quibus conditiones nasci solent, ut si manumittas, si non illud facias, si non convaluero, etc. Nec dubitabis, si piscatori erogaturo in apparatum plurimum pecuniæ dederim, ut si cepisset, redderet : et athletæ undè se exhiberet, exerceretque, ut si vicisset, redderet.*

Cette version est celle que l'on trouve dans le *Corpus juris civilis academicum parisiense* de M. Galisset.

Voici maintenant comment s'exprime M. Pardessus.

« Il n'est pas douteux qu'on ne puisse, dans tout contrat, stipuler « quelque chose — *insuper pecuniam*, à titre de peine, frappant le dé-« biteur en cas de retard dans le paiement. Mais, dans ce cas, la somme « ainsi stipulée représente une indemnité, et non le prix des risques

« courus. Il y a, au contraire, certains contrats où l'on peut stipuler
« une somme supérieure à celle qu'on a promise, sans que ce surplus
« ait un caractère pénal. Il faut, pour cela, que ce surplus puisse être
« regardé comme prix du péril, ce qui arrivera, non pas lorsque le
« droit du créancier sera soumis à une sorte d'incertitude — *in alea*
« *speciem*, — comme cela a lieu dans les conventions d'où naissent les
« conditions citées par Scévola dans la première phrase de notre loi,
« mais bien lorsqu'il y aura eu pour le créancier un véritable risque,
« comme il arrive dans les exemples que nous fournit la seconde
« phrase. »

Cette interprétation, qui a le grand avantage de ne pas toucher au
texte et de l'expliquer tel qu'il nous est parvenu, est vivement critiquée.
On fait surtout valoir contre l'opinion de M. Pardessus, qu'elle détourne
le mot *alea* de sa signification habituelle et véritable. Cette expression,
dit-on, emporte avec elle l'idée d'un évènement de telle nature, qu'il
entache le contrat de nullité; l'*alea* exprime l'incertitude du pari, d'un
jeu quelconque, contrats que la loi ne sanctionne pas.

Je crois que cette objection n'est pas très-fondée, et que le mot *alea*
a un sens plus étendu; et si ce n'était la grande autorité des romanistes
qui pensent que notre texte a été altéré, j'adopterais, sans aucune hé-
sitation, le sentiment et l'explication de M. Pardessus.

Selon Cujas, la loi 5 doit subir trois corrections, après lesquelles il
est possible de lui attribuer un sens raisonnable. Voici donc quel était,
d'après ce grand jurisconsulte, le texte primitif :

« *Periculi pretium est, et si conditione, quamvis* non *pœnali existente* — et non pas *quamvis pœnali non existente* — *recepturus sis,
quod dederis, et insuper aliquid præter pecuniam, si modò in* aliam —
pour ALEÆ *speciem* — *non cadat, veluti ea, ex quibus* condictiones —
pour CONDITIONES — *nasci solent,* etc. »

D'après Cujas, on peut donc traduire le *prin.* de la loi 5 par ces
mots : « Le créancier peut se faire promettre quelque chose en sus du
capital fourni, quoiqu'il *n'y ait pas clause pénale,* et comme prix des
risques qu'il court par suite de la condition imposée au contrat. Mais
pour qu'il en soit ainsi, il ne faut pas que la condition dont il s'agit
fasse dégénérer un contrat, aléatoire en apparence, en un *contrat
innomé,* dont l'action est une *condictio,* tel que le contrat *do ut facias,*
ou bien *si manumittas, si non illud facias, si non convaluero,* etc.
Il y aura, au contraire, véritablement contrat aléatoire et *pretium
periculi* de la manière indiquée plus haut, si vous prêtez de l'argent à un
pêcheur à condition *qu'il vous le rendra, s'il fait bonne pêche* ; ou à un

athlète, à condition qu'il vous le *restituera*, *s'il remporte le prix.* »
Cette interprétation serait parfaite, si ce n'était l'exemple — *si non
convaluero*, qui ne peut évidemment faire partie d'*un contrat innomé.*
Les partisans de l'opinion de Cujas, et ils sont nombreux, avouent que
c'est là une difficulté insurmontable. Mais comment serait-elle insurmontable, peut-on leur dire? Trois corrections vous ont déjà paru nécessaires, une quatrième ne l'est pas moins : supprimez les mots *si non
convaluero.* L'interpolation n'est point invraisemblable, car le scoliaste,
dans ses préoccupations de malade imaginaire, aura bien pu glisser la
condition — *si non convaluero.*

Pour moi, quoi qu'on en dise, l'explication de M. Pardessus me paraît plus satisfaisante que celle de l'illustre Cujas.

CHAPITRE II

PRINCIPALES DISPOSITIONS DE LA LOI RHODIENNE TOUCHANT LE JET
ET LA CONTRIBUTION (au *Dig.* L. XIV. T. II)

> Quum plenus fluctu medius foret alveus, et jam,
> Alternum puppis latus evertentibus undis
> Arboris incertæ, nullam prudentia cani
> Rectoris conferret opem, decidere jactu
> Cœpit cum ventis......
> Fundite, quæ mea sunt, dicebat, cuncta, Catullus,
> Præcipitare volens etiam pulcherrima......

> Quand le navire fut à moitié submergé, que déjà
> les flots tour-à-tour battaient les flancs de la poupe
> ébranlée, et que la science du vieux pilote n'était
> plus d'aucune ressource, Catulle entre en compo-
> sition avec les vents....... Jetez, s'écrie-t-il, *jetez vite*
> tout ce qui m'appartient; je leur sacrifie tout ce que
> je possède de plus beau......... (JUVÉNAL, Satyre XII.)

En abordant ce sujet, je ne me propose point de l'embrasser tout
entier et de faire ici une étude complète du *jet et de la contribution en
Droit romain;* je ne veux que résumer les principales dispositions de la
loi Rhodia et offrir ainsi au lecteur comme un acheminement à la
matière des assurances maritimes, que j'exposerai dans ma seconde
partie

« Les Rhodiens, dit Emérigon, s'étaient rendus célèbres par leur
« commerce et leurs victoires navales. *La navigation était l'objet de
« leurs lois.* Elles étaient si sages, qu'elles tenaient lieu de droit des gens
« parmi les habitants des îles de la mer Egée. Elles furent adoptées par

« les Romains, et Cicéron en fait l'éloge dans son oraison *pro lege*
« *manilia* (chap. 18) — (Emérigon, préface de son *Com. de l'ord.*
« *de 1681.*) »

« Les savants, ajoute M. Romain de Sèze, discutent sur l'époque
précise où les lois Rhodiennes firent vraiment partie de la législation
romaine; mais on peut affirmer que sous Auguste elles avaient déjà
droit de Cité. Le fragment 9 (au *Digeste, De lege Rhodia de jactu*), ne
laisse pas de doute sur ce point. » (Thèse pour le doctorat, p. 5).

Cette loi *Rhodia*, dit Paul, règle le jet, la nature et les conditions du
jet, qui doit contribuer, et quand et comment on doit contribuer à la
perte causée par le jet : « *Lege* Rhodiâ *cavetur, ut, si, levandæ navis*
« *graciâ, jactus mercium factus est, omnium contributione sarciatur,*
« *quod pro omnibus datum est.* » (au *Dig.*, loi 1, *De lege Rhodiâ...*)

Le capitaine prévoit un grand danger, le péril n'est pas encore
imminent, mais il est certain. Le navire, la cargaison et peut-être
l'équipage y périront, si on ne le prévient en jetant à la mer une partie
des marchandises. Le capitaine ne prendra cette mesure qu'avec le
consentement des intéressés. C'est le cas du jet régulier.

Mais la situation s'est aggravée, le péril menace, il est là, c'est déjà
un demi-naufrage, — *semi-naufragium*, disent nos anciens auteurs;
il faut agir et non délibérer, point de consentement nécessaire ; chacun
jette ce qui se présente sous sa main. C'est le jet irrégulier.

Cette distinction, naturelle d'ailleurs, est fondée sur le texte suivant :
« *Si voluntate vectorum, vel propter aliquem metum, id detrimentum*
factum sit, hoc ipsum sarciri oportet. », (au D., loi 2, § 1, *in fine —*
eod titulo).

Mais, s'il y a eu jet, il y a eu perte. Cette perte, qui doit la supporter en définitive, le propriétaire des objets perdus ou bien celui dont
elle a sauvé les marchandises ? C'est de l'équité la plus simple, que
cette perte soit répartie entre ceux qui n'ont dû le salut de leurs biens
qu'au sacrifice qu'un autre a fait des siens.

Pour qu'il en soit ainsi, il importe que le jet ait été volontaire, sauf
le cas de demi-naufrage, qu'il ait été fait pour le salut commun, et
qu'il l'ait procuré.

Toutes choses qui se trouvent sur un navire peuvent faire l'objet de
ce sacrifice offert au danger ; toutes choses, sauf les esclaves, et, à plus
forte raison, les hommes libres.

Mais sur quoi s'exercera la contribution ? Sur toutes les choses conservées par le jet, même sur les esclaves, puisqu'ils sont des choses,
et des choses susceptibles de recevoir une estimation. On exceptera

pourtant de la contribution : 1° la personne des hommes libres, car l'estimation en est impossible ; 2° les vivres et, en général, ce que l'on emporte *pour le consommer dans le voyage,* « parce que, dit Emerigon, pareilles munitions forment elles-mêmes la matière et l'instrument du salut commun ; » 3° les effets jetés à la mer dans l'intérêt commun.

Cette dernière exception n'est pas admise par tout le monde ; elle paraît cependant conforme au texte. Les législations postérieures au Droit romain l'ont rejetée.

Chaque propriétaire des objets conservés contribuera à la perte, en raison de l'avantage qu'il en a retiré.

D'après Cujas, on estime les choses sauvées, non au prix qu'elles ont coûté, mais au prix auquel on peut les vendre, tandis que la chose jetée ne vaut que ce qu'elle a coûté et qu'ainsi on la prive de ce qu'Ulpien nomme si bien *loci utilitas.* La raison en est qu'on ne doit au propriétaire des effets jetés que ce qu'il perd réellement, non ce qu'il aurait pu gagner : *quonian detrimenti non lucri fit præstatio.*

Tels sont les points les plus importants de la loi Rhodienne, qui est au *Digeste.* Dans le Code de commerce des Rhodiens, elle était sans doute, comme dans le nôtre, le *Titre douzième du livre II,* et s'appelait : *Du jet et de la contribution.*

DEUXIÈME PARTIE

ORIGINE DE L'ASSURANCE MARITIME
EXPOSITION DES PRINCIPES ET DES RÈGLES DE CE CONTRAT

LIVRE PREMIER

HISTOIRE

ORIGINE DE L'ASSECURATIO

> Le contrat d'assurance s'est introduit
> dans le commerce maritime par la nature
> même des choses, et par le désir que les
> hommes ont toujours eu de se mettre à cou-
> vert des caprices de la fortune.
>
> EMERIGON. *(Traité sur le prêt et
> l'assurance maritimes.)*

CHAPITRE Ier

*1° L'assurance n'était pas connue des Romains; — 2° elle n'est pas née
de la prohibition du prêt à la grosse :*

1° Si l'on s'en tient au Droit écrit des Romains, du moins à celui que
nous pouvons connaître, il faut dire que les assurances n'étaient pas
usitées chez eux. Quelques auteurs ont cependant soutenu le contraire,
en se fondant sur différentes lois contenues au *Digeste* et sur quelques
phrases de Tite-Live et de Suétone. On cite, entre autres textes, les lois
67 et 127 (au D., *De verb. oblig.*). Le *principium* de la première est
ainsi conçu : « *Illa stipulatio, decem millia salva fore promittis?*

valet. » De tous les textes mis en avant, voilà certainement le plus favorable à cette opinion. Il nous paraît néanmoins très-difficile de voir dans cette convention un contrat d'assurance? Le stipulant demande au promettant de lui garantir le paiement de dix mille sesterces, qu'il soit son *fidéjusseur* [1]. Est-ce là un texte assez clair, assez formel, pour en induire une affirmation qu'aucune autre loi ne justifie encore aussi fortement que celle qu'on vient de lire? Il est au moins certain que si la loi 67 renfermait un contrat d'assurance, il serait ailleurs question des particularités de ce contrat, et qu'il y aurait le titre — *De assecuratione,* comme il y a celui — *De nautico fœnore.*

La loi 129 est encore moins explicite, ou plutôt, traite de toute autre chose que d'assurances maritimes ou autres. Il y est tout simplement question d'obligations subordonnées à l'arrivée de deux évènements joints, soit par la conjonctive *et,* soit par la disjonctive *aut.*

On allègue encore les lois 13, § 5 (au D., *Loci conducti),* et 1, § 35 (au D., *Depositi vel contrà),* qu'il suffit de traduire pour démontrer qu'elles sont étrangères à notre contrat.

Loi 13, § 5. — « Vous avez donné à votre bijoutier une perle à enchasser, et il l'a brisée. Si le bris a été causé par un vice de la perle, vous n'aurez pas l'action *ex locato ;* s'il a été causé par l'inhabileté de l'ouvrier, vous aurez cette action. Il faut cependant ajouter à cette décision que si le bijoutier avait pris les risques à sa charge, le vice même de la perle ne vous empêcherait pas d'avoir l'action *ex locato.* »

Loi 1, § 35. — « Il arrive souvent que la somme ou les objets déposés sont, quant aux risques, à la charge du dépositaire ; mais il n'en peut être ainsi qu'en vertu d'une convention expresse. Et si le dépositaire a demandé lui-même à l'être, c'est comme s'il s'était chargé des risques ; cependant il ne faut entendre cette décision que dans ce sens, que le dépositaire a voulu garantir le déposant *contre son propre dol et même contre ses fautes legères,* mais non point contre les pertes *purement fortuites.* »

Garantir le propriétaire des vices de sa chose, ou des fautes mêmes légères du dépositaire, telle est la substance des conventions auxquelles nos lois font allusion ; on y fait même observer que les *pertes fortuites*

---

[1] Pour mieux dire, on n'est pas fixé sur l'hypothèse à laquelle se réfère ce texte ; s'il fallait en croire Pothier, on y verrait un cautionnement analogue à la stipulation — *rem pupilli salvam forè,* et qui en différerait seulement en ce qu'il serait fourni, non par le tuteur, mais par un tiers, pour garantir la bonne administration des affaires du pupille.

seront toujours pour le *dominus*. Est-ce donc là notre contrat, dont le fond, l'essence, est précisément de garantir *des pertes et des risques fortuits ?* Cette différence capitale ne suffit-elle pas à montrer qu'il n'est là en rien question de l'assurance, et que l'interprétation de nos adversaires est erronée ? Où est d'ailleurs *la prime* de cette prétendue assurance ? Dans tous ces textes, quelle phrase, quel mot servent à caractériser ou à indiquer cet élément essentiel de notre contrat ? Dans tout le *Digeste*, on ne rencontrerait pas une seule fois le mot *assecuratio.* Cette expression n'existait même pas encore au temps de Justinien. Peut-on croire que, si l'assurance avait existé, si elle avait été un contrat distinct de tous autres, on ne l'aurait pas défini, on ne lui aurait pas donné un nom ?

Venons, maintenant, aux passages tirés des auteurs latins :

« Dans une famine, qui suivit trois années de stérilité, dit Suétone, (*Vie de Claude,* XVIII, *in fine*), l'empereur offrit aux fournisseurs des bénéfices certains, *en prenant à sa charge les pertes qui seraient causées par des tempêtes et des sinistres — suscepto in se damno, si cui quid per tempestates accidisset.* »

Sous la République, il s'agissait d'approvisionner une armée qui guerroyait en Espagne, et le Sénat demandait des fournisseurs. Au rapport de Tite-Live (liv. XXIII, chap. 49), il s'en présenta trois compagnies, composées chacune de dix-neuf citoyens. Elles se chargèrent des fournitures, en exigeant deux conditions, dont l'une, que tout ce qu'ils embarqueraient leur serait garanti par l'État contre l'ennemi ou la tempête. » Le même historien dit encore (liv. XXV, chap. 3), en parlant de fonctionnaires qui avaient favorisé des fraudes : « Comme le *trésor public répondait des pertes en cas de tempête*, pour le matériel transporté aux armées, ils avaient supposé des naufrages, qui n'avaient réellement pas eu lieu, et ceux mêmes qui étaient véritables avaient la fraude, et non le hasard, pour cause. »

Cicéron, proconsul en Asie, écrit au proquesteur C. Salluste, qu'il vient de repousser les Parthes, et qu'il envoie à Rome le butin qu'il a fait sur eux, et il ajoute : « Je compte prendre à Laodicée des *mesures de garantie,* pour que l'argent de la République *ne coure pas les risques du transport. — Laodiceæ me prædes accepturum arbitror omnis pecuniæ publicæ, ut et mihi et populo cautum sit sine vecturæ periculo.* » La lettre est datée de Tarse, en Cilicie, au bord du Cydnus.

J'avoue que ces divers passages sont bien plus concluants que les différentes lois que nous avons citées. Mais le sont-ils assez pour faire penser qu'il s'agit là d'un véritable contrat d'assurance ? Le doute est au moins permis. Cependant, ce qui est bien certain, c'est qu'il ne faut pas chercher dans le *Digeste* les principes et les règles du contrat d'assurance.

Je ne puis m'empêcher de citer l'opinion d'Emerigon sur la matière : « Si les Romains, dit-il, n'ont assigné, dans leurs lois, aucune place distincte au contrat d'assurance, c'est parce que ce peuple guerrier abandonnait aux esclaves et aux affranchis le soin du commerce de mer et de terre ; mais le contrat d'assurance n'existait pas moins en lui-même. Il était enveloppé sous une *forme commune et générique. C'était un sauvageon non encore cultivé*, auquel l'esprit de commerce a donné le développement et la consistance dont il jouit aujourd'hui. »

Sans aller, peut-être, aussi loin qu'Emerigon, on peut convenir que les Romains, au moyen de la stipulation et des fidéjusseurs, arrivaient à un résultat peu éloigné de celui que fournit l'assurance. En un mot, si l'on prend cette expression dans un sens vague et générique, on peut bien dire que les Romains assuraient et faisaient assurer ; mais, si l'on réserve à l'assurance le sens précis et spécial qu'indique le contrat qu'il désigne, il faut bien avouer que l'*assecuratio* est d'origine moderne.

2° Avant de fixer l'époque où ce contrat prit naissance, et de montrer par quels procédés les commerçants de Gênes et de Venise imaginèrent l'*assecuratio*, il n'est pas inutile, je crois, d'examiner une opinion que l'on a émise sur l'origine de notre contrat ; on a dit qu'il devait le jour à la prohibition absolue de l'usure. A mon avis, c'est là une erreur, *parce que l'intérêt maritime n'a jamais été prohibé*. Il y a plus : l'usure ordinaire était licite, si le prêt gratuit devait faire tort au prêteur, — *lucro cessante vel damno emergente* ; si, par la gratuité du prêt, le créancier devait éprouver un dommage, en perdant le droit à un bénéfice légitime ; en un mot, si le prêt était commercial ou fait par un commerçant.

Il me semble qu'on attache beaucoup trop d'importance ou qu'on ne donne pas sa véritable signification à la prohibition dont l'Église et les gouvernements chrétiens frappaient jadis le prêt à intérêt. Pour le démontrer, il me suffira de rappeler succinctement les principales sentences portées contre l'usure.

Dans l'ancienne loi, il n'est pas de textes plus défavorables à l'intérêt que ceux-ci : « Si votre frère est appauvri et ne peut travailler, ne pre-« nez pas d'usure de lui, ni plus que vous ne lui avez donné. Craignez « le Seigneur, afin que votre frère puisse demeurer avec vous. Ne lui « donnez point votre argent à usure ; n'exigez point de surplus pour les « grains que vous lui avez prêtés. Je suis le Seigneur, qui vous ai tirés « de la terre d'Égypte, etc. » (*Lévitique*, chap. xxv, v. 35, 36, 37, 38).

« Vous ne prêterez point à usure à votre frère, ni votre argent, ni
« votre grain, ni quoique ce soit, mais seulement à l'étranger. Mais
« pour votre frère, vous lui prêterez sans usure ce dont il aura besoin,
« afin que le Seigneur bénisse votre travail dans la terre où vous allez
« entrer. » (*Deutér.*, chap. XXIII, v. 19, 20).

Je ne veux retenir de ces deux passages des Livres Saints qu'une
chose : le motif même de la défense qui y est prononcée. De qui ne
peut-on exiger un intérêt ? De celui *qui a besoin*, de celui qui est *ré-*
duit à l'emprunt, dit Bossuet. En d'autres termes, l'indigence de l'emprunteur ; telle est la raison de la gratuité du prêt [1]. Cette observation
me paraît indiscutable, quand je vois les auteurs de l'Ancien Testament,
Prophètes ou autres, ne s'élever contre l'usure et l'usurier, qu'à cause
de l'avarice de ce dernier et de la pauvreté et de la misère où croupit
l'emprunteur. Pour preuve, je ne citerai que ce commentaire de la loi
de Moïse ; l'auteur en est Josephe (*Antiques*, liv. IV) :

« Qu'aucun Hébreu ne prête à usure aux Hébreux, ni son manger,
« ni son boire. Car il n'est pas juste de se faire un revenu du *malheur*
« de son concitoyen, mais de l'aider dans ses besoins, en croyant que
« c'est un assez grand gain d'avoir pour profit sa reconnaissance, et la
« récompense que Dieu donne aux hommes bienfaisants. » Josephe était
Juif de nation et de croyance. Les Chrétiens ont toujours fait le meilleur
cas de ses ouvrages, et c'est du *Traité de l'usure*, de Bossuet, que j'ai
extrait la citation qui précède. Ainsi, même chez les Juifs, la *prohi-*
bition de l'usure était loin d'être absolue. Ajoutez que cette mesure,
excellente en soi, puisqu'elle est prise dans l'intérêt des indigents, est
aussi une loi politique. Le peuple Hébreu avait été choisi pour conserver, au milieu des nations idolâtres, la croyance en un seul Dieu et
l'espérance au Messie Rédempteur. Pour remplir ses hautes destinées
et garder intactes ses mœurs et sa religion, il devait donc s'attacher au
sol de sa patrie, très-fertile d'ailleurs, rester uni et, autant que possible, ne former qu'une grande famille. Pour maintenir cette union,
Moïse dut, en conséquence, bannir tout ce qui peut être une source de
discordes civiles, comme l'usure et l'avarice [2]

[1] David entrevoit les grandeurs du règne de Salomon, ou plutôt du règne
de Jésus-Christ même, et s'écrie : « Tous les rois de la terre l'adoreront,
et les nations lui seront assujetties, parce qu'il arrachera le pauvre des mains
du puissant, ce pauvre qui n'avait point de secours.

« Il sera bon au pauvre et à l'indigent, il sauvera les âmes des pauvres ; il
les délivrera de l'oppression ; il les rachètera de l'*usure* et de l'iniquité. (Ps.
LXXI, v. 12, 13, 14.) »

[2] Dans l'ouvrage intitulé : *Des moyens de convertir les Israélites*, — Lettres

Venons maintenant à la loi chrétienne. Le langage de l'Évangile ne diffère en rien de celui de Moïse. Les premiers auteurs chrétiens prohibent l'usure ; mais, à l'exemple des Juifs, ils motivent leurs défenses par le devoir de la charité et de ne pas accabler le pauvre. Saint Jean-Chrisostôme accuse l'usure d'être inhumaine, parce qu'elle vend l'humanité et la douceur. « L'usurier, dit saint Ambroise, ne donne qu'une « fois, et exige souvent, et il fait qu'on lui doit toujours. Un malheureux « s'acquitte d'une moindre dette, il en contracte une plus grande. Voilà « vos bienfaits, ô riches, vous donnez moins, et vous exigez davantage ; « telle est votre humanité, de dépouiller dans le temps même que vous « soulagez. »

Saint Augustin appelle l'usure le meurtrier des pauvres. « Ne m'al-« léguez point la loi du dehors, dit saint Jean-Chrysostôme. Car le « Publicain observe ces lois, et toutefois il est puni, ce qui nous arrivera, « si nous ne cessons *d'opprimer les pauvres*, et de négocier un profit « fondé sur leur indigence. »

Les Papes et les Conciles n'ont fait qu'appliquer et sanctionner cette doctrine des Saints Pères. Ils ont lancé l'anathème contre l'usurier, à cause de la situation désespérée où se trouvait presque toujours l'emprunteur. Et, cette mesure de rigueur s'explique aisément, quand on songe à ce qui se passait vers la fin de l'empire d'Occident, et dans les premiers siècles du moyen-âge. Les invasions, le pillage, l'incendie avaient ruiné l'Europe et l'Orient. « Les malheurs de la Gaule, dit un « contemporain, eussent été moindres, si l'Océan tout entier eût débordé « sur les champs de ce peuple. [1] » « O Romains, venez à notre secours,

du juif Lombraso et du catholique Consoni, — on trouve, dans une note de M. Lombraso, cette remarque : « En prohibant l'intérêt, Moïse voulut ôter tout accès à la cupidité et à l'avarice. Mais il eut encore un autre but, celui de maintenir, le plus longtemps possible, l'équilibre établi dans le partage des terres. Outre le *Jovel* ou *Jubilé*, qui, tous les cinquante ans, rétablissait tous ceux qui avaient aliéné leurs fonds, dans leurs anciens droits de propriétaires, ce grand homme, pressentant combien il serait difficile que l'incurie des uns et la rapacité des autres n'accumulassent point en quelques mains avides les terres divisées, imagina de prohiber, entre les hommes de la même nation, toute perception d'intérêts, et exclut seulement de cette loi les étrangers, qui ne devaient point participer au partage des terres, permettant de les assujettir à une taxe, à un intérêt, mais *sans autoriser l'usure*, qui ne devient telle que quand on dépasse les bornes que les lois et l'usage ont établies. »

[1] *Si totus Gallos sese effudisset in agros*
Oceanus, vastis plus superesset aquis.

(Ex carmine de Providentiâ divinâ.)

« s'écriaient les Bretons; l'Océan nous livre aux Barbares, et les Bar-
« bares nous poussent vers l'Océan. [1] »

Mais les Romains étaient sourds ou impuissants. Souvent même leurs
fonctionnaires, par leurs exactions, augmentaient encore les maux de
nos ancêtres. « Les pauvres sont pillés, dit Salvien, de Marseille, les veu-
« ves gémissent, les orphelins sont foulés aux pieds; ils souffrent tant,
« qu'un grand nombre d'entre eux, les plus nobles et les mieux élevés,
« se réfugient chez les ennemis, pour ne pas trouver la mort dans la
« ruine commune. Ils vont chercher au sein des Barbares, l'humanité
« qu'ils devaient attendre de Rome, ceux qui n'ont trouvé, chez les
« Romains, que la férocité des Barbares. »

Fermier, tributaire de Rome, tributaire des Barbares, ne récoltant
presque rien, toujours menacé par la famine qu'engendraient des guerres et des ravages incessants, le peuple empruntait sans cesse, et empruntait à gros intérêts, et pouvait à peine rembourser le capital. De là
un surcroît de vexations et de souffrances. La misère était tellement
grande, et le nombre des malheureux tel, que la protection du pauvre,
la charité, était devenue une nécessité sociale. L'Église, la protectrice
née des petits et des faibles, le comprit; et, comme elle était la seule
autorité qui eût de la stabilité et de la résistance, au milieu de ce chaos
universel, elle entreprit de remédier au mal en proscrivant l'usure. Cette
proscription n'atteignit ni le commerce, ni l'industrie, qu'il était d'ailleurs
devenu impossible d'exercer; il ne s'agissait que de protéger de pauvres
colons, de petits artisans, contre l'avarice d'opulents créanciers, d'autant
plus exigeants, d'autant plus rapaces, qu'ils étaient peu nombreux, et
qu'ils vivaient en sécurité dans les places fortes, à Rome ou à Constantinople, ou même à la Cour des Empereurs.

On dira, peut-être, que cette protection n'était point efficace, parce
que le riche, n'étant pas intéressé à prêter, s'y refusait, et qu'ainsi la
misère ne jouissait même pas du soulagement passager qu'elle retire
du prêt à intérêt. On se trompe : si celui qui avait de l'argent n'ignorait
pas qu'il ne pouvait légitimement bénéficier de l'indigence de son pro-
chain, il savait aussi qu'en bon chrétien il devait la secourir. Et, comme
il était libre de toute préoccupation de lucre, il examinait avec soin la
position du solliciteur, et s'il croyait que le prêt lui fût plus nuisible
qu'utile, il lui venait en aide par d'autres secours que de l'argent. Il y
a plus : les plaintes et les défenses de l'Église finirent par toucher le
gouvernement impérial lui-même; il sentit combien la mesure était
juste et prévoyante, et, s'il lui fut impossible de l'adopter tout entière,

---

[1] *Actio consule, ter gemitus Britannorum.*

il abaissa du moins considérablement le taux de l'intérêt. Les créanciers s'habituèrent ainsi forcément à n'exiger qu'une usure minime, et, dans les pays où l'empire faisait encore respecter ses lois, la force, secondant la religion, adoucit beaucoup la rigueur des temps.

Lorsque des ruines, que le paganisme, l'impiété et la barbarie avaient accumulées sur le monde, sortit une société nouvelle ; le Christianisme, dont elle était l'ouvrage, et qui devait la protéger contre les passions et les écarts de sa jeunesse, s'imposait à tous comme l'expression même de la justice et de la vérité ; ses lois, ses institutions qui étaient autant d'admirables bienfaits, étaient, sinon toujours rigoureusement respectées, du moins partout reconnues comme nécessaires. Après tant de fléaux, les besoins étaient du reste encore bien grands et la misère du peuple bien profonde ; l'Église n'eut donc pas de peine à faire sanctionner, par les nouveaux pouvoirs civils, la mesure qu'elle avait prise contre les abus qu'on avait fait et qu'on pouvait faire encore de l'usure. Mais, je le répète, sous la nouvelle comme sous l'ancienne loi, il ne faut voir, avant tout, dans cette prohibition qu'un acte de politique et de conservation sociales, que les abus, l'absence du commerce et les malheurs du temps rendaient indispensable. Je ne crois pas qu'on puisse y attacher d'autre portée, d'autre signification que celle que je viens d'indiquer, en me fondant sur l'autorité de l'histoire et sur celle des textes mêmes qu'on met en avant pour condamner absolument le prêt usuraire.

Quant à l'usure commerciale, il ne saurait s'élever de conflit entre elle et les devoirs d'un chrétien. Par sa nature, par le bien-être qu'elle procure à l'emprunteur comme au prêteur, elle devait forcément échapper à la prohibition ; elle y échappait en effet. Bossuet, l'un des plus rudes adversaires de l'intérêt, convient lui-même que le profit exigé par un commerçant qui prête, n'est pas illicite ; il est vrai qu'il prétend que ce n'est pas là un intérêt proprement dit. « Je suis, dit-il, un marchand dont l'argent, continuellement dans un emploi actuel, ne cesse de me profiter. Cependant, vous venez à moi, et vous m'empruntez cette somme. Il est clair que je ne puis en conscience exiger de vous un parfait dédommagement de la perte actuelle que je fais, et que je puis le faire sur un pied certain, puisque je sais ce que je perds ; et que moi marchand qui connais ce que mon argent me vaut, pour ne vous point faire de tort, je puis fixer mon profit sur le moindre pied, et le reprendre sur vous, les frais et risques déduits. Ce dédommagement est de droit naturel, et n'appartient nullement au cas de l'usure ; car il m'est dû par un autre genre d'obligation que celui qui provient du prêt. L'obligation du prêt est totalement épuisée, quand je rétablis à mon créancier sa somme principale ; mais le dommage effectif qu'il a souffert, n'est pas réparé par là, et chacune de ces deux dettes demande sa compensation. »

Quoiqu'il en soit de ce profit et de cette dernière compensation, qu'on les appelle *intérêt* ou *dédommagement,* il n'en ressort pas moins de ce passage que tous les marchands, étant dans la situation de celui de Bossuet, peuvent réciproquement se prêter avec usure, et en agir de même à l'égard de ceux qui n'exercent pas le négoce. Voilà donc l'usure commerciale reconnue comme licite dans presque tous les cas ; elle ne serait prohibée que lorsque le prêt est fait à un marchand par quelqu'un qui ne l'est pas. Ce dernier prêteur, n'éprouvant pas de perte certaine, manquant seulement de gagner, n'aurait aucun droit aux gros bénéfices que son emprunteur réalisera dans le commerce, voire en prêtant à son tour l'argent qu'il tient de son prêteur. Ce résultat peut bien paraître étrange ; cependant il faut l'admettre si l'on accepte la doctrine de Bossuet. Pour lui, l'intérêt commercial n'est possible que lorsque on peut faire la distinction qu'il exposait tout-à-l'heure, c'est-à-dire, lorsque l'intérêt n'en est pas un. Inutile de dire qu'à ses yeux, le Code serait grandement condamnable et hérétique. Malgré la très-légitime autorité dont jouit presque tout ce qui est tombé des lèvres ou de la plume de ce grand homme, bon nombre d'historiens, de jurisconsultes et de théologiens ne se sont pas rangés à son avis. Et, si avant lui beaucoup soutenaient ce qu'il regarde comme la doctrine de l'Église, d'autres aussi pensaient le contraire et ne croyaient pas être condamnables, et n'étaient pas condamnés.

Pour soutenir que l'usure commerciale et même l'usure maritime étaient prohibées, on mettait, et l'on met encore en avant un passage d'une Décrétale de Grégoire XI (chap. XIX), que je vais citer à mon tour :

« *Naviganti vel eunti ad nundinas certam mutuans pecuniæ quantitatem,* pro eo quod suscipit in se periculum, *recepturus aliquid ultrà sortem,* usurarius est censendus. » Le texte est formel, dit-on : celui qui prête à intérêt à un marin ou à un marchand forain, bien qu'il prenne l'objet du prêt à ses risques et périls, n'en est pas moins réputé faire l'usure ; ce qui est prohibé [1]. Cette interprétation serait exacte, s'il était possible d'accorder le texte qu'on vient de lire avec celui qui le suit, et où il est dit :

« *Ille quoque, qui dat decem solidos, ut alio tempore totidem sibi*

---

[1] Cette première opinion est réprouvée, dit Emérigon — *Des Contrats de grosse,* chap. Ier, sect. 2. — par le commun des Docteurs.

grani, vini, vel olei, etc., *mensura reddantur...., non debet ex hoc usurarius reputari.* ». Ces mots *ille quoque* et la suite indiquent que la pensée qu'ils expriment, est dans le même sens que celle de la phrase précédente ; la conjonction *quoque* est mise là, à dessein de marquer cette analogie. C'est pourquoi la plupart des interprètes, canonistes ou théologiens, pensent qu'une omission s'est glissée dans le premier texte, et qu'il faut lire : *usurarius non est censendus;* ce qui rend l'ensemble de ce passage naturel et intelligible.

Il y a encore deux autres explications de ce texte ; quoique différentes l'une de l'autre, elles repoussent, en définitive, la prohibition du prêt, dont il s'agit.

En 1645, la Congrégation de la Propagande fut consultée sur la légitimité de ce prêt *avec usure,* dont le prêteur assume les risques et qui comprend le prêt maritime ; elle répondit : « *Censuit S. C. Cardinalium S. Rom. Ecclesiæ, ratione mutui immediatè et præcisè nihil esse exigendum ultra sortem principalem; si verò aliquid accipiant ratione periculi probabiliter imminentis, prout in casu, non esse inquietandos, dummodò habeatur ratio qualitatis periculi et probabilitatis ejusdem ac servata proportione inter periculum et id quod accipitur.* » Cette déclaration fut approuvée par Innocent X. (*Theol. moralis S. Alphonsi de Ligorio,* lib. 4, n° 765.)

Pour moi donc, l'usure maritime n'a jamais été illicite ni prohibée, et elle ne pouvait l'être, parce que l'intérêt ordinaire ne l'était pas lui-même, sauf les cas d'abus et où la situation de l'emprunteur exige que le prêt soit gratuit. Mon opinion n'est nullement téméraire ; elle a toujours été soutenue et n'a jamais été condamnée. Au commencement de ce siècle, l'abbé Mastrofini l'a enseignée avec beaucoup de science et de talent. Son ouvrage, intitulé—*Discussion sur l'usure,* fut soumis à l'examen des Congrégations de l'Index et du Saint-Office, et il fit l'admiration des théologiens consulteurs, dont quelques-uns, qui étaient d'un avis contraire, se déclarèrent convaincus — *à propriâ sententiâ, lectâ hâc disquisitione, revocatos sese declaraverunt.* Nous en citerons quelques passages, qui seront le résumé et la confirmation de tout ce que nous avons dit sur la matière.

Pour ce qui est d'une doctrine qui proscrive toute usure sans distinction, « les auteurs sacrés, dit M. Mastrofini, *ne l'ont pas écrite* et *n'ont pas pu l'écrire :* et je ne pense pas pouvoir jamais la trouver dans toute la suite de la tradition. (liv. 1, § 110.) »

Il examine ensuite les conciles et il conclut ainsi : De tous ces faits, de toutes ces observations, il faut conclure qu'il est pleinement démontré qu'il n'a point existé, dès l'origine du christianisme, *une tradition écrite ou non écrite, qui proscrive toute usure sans exception.* (§ 126) » Le chapitre VII de son premier livre est surtout important au point de vue de la légitimité de l'intérêt maritime; l'auteur y fait voir « *les documents et faits insignes* qui démontrent que l'usure modérée, à l'égard des riches, était regardée comme *permise dans les douze premiers siècles de l'Église.* »

Au paragraphe 644, on lit, à propos des bulles et rescrits des Papes relatifs à l'usure : « Ces distinctions, ces considérations et ces faits sont de nature à nous faire voir le parfait accord des souverains Pontifes sur la question de l'usure licite ou illicite, prohibée ou non prohibée. Car nous devons reconnaître qu'ils ont toujours été conduits par la prudence et l'esprit de la charité évangélique, par l'amour du juste et du vrai. Enfin, nous reconnaîtrons que, parmi tous les rescrits des Papes, il n'en est peut-être aucun qui présente d'une manière moins équivoque les caractères d'une instruction universelle sur toute cette matière, et obligatoire pour l'Église, que l'Encyclique de Benoît XIV, quoi qu'elle soit adressée seulement aux Évêques et Archevêques d'Italie, et non aux Évêques de tout le monde catholique; et que cette encyclique concilie tout, assurant au prêt ce qui est dû au prêt considéré en lui-même, en laissant indécis le cas de l'usure modérée, quand il n'est pas question du prêt pur et simple, ou du prêt gratuit par sa nature. »

Enfin, l'auteur donne la conclusion de tout l'ouvrage, et termine ainsi : « Rappelons-nous donc que hors le cas des pauvres, hors le cas des fraudes et des excès, ou plus clairement, quand on ne donne pas gratuitement l'usage de l'argent et quand on n'est pas obligé de le donner gratuitement, rappelons-nous, dis-je, *que si l'on vend cet usage pour un certain temps à un prix convenable,* ni la doctrine évangélique, ni la loi naturelle ne réprouvent cette vente; et nous jouirons de la tranquillité avec laquelle le sage prend ses résolutions et les exécute, et nous ne chercherons point, hors de saison, de nouveaux motifs de sécurité, lorsque le repos de la conscience ne peut nous manquer. »

Nous conclurons à notre tour et nous dirons : Si non-seulement l'intérêt commercial, mais encore l'intérêt le plus ordinaire n'ont jamais été prohibés, c'est donc bien vainement que l'on soutiendrait que l'usure maritime l'a été, et que de cette prohibition est né le contrat d'assurance.

CHAPITRE II

DE L'ORIGINE DU CONTRAT D'ASSURANCE

Il est donc bien certain que le prêt maritime n'a jamais été condamné, et qu'il ne pouvait l'être. En conséquence, il est donc inexact de dire que les négociants du moyen-âge, empêchés de prêter *à la grosse aventure*, s'avisèrent de faire l'assurance. Ils firent d'abord l'un, et ensuite l'autre; c'est du moins ce qu'il faut admettre, si l'on pense que les Romains n'ont transmis aux modernes, que l'usage du *nauticum fœnus*. Mais quoi qu'il en puisse être, il fut certainement une époque où l'un et l'autre se pratiquèrent à la fois; et cette époque est au moins le XIVme siècle.

Le *nauticum fœnus* et *l'assecuratio* sont venus d'une seule et même source : les dangers et les inconvénients de la navigation. Emerigon appelle ces deux contrats des *frères jumeaux ;* philosophiquement, sans doute ; mais historiquement? Non.

Pour ne parler que de l'origine du plus jeune, puisque nous avons déjà montré celle de l'aîné, voici par quelle suite de raisonnements on est arrivé à découvrir les éléments de *l'assecuratio :* on était naturellement touché du grand nombre de sinistres dont la mer est le théâtre ; des fortunes innombrables qu'elle engloutit chaque jour ; du peu de remèdes que l'on trouvait au mal et des torts considérables que le commerce en souffrait. On avait aussi sous les yeux la nature et les effets du contrat *de grosse ;* on en constatait les nombreux bienfaits ; on remarquait que les risques de la chose garantissant la créance du prêteur, étaient pour lui, au lieu d'être à la charge du propriétaire, de l'emprunteur. Ce qui frappait le plus les regards de celui qui étudiait ce contrat, c'était l'importance que les parties attachaient aux fortunes de mer, dont elles déplaçaient la responsabilité ; c'était là aussi ce qui en faisait le fond, la substance même. Cette anomalie s'expliquait par ce fait que, si les capitalistes étaient encouragés à prêter leur argent par l'espérance de gros bénéfices, l'emprunteur trouvait aussi son avantage dans la convention, puisque le sinistre et la perte de la chose engagée le libéraient. Ce déplacement de la responsabilité des risques constituait déjà comme une garantie, une *quasi-assurance*. En effet, dans un prêt ordinaire, un prêt de marchandises, par exemple, en cas de naufrage, que serait-il arrivé? D'abord les marchandises, dont l'emprunteur était devenu propriétaire, auraient péri pour lui- *res perit domino*, et ensuite il n'en serait pas moins resté débiteur de l'équivalent des dites marchandises. D'une part, il aurait subi un appauvrissement, et de l'autre, sa condition de débiteur aurait été maintenue, ou plutôt il aurait été appauvri, parce que son obligation aurait survécu à la perte de la chose prêtée. Dans le *nauticum fœnus* que se passe-il, au contraire ? Le préteur ayant transformé sa créance en un droit sur les marchandises prêtées, et de plus, en ayant pris à sa charge les risques fortuits, l'obligation de l'emprunteur s'éteint par la perte de la chose engagée ; son état est ce qu'il était avant le contrat ; il n'a éprouvé aucun appauvrissement. La garantie de cette libération, de ce *statu quo*, est donc comme une assurance.

Mais on réfléchissait encore, et l'on disait : si celui qui prend les risques à sa charge, les endossait d'abord, et se réservait de ne payer qu'ensuite les dommages occasionnés par le sinistre ; en un mot, si l'on séparait le déplacement de la responsabilité des risques des avances faites d'une valeur quelconque, du prêt ; si l'on ne considérait que les risques, et si on les mettait à la charge d'un capitaliste, qui ne serait intéressé dans la convention qu'il ferait avec un armateur ou un chargeur, que par un dédommagement qu'on lui donnerait pour l'avantage qu'il procurerait à sa partie, en se chargeant de la perte éventuelle de sa chose, navire ou cargaison ;... un pareil contrat ne serait-il pas très-favorable aux parties et au commerce ?

On arrivait ainsi au cœur même de l'assurance, dont les deux principaux éléments apparaissaient clairement : d'abord, la garantie que l'*assecurans* faisait à l'*assecuratus*, c'est-à-dire au chargeur ou à l'armateur, de sa chose, en en prenant à sa charge les *fortunes de mer*, c'est-à-dire en s'engageant, en cas de sinistre, à lui payer la valeur du navire ou des effets perdus — c'était là proprement l'assurance *assecuratio ;* et ensuite le dédommagement que l'*assecurans* retirait comme prix des risques — *pretium periculi,* — c'était bien là la *prime.*

Si par l'analyse du prêt *à la grosse*, si par l'importance attachée aux risques, si par une association d'idées très-naturelle, on avait transformé le prêteur en *assureur,* le prêt en assurance, l'emprunteur en *assuré* et le *fœnus* en prime, — cette dernière transformation étant d'autant plus concevable, qu'alors le *nauticum fœnus* était surtout le *pretium periculi,* — ces similitudes n'en faisaient pas moins ressortir des différences nombreuses, entre autres, celles-ci : le paiement de la somme principale, loin d'être, en quelque sorte, la formation du contrat, était subordonné à l'arrivée du sinistre, et le prix des risques, loin d'être incertain, était dû par avance — *primo* — *premièrement,* dès que les parties s'étaient engagées l'une envers l'autre.

Voilà donc, à-peu-près, quels phénomènes ont présidé à la naissance de l'*assecuratio*. J'ai toujours supposé une assurance maritime, parce qu'il est à croire que ce sont les risques de mer dont on a d'abord cherché à se garantir; ils sont, en effet, les plus nombreux et les plus à redouter pour la fortune comme pour la vie de l'homme. On a ensuite songé aux risques que courent nos marchandises voiturées par terre, nos maisons, nos récoltes, etc.; on n'a pas tardé à faire des assurances contre l'incendie, les grêles, les ouragans et toutes les intempéries des saisons. On les a appelées des assurances terrestres.

On a dit que les assurances *mutuelles* avaient précédé les assurances *à prime*, et qu'elles s'appelaient *germinamento* ou *agermanamento*. Il se peut bien que cette convention, que les commentateurs connaissent peu, fût une association dont les membres, armateurs ou chargeurs, se garantissaient mutuellement contre les fortunes de mer; mais de savoir si elle est plus ancienne que l'*assecuratio* proprement dite, c'est une question difficile à résoudre et qui d'ailleurs importe peu. Il me semble toutefois que l'*assecuratio* avec *prime* se rapproche davantage du *nauticum fœnus*, et que les assurances mutuelles sont plus compliquées, et pour cela n'ont dû naître qu'ensuite.

On ignore également qui fut l'inventeur du contrat d'assurance, et à quelle époque précise on commença à le pratiquer. Giovan Villani mort en 1348), dans son *Histoire universelle*, veut que l'invention en soit due à des Juifs. Il est à-peu-près certain que les assurances maritimes sont nées en Italie; en effet, l'expression — POLICE d'assurance que l'on rencontre chez les plus anciens juristes, français ou autres, est un terme italien ou lombard — *polissa*, qui signifie un *brevet* ou billet-*breve scriptura in picola carta*.

La Rote de Gênes, dans ses *Décisions*, définit ainsi le contrat ou police d'assurance : *Contractus assecurationis dicitur contractus innominatus : facio ut des, do ut facias, undè debet regulari juxta naturam contractuum quibus assimilatur; assimilatur autem emptioni et venditioni propter pretium quod datur ratione periculi; quia qui assecurationem facit propter pretium, dicitur emere eventum periculi.* (Ordon. sur la mar. de 1861, commentée, etc., par la Compagnie, etc., titre VI, art. 1.)

On a longtemps cru que l'*assecuratio* ne datait que de la fin du XVe siècle; mais on revient aujourd'hui de cette opinion. Déjà Emerigon soupçonnait que les *assurances maritimes* étaient nées en plein moyen-âge. Il avait raison [1], car les statuts de la ville de Cagliari, retrouvés, il il y a peu de temps, et qui sont de l'année 1318, parlent de notre contrat.

En 1484, les Prud'hommes de Barcelonne firent des règlements sur les assurances maritimes — *ordinationi sopra le sicurta maritime.* — Un peu plus tard, parut à Rouen un Recueil des Us et Coutumes, commentant les contrats maritimes — voire le prêt *à la grosse,* et spécialement les assurances : « Ce traité, intitulé le *Guidon de la mer,* dit « Cleirac, est *pièce françoise,* et fut ci-devant dressé en faveur des mar-« chands trafiquant en la noble cité de Rouen ; et ce, avec tant d'adresse « et de subtilité tant déliée, que l'auteur d'icelui, en expliquant les « contrats ou polices d'assurance, a insinué et fait entendre avec grande « facilité tout ce qui est des autres contrats maritimes et tout le général « du commerce naval; de sorte qu'il n'a rien omis, si ce n'est seule-« ment d'y mettre son nom pour en conserver la mémoire et l'honneur « qu'il mérite d'avoir obligé sa patrie et toutes les autres nations de « l'Europe. »

Les dates de ces statuts et règlements ne sont pas du tout celles des premières polices d'assurance ; elles indiquent plutôt que ce contrat était en usage depuis un certain temps, et que, dans les XIVe et XVe siècles, on sentait le besoin d'en fixer la base et les principales règles. D'abord, la pratique lui a donné naissance, on ne sait sûrement ni où, ni quand, ni comment; et ensuite, après que tout le monde l'avait connu et s'en était servi, la théorie et les juristes s'en sont emparés. C'est, du reste, ce qui est arrivé aussi pour le change et les sociétés en commandites.

Parmi les documents juridiques qui ont réglementé les assurances, on doit signaler encore l'Ordonnance que Philippe II, roi d'Espagne, fit en 1593 pour les assurances de la Bourse d'Anvers, et que l'on a appe-lée *Règlement d'Anvers,* le *Coutumier* pour les assurances d'Amsterdam, fait en 1598, et connu sous le nom de *Règlement d'Amsterdam,* et enfin notre célèbre Ordonnance *de la marine* de 1681, dont le principal commentateur a été Emerigon, pour ce qui est du prêt et des assurances maritimes. Après avoir énuméré les différents règlements et traités qui avaient été faits et publiés dans les âges précédents, ce grand juris-consulte ajoute : « L'Ordonnance de 1681 est un composé de toutes ces anciennes lois. Les décisions mieux rédigées furent mises en ordre par

[1] Il le faut bien, puisque Giovan Villani, mort en 1348, parle des assuran-ces maritimes et en recherche, lui-même, l'origine et l'inventeur.

une main habile ; on y ajouta une foule de dispositions suggérées par l'expérience. »

Nous terminerons ce chapitre, en appliquant au Code de Commerce ce qu'il dit de ces anciennes lois par rapport à l'Ordonnance, et nous considérerons même ce magnifique monument de la gloire de Colbert, comme la plus abondante des sources qui furent ouvertes au Législateur de 1807, et auxquelles doivent puiser ceux qui veulent remonter aux principes. « Elles renferment, ajouterons-nous avec lui, des règles « d'autant plus sûres, qu'elles dérivent de la nature des choses. Ces « règles font partie du droit des nations ; elles sont, par conséquent, de « tout âge et de tout pays. NON OPINIONE, sed naturâ jus constitutum « est. » (Cicéron, De leg., lib. I, chap. 10).

LIVRE DEUXIÈME

LÉGISLATION

DES ASSURANCES MARITIMES D'APRÈS NOTRE CODE DE COMMERCE (liv. II, tit. x, art. 332-396.)

> « Le système des assurances a paru; il a
> consulté les saisons; il a porté ses regards
> sur la mer; il a interrogé ce terrible élé-
> ment; il en a jugé l'inconsistance; il en a
> pressenti les orages; il a épié la politique;
> il a reconnu les ports et les côtes des deux
> mondes; il a tout soumis à des calculs sa-
> vants, à des théories approximatives, et il
> a dit au commerçant habile, au naviga-
> teur intrépide : « Certes, il y a des désastres
> « sur lesquels l'humanité ne peut que gé-
> « mir; mais quant à votre fortune, allez,
> « franchissez les mers, déployez votre acti-
> « vité et votre industrie, je me charge de
> « vos risques. »
> (Orat. du Gouv., séance du 8 sept. 1807.)

NOTIONS PRÉLIMINAIRES

De tous les contrats maritimes, le contrat d'assurance est, sans contredit, le plus important. Aucun autre, en effet, n'a été l'objet d'autant
de soins et de sollicitude de la part des Législateurs et surtout des jurisconsultes.

Les premiers, il est vrai, l'abandonnèrent d'abord aux vicissitudes de
l'expérience. Mais bientôt, comme la liberté dont jouissaient assureurs
et assurés, dégénérait en licence, ils songèrent à réprimer les abus. Une
fois les principes et la base de ce contrat bien établis, ils s'appliquèrent
à limiter, dans une étendue convenable, le champ de la spéculation, en
bannissant peu-à-peu tout ce qui, sous le nom d'assurance, déguisait

une gageure ou un pari quelconque, et surtout l'esprit de fraude qui est le danger particulier de cette institution commerciale. Ils en réglèrent longuement et minutieusement toutes les parties, et finirent par prévoir les moindres difficultés que soulève la pratique. La meilleure preuve du grand intérêt que leur inspirait ce contrat, c'est assurément l'Ordonnance de 1681 ; la matière y est traitée avec tant de développement et aussi avec tant de bonheur et de perfection, que, depuis tantôt deux siècles, on n'y a rien ajouté, rien changé, si l'on excepte pourtant quelques modifications secondaires.

Quant aux juristes, dès l'origine des assurances, ils comprirent tout le parti que le commerce allait en tirer. Ils se mirent donc aussitôt à rechercher les éléments de ce contrat, à en préciser les caractères, les uns y voyant une *vente*, les autres un *louage*, quelques-uns une *société*, d'autres encore une simple *gageure* et la plupart un *contrat innomé*. Dans cette étude, les canonistes et les théologiens ne montraient guère moins de zèle que les jurisconsultes. Il n'est point, dans les XVe et XVIe siècles, de cours de morale ou purement de droit, qui ne traite de l'*assecuratio*. Le nombre de ses commentateurs, italiens, espagnols et français est vraiment fabuleux. Il est vrai que presque tous en reconnaissent la légitimité et en célèbrent les immenses bienfaits.

La pratique n'était point en retard sur la théorie ; les assurances à peine nées, l'Europe s'en servit presque partout en même temps. Elles mirent en rapport les contrées les plus diverses et les plus éloignées. En facilitant les relations commerciales, elles encouragèrent puissamment l'audace et la curiosité des navigateurs; et il est à remarquer que leurs plus grandes découvertes coïncident avec les plus grands perfectionnements que notre contrat reçut au commencement du XVIe siècle, à l'époque où parut le *Guidon de la mer*.

Aujourd'hui, l'importance dont jouit ce contrat, n'est ni moins grande ni moins apparente qu'autrefois. On le voit surtout par l'usage qu'on en fait. Il n'est pas de port, au moins digne de ce nom, en Europe et dans les deux Amériques, où l'on ne trouve, non-seulement des assureurs, mais encore des courtiers et des compagnies d'assurances maritimes. Cette grande et belle institution commerciale est comme un centre autour duquel se groupent des intérêts nombreux et variés; et si l'on considère l'ensemble des assurances — toutes, du reste, ont eu la même origine et forment une même famille — je dirai, sans crainte d'être soupçonné d'exagération, qu'il n'est pas de branche du commerce et de l'industrie, qui soit plus étendue et plus féconde.

L'usage de notre contrat est tellement devenu général, qu'il est en quelque sorte absolu. Pour la plus courte traversée, pour le moindre cabotage, pour la plus médiocre cargaison, on contracte une ou plusieurs assurances. L'assureur est un agent de la navigation, et il y paraît aussi indispensable que le capitaine et le pilote; aujourd'hui l'assurance tient à la racine même du commerce maritime.

Pour peu que l'on examine les services qu'elle rend chaque jour, on voit que la considération dont elle jouit n'est que méritée. Jamais il n'a été plus exact de dire que « le commerce a joint les peuples les plus éloignés, et qu'il conserve, entre les nations différentes, une image de la liaison que Dieu a mise entre les parties du même corps par les veines et les artères. » Que de voyages et d'opérations, qui effrayeraient, s'il n'y avait des assurances, les plus hardis négociants, pour ne pas dire les plus téméraires, et que, grâce à ce généreux cordial, les plus sages et les plus timides entreprennent avec confiance! Que de gens, aujourd'hui, exposent, sans la moindre appréhension, la meilleure partie et souvent la totalité de leurs biens aux dangers les plus graves et les plus probables que l'on puisse imaginer! Que de fortunes, dont la mer aurait causé la ruine et que l'assurance a sauvegardées! « Pour une modique prime, disait M. Siméon, de paisibles spéculateurs « prennent sur eux, au sein de leurs foyers, les terribles dangers de la « navigation; en vain les flots irrités auront englouti de riches cargai-« sons, la prudence trompe leur force, la perte répartie sur un grand « nombre d'intéressés, devient presque insensible; le navigateur répare « ses vaisseaux fracassés, et les assureurs sont prêts à courir avec lui de « nouveaux hasards. »

Il ne faut pas croire que les progrès de notre institution commerciale n'aient rencontré aucun obstacle. Sur quoi repose-t-elle, en effet? sur un calcul de chances bonnes et mauvaises de probabilités. L'assureur, avant de s'engager, a dû supputer les sinistres et les voyages heureux qui avaient eu lieu dans une période de temps écoulé; il a comparé l'avenir au passé; il a vu quel nombre d'assurances il devait contracter, qu'elle *prime* il devait exiger pour se mettre lui-même à couvert des désastres dont il veut garantir les autres. Et lorsque ces calculs ont été faits et qu'il s'est enfin chargé des risques, que de fois n'a-t-il pas été trompé dans ses prévisions, que de fois n'a-t-il pas vu le montant de ses *primes* et tous ses biens suffire à peine à réparer les dommages éprouvés! Que de fois, lui-même, n'a-t-il pas roulé dans l'abîme dont il espérait vainement tirer tous les assurés!... Il n'avait pas assez tenu compte des circonstances, de la saison et des parages où le navire aurait à naviguer;

il avait trop perdu de vue les cas insolites et extraordinaires ; il connaissait mal le capitaine et le bâtiment.... Que de temps a dû s'écouler, avant que l'on ait suffisamment fouillé toutes les mers, prévu leurs écueils et ceux de la mauvaise foi ; avant que l'on ait pu compter tous les sinistres qui peuvent atteindre l'assuré ; avant qu'on les ait classés et que l'on ait su enfin, d'une manière à peu près certaine, le nombre de ceux qui doivent arriver sur un nombre d'assurances déterminé et, pendant tel ou tel voyage !... Ces connaissances si difficiles à acquérir et pourtant si précieuses, l'étude et l'expérience les ont fournies ; et aujourd'hui il ne s'agit plus que de régler le chiffre des *primes* sur le chiffre probable des sinistres, de telle sorte, comme dit M. Bravard, que la somme totale de ces *primes* couvre les sinistres, *sans être tout entière absorbée par eux.*

Et ici, l'excellent professeur fait une observation très-juste. « Puisque « la somme des *primes*, dit-il, est plus que suffisante pour indemniser « les assurés des sinistres qu'ils ont eu à souffrir, l'assureur n'est, en « réalité, qu'un intermédiaire vis-à-vis des assurés. Ceux-ci, en s'adres- « sant à lui, ont en quelque sorte contracté entre eux *une assurance* « *mutuelle,* dans laquelle chacun a été imposé, par avance, à une « somme fixe. L'assureur n'est, pour ainsi dire, que le promoteur et « l'agent de cette association, et ce qui lui reste, après le paiement des « indemnités, constitue son bénéfice. C'est là l'objet de sa spéculation. »

Il y a loin de cette assurance mutuelle tacite à l'assurance mutuelle ordinaire : dans cette dernière il n'y a ni intermédiaire, ni aucune espèce de *prime.* Plusieurs commerçants s'engagent à indemniser celui ou ceux d'entre eux qui éprouveront un sinistre, et l'indemnisé participe lui-même à sa perte. Tous sont à la fois assureurs et assurés, et la spéculation est bannie d'une telle assurance, qui n'a rien de commercial. Nous ne nous étendrons pas davantage sur cette espèce d'association. L'objet de notre travail est l'*assurance à prime,* et forme le Titre dixième du Livre II de notre Code de commerce. Notre matière sera divisée en cinq chapitres, dont :

Le premier sera consacré à la définition de l'assurance et à l'étude de ses principaux caractères ;

Le second à l'examen de ses éléments essentiels ;

Le troisième à celui des différentes conditions exigées pour la validité des *assurances maritimes ;*

Le quatrième à l'exposition des droits et obligations des parties ;

Et enfin le dernier à la théorie du délaissement.

CHAPITRE Ier

DÉFINITION, NATURE ET CARACTÈRES DE L'ASSURANCE A *PRIME*.

Le contrat *d'assurance maritime* est une convention par laquelle
« l'un des contractants *se charge des risques et fortunes de mer* que
« doivent courir un vaisseau, ou les marchandises qui y sont, ou qui
« doivent y être chargées, et promet d'en *indemniser* l'autre contrac-
« tant, pour une *certaine somme* que celui-ci lui donne, ou s'oblige
« de lui donner pour le prix du risque dont il le charge. »

Cette définition est de Pothier (*Traité du contrat d'assurance*, chap. 1,
n° 4). Nous ne tarderons pas à y revenir.

On appelle *assureur*, celui qui assume les dangers de la navigation;
assuré, celui envers qui il les assume; *prime*, ce que l'assuré donne
ou s'oblige de donner à l'assureur pour le prix des risques; et *police*
d'assurance, l'acte qui renferme la convention des parties.

Quelle est la nature des assurances? Une pareille question aurait été,
chez les Romains, du plus haut intérêt; sous l'empire de notre ancienne
législation, elle avait beaucoup moins d'importance; aujourd'hui, elle
n'en a plus guère. Autrefois, cependant, elle passionnait et divisait
les commentateurs. Pothier lui-même ne peut se résoudre à voir dans
l'assurance un contrat *sui generis*. « C'est une espèce de contrat de
vente, dit-il; les assureurs sont les vendeurs, l'assuré est l'acheteur; la
chose vendue est la *décharge* des risques auxquels est exposé la chose
assurée. Les assureurs vendent, en quelque façon, à l'assuré, et s'obligent de lui *faire avoir* et de lui procurer la décharge de ces risques, en
prenant sur eux ces risques, et en s'obligeant d'en indemniser l'assuré.
La *prime* que l'assuré paie ou s'oblige de payer aux assureurs, est le
prix de cette vente. »

Avant l'Ordonnance de 1681, les coutumes et les statuts n'avaient pas
réglé tous les détails de cette matière. Sur bien des points, le juge devait
prendre parti à l'exemple des jurisconsultes; et suivant qu'il voyait
dans l'assurance une *vente*, un *louage* ou une *société*, etc., il appliquait
les règles particulières à l'un ou à l'autre de ces contrats. L'Ordonnance
et, après elle, le Code ont tout prévu et tout réglé ou peu s'en faut; la
question est donc aujourd'hui à peu près purement théorique. Il ne
servirait de rien de soutenir que l'assurance est un pari ou une gageure,
un jeu de pur hasard, puisque la loi ne lui reconnaît pas ce caractère,
l'autorise et condamne les gageures.

7

Cependant, même au point de vue de la théorie, nous ne partageons aucune des anciennes opinions touchant la nature de l'*assæcuratio;* car nous y voyons un contrat *sui generis,* et nous pensons avec Emerigon qu'il est évident que l'assurance, proprement dite, n'est ni une *rente,* ni un *louage,* ni une *société,* ni une *gageure,* ni rien de ce que certains docteurs ont imaginé. *C'est un contrat tel qu'il a été créé par la nature des choses.* C'est aussi le sentiment de Valin et de l'annotateur de l'ouvrage d'Emerigon.

Le contrat d'assurance maritime est consensuel, synallagmatique, à titre intéressé, conditionnel, aléatoire, de bonne foi, et enfin du droit des gens.

Consensuel. — Le consentement des parties suffit à la perfection de ce contrat, et les parties se trouvent liées l'une envers l'autre, aussitôt qu'elles sont convenues de la somme qui doit être payée à l'assureur pour le prix des risques dont il se charge.

Il est vrai que le contrat d'assurance est conditionnel, c'est-à-dire qu'il ne produit d'effets qu'autant que la chose assurée est exposée à des risques de mer; cependant l'obligation de l'assureur est irrévocable, en ce sens qu'il ne peut s'en désister en vertu de sa volonté seule. Si l'assuré n'a pas fourni la *prime* en acceptant l'assurance, il est tenu de la payer, et son obligation n'est subordonnée qu'à l'existence du contrat, tandis que celle de l'assureur l'est encore à l'arrivée du sinistre.

En lui-même, ce contrat est consensuel; il est parfait par le seul accord des parties. Quelques auteurs, se fondant sur les premiers mots de l'article 332 — C. com. — : *Le contrat d'assurance est rédigé par écrit,* etc., et sur ceux des anciennes Ordonnances, surtout sur le texte de celle de 1681, prétendent que la seule volonté est insuffisante, et que la loi exige encore, pour la formation de l'assurance, l'existence d'un écrit. Tel n'est pas notre sentiment, et nous dirons dans le chapitre III, quelles sont nos raisons de penser le contraire.

Synallagmatique. — Comme nous venons de le voir, dès l'instant de sa naissance il produit des obligations réciproques: l'assureur doit garantir l'assuré des risques et fortunes de mer, et ce dernier paiera à l'assureur la *prime* convenue, ou le prix de ces risques; il a encore d'autres obligations que nous étudierons plus loin. La réciprocité est le propre des contrats synallagmatiques.

A titre intéressé. — L'assureur se propose de profiter de la *prime,* et l'assuré de se décharger des risques; en un mot, chacun des contractants se propose son intérêt propre. C'est là ce qui exclut le caractère de *bienfaisance.*

Conditionnel. — Si le voyage, en vue duquel le contrat a été fait, ne reçoit même pas un commencement d'exécution, l'assurance n'aura pas lieu, et les parties seront libérées, l'une de ses obligations d'assureur et l'autre de ses obligations d'assuré. « Si le voyage est rompu avant le départ du vaisseau, dit l'art. 349, même par le fait de l'assuré, l'assurance est annulée...... »

A cause de ce caractère, notre contrat ne peut qu'engendrer des obligations aussi conditionnelles; mais celle de l'assureur l'est encore pour un autre motif, parce qu'elle est subordonnée à l'arrivée du sinistre, c'est-à-dire, d'une perte totale ou partielle de l'objet assuré.

Aléatoire. — Ce caractère lui vient précisément de la nature de l'obligation de l'assureur. En effet, l'équivalent qu'il promet en échange de la *prime* qu'il reçoit, consiste, pour lui, dans une chance de gain ou de perte, dépendant d'un évènement incertain. (Art. 1104 C. N.) Il sera débiteur ou non, suivant qu'un dommage se produira ou non. Cette incertitude constitue précisément l'*alea*.

De bonne foi. — Tous nos contrats sont *de bonne foi;* cependant ce caractère appartient encore plus particulièrement à l'assurance maritime. « Ce contrat, dit Boulay-Paty après Emerigon, est *éminemment de bonne foi*. On doit en écarter toutes les subtilités, pour s'en tenir à l'équité, qui est l'âme du commerce. Les conventions sur l'assurance doivent être maintenues et sacrées; et dans toutes difficultés, les *intentions premières* des parties doivent servir de base à la décision des tribunaux. »

Ce caractère est le principe de conséquences si étendues et si variées, les juges doivent si constamment l'avoir présent à l'esprit, il est d'une importance telle, qu'on nous permettra d'y insister.

Pour les parties, la *bonne foi* consiste dans une droiture parfaite, absolue. Lorsqu'elles contractent, point de choses cachées, point d'arrière-pensées; qu'on fasse connaitre les risques et l'objet de l'assurance, tels qu'on les connaît soi-même. Dans la suite, c'est surtout à l'assuré que la *bonne foi* s'impose comme un devoir rigoureux : au moment où l'assureur signe la police, les risques qu'il assume, ont une certaine étendue, il s'en fait une certaine opinion ; l'assuré ne doit en rien modifier ni cette étendue, ni l'opinion que s'en fait l'assureur. Tels les risques sont ou tels l'assureur les croit être au moment du contrat, tels ils doivent rester sans déplacement ni aggravation d'aucune sorte, jusqu'au sinistre ou à l'arrivée du navire, du moins pour ce qui est de l'assuré ou de ses mandataires. Nous verrons plus tard quelles sont, pour les parties, les suites d'un manquement à la *bonne foi.*

Pour les tribunaux, l'assurance est de *bonne foi*, en ce sens qu'ils doivent, avant tout, rechercher quelle a été l'intention première des contractants, quelle a été au juste, la responsabilité acceptée par l'assureur et la manière dont l'assuré l'a respectée; en ce sens que si, sur tel ou tel point discuté, le contrat, la loi et les usages sont muets, ils doivent s'en référer à l'équité, *l'âme du commerce;* en ce sens enfin que la loi elle-même s'en remet à leur libre appréciation sur une foule de points, surtout en ce qui concerne la forme interne du contrat.

A certains égards, cependant, ne pourrait-on pas dire qu'il est *stricti juris?* Ne sait-on pas, en effet, que les *paroles des polices d'assurance,* comme disent les anciens docteurs, *doivent être pesées avec scrupule,* — *verba assecurationis potissimè ponderanda sunt;* qu'elles forment *la loi, de laquelle il n'est pas permis de s'écarter, parce que la volonté des parties y est consignée...,* et qu'il n'est jamais permis d'étendre ce contrat *d'un cas à l'autre, ni d'un corps à un autre réellement distinct?*

Sans doute ces observations sont exactes, elles sont le commentaire de l'article 351; mais la conclusion qu'en tiraient les docteurs, me paraît une affaire de mots. La *bonne foi* ne consiste-t-elle pas à rechercher, avant tout, l'intention des parties, et s'il faut s'en tenir au sens littéral des clauses insérées au contrat, n'est-ce pas précisément parce que l'on présume que la *volonté des parties y est consignée,* comme ils le disent eux-mêmes? Tout ce que disent ces subtils juristes ne revient-il pas à cette remarque de l'annotateur : *On doit écarter toutes les subtilités,* etc. ?

Du droit des gens. — Il ne comporte aucune distinction tirée de la nationalité des personnes; il est en usage dans tous les pays, et y est soumis, à-peu-près partout, aux mêmes lois. « Les règles qui le régissent, dit Pothier, sont tirées du droit naturel. Il est vrai que l'Ordonnance a ajouté quelques dispositions qu'on peut regarder comme arbitraires, au moyen desquelles on peut dire que ce contrat, quoique principalement du droit des gens, tient aussi parmi nous quelque chose du Droit civil. » Cette restriction a été maintenue par notre Code de commerce. Le titre dixième renferme certaines dispositions touchant la forme du contrat, le fret, etc., qu'on ne trouve point dans toutes les législations étrangères, et qui sont particulières à la nôtre. Il n'en est pas moins vrai qu'on peut dire de ce dernier caractère, comme du précédent, qu'il appartient plus spécialement au contrat d'assurance maritime.

Ce chapitre serait incomplet, si nous n'y faisions connaître une dernière particularité de notre contrat. L'assurance est un acte de commerce — art. 633; mais elle ne l'est que par rapport à l'assureur; quant à l'assuré, il n'est qu'un acte civil. Cette distinction est rationnelle : la spéculation est l'unique but que l'assureur se propose d'atteindre; l'assuré, lui, ne spécule ni ne doit spéculer; dès lors il ne saurait faire acte de commerce, puisque la spéculation en est le signe caractéristique.

CHAPITRE II

QUELLES SONT LES CHOSES QUI SONT DE L'ESSENCE DU CONTRAT D'ASSURANCE

Par l'analyse que nous avons faite de la nature et des caractères de l'assurance, et surtout par la définition qu'en donne Pothier, on a vu de quels éléments se compose notre contrat : *L'un des contractants se charge des risques et fortunes de mer* — des risques, tel est le fond de *l'assecuratio; — que doivent courir un vaisseau*, etc., — voilà la chose assurée; — et *promet d'en indemniser l'autre contractant,* — c'est l'objet de l'obligation de l'assureur ou la somme promise ; — *pour une certaine somme que l'assuré lui donne,* — c'est en quoi consiste l'obligation principale de l'assuré, c'est le coût de l'assurance ou la *prime.* Si l'on y ajoute le consentement des parties, on trouve que l'assurance a, pour éléments essentiels, cinq choses, qui sont :

1° Un objet soumis à l'assurance ;

2° Un risque auquel cet objet est exposé ;

3° Une somme promise par l'assureur ;

4° Une *prime* payée ou due par l'assuré ;

5° Le consentement des deux parties contractantes.

§ 1. — *Un objet soumis à l'assurance*

Il est de l'essence de ce contrat qu'une chose soit assurée. Si l'assurance n'avait pour objet que l'éventualité d'un risque, le contrat ne serait qu'un pari, une gageure. Autrefois, en Italie surtout, cette dernière convention était licite et constituait une deuxième espèce d'assurance *à prime.* Dans la suite, on en constata les inconvénients, et peu à peu on la prohiba sur toutes les places maritimes. L'Ordonnance et notre Code de commerce ont maintenu ce dernier état du droit, en déclarant *nulle* l'assurance faite sur *le profit espéré, le fret à faire*, etc., en un mot sur une chose qui n'est pas exposée aux risques, ou qui n'existe pas (Ordon., titre *des Assurances*, art. 15 et suiv., C. Co., art. 347). D'ailleurs, notre Code civil n'accorde « aucune action pour dette de jeu ou pour le paiement d'un pari » (art. 1965), et le Code pénal punit, dans certains cas, les joueurs ou les fauteurs de jeux. « Ce n'est point en France, disait l'orateur du gouvernement (sur la discussion de l'art. 1965), et dans une nation de tant d'importance que la législation naturalisera l'immoralité des paris. »

En principe, le contrat est nul, faute d'une chose qui en soit la matière. Mais, ainsi que l'observe Pothier, le Droit civil, en fait d'assurance, a ajouté au droit naturel : il suffit, pour la validité du contrat, que l'objet en soit putatif. C'est ce qui résulte de l'article 365, ainsi conçu : « Toute assurance, faite après la perte des objets assurés, est nulle, s'il y a présomption qu'avant la signature du contrat l'assuré a pu être informé de la perte, etc.... »

La teneur de cet article nous conduit à formuler les lois suivantes :

Si l'assuré savait que la perte avait eu lieu, le contrat est nul ;

S'il a pu en être informé, il est encore nul ;

Mais s'il l'ignorait et ne pouvait le savoir, l'assurance est valable.

Étudions maintenant chacun de ces trois cas :

1° *Si l'assuré savait*, etc. — Un négociant a fait assurer son navire ou ses marchandises. Mais le navire ou les marchandises n'existaient plus au moment du contrat, et l'assuré en était instruit. D'après notre loi, cette assurance est nulle, et elle l'est : 1° parce que l'obligation de l'assureur *qui est d'indemniser l'assuré de la perte qu'il éprouvera,* manque d'objet, et 2° parce que, comme nous l'avons dit, l'assuré n'ignorait pas la perte de sa chose au moment où il a traité avec sa partie.

C'est l'assureur qui aura à se prévaloir de cette nullité ; l'existence de l'assurance est au contraire dans l'intérêt de l'autre contractant. Comment les choses se passeront-elles ? N'oublions pas que ces deux causes de nullité doivent exister simultanément. Quant à la première : — *la perte de la chose assurée,* — elle est établie par le fait même du procès, les deux parties en faisant la base de leurs prétentions réciproques, pour la seconde : — *la connaissance que l'assuré avait du sinistre antérieurement au contrat,* — il en est tout autrement. Ce sera à l'assureur à l'établir suivant cette maxime de droit : *Incumbit onus probandi ei qui dicit,* et suivant cette autre : *Reus excipiendo fit actor.* Du reste, l'exception, qu'oppose l'assureur, constitue l'assuré en état de mauvaise foi et partant de dol ; et le dol ne saurait se présumer. Celui qui l'alléguera, devra le prouver. Pour cela, il lui sera loisible d'employer les moyens qu'il jugera convenables — des écrits, des témoignages, entre autres ceux de l'équipage, le serment décisoire, etc. Le rôle de l'assureur n'est point d'ailleurs trop facile ; il est vrai qu'aujourd'hui les Compagnies d'assurance ne s'exécutent qu'après avoir, au préalable, plaidé contre l'assuré ; l'usage existe. Mais s'il arrivait, par hasard, que l'assureur eût payé la somme assurée, avant d'avoir contesté les dires de sa partie, faute d'en avoir les moyens ; si plus tard il les acquérait, s'il découvrait la mauvaise foi de l'assuré, il ne serait point fort-clos et il obtiendrait le remboursement de la somme payée. La raison en est claire : l'action qui naît du dol, dit Pothier, n'est ouverte que du jour que la partie qui a été trompée, l'a découvert. La partie ne peut perdre par une fin de non-recevoir son action, avant qu'elle ait été ouverte — *adversus non valentem agere nulla currit præscriptio.* D'ailleurs l'assuré, en recevant la somme assurée, commet un nouveau dol, qui ne doit pas lui profiter en lui donnant une fin de non-recevoir.

Lorsque l'assureur a fait sa preuve, le contrat est déclaré nul ; mais l'est-il à l'égard et contre l'assureur ? Non, car non-seulement il obtient la remise de ce qu'il a payé, mais encore sa partie lui paie, dit l'art. 368, une double *prime.* C'est là une peine infligée à la mauvaise foi de l'assuré. Ce n'est pas tout : *il est encore,* ajoute le même article, *poursuivi correctionnellement.* En conséquence la Cour de cassation a jugé, en 1857 (10 juillet), que cette mauvaise foi de l'assuré était assimilée au délit d'escroquerie, prévu par l'art. 405 du Code pénal, et devait être frappée des peines édictées par cette disposition.

L'assureur est-il libre de saisir à son gré le Tribunal correctionnel ou le Tribunal de commerce ? Nous estimons avec M. Bédarride qu'il ne peut investir que le Tribunal de commerce. « Celui d'entre-eux, contre qui la preuve *est faite,* dit l'art. 368, est poursuivi correctionnellement. » Ce texte indique clairement que l'existence de la preuve est le préalable indispensable de la poursuite correctionnelle.

Le ministère public peut, d'ailleurs, après le jugement du Tribunal de commerce, prendre l'initiative des poursuites. A défaut de cette initiative, la partie intéressée peut adresser une plainte au ministère public. Le plus souvent le Tribunal de commerce provoquera son action en ordonnant que copie de son jugement soit adressée par le greffier au procureur de la République.

Examinons, en passant, quelques cas particuliers.

C'est un tuteur qui a fait assurer, de mauvaise foi, une chose qui avait péri. Il est certain que le mineur ne pourra profiter de l'assurance et du paiement de la somme assurée; mais celui de la double *prime* se fera-t-il de ses deniers ou seulement de ceux de son tuteur? Une peine ne peut atteindre que le coupable; le tuteur sera donc responsable. Quant à la restitution de la somme assurée, le pupille la doit, lors même qu'il ne pourrait la recouvrer par l'insolvabilité de son tuteur, qui l'a reçue pour lui.

Un négociant a donné pouvoir à un tiers de le faire assurer — peu importe d'ailleurs qu'il agisse en vertu d'un ordre particulier ou général, — le commissionnaire connaît la perte, le commettant l'ignore : ce dernier n'a aucun droit à la somme assurée, et s'il l'a reçue, il doit la rendre. Mais devra-t-il la double *prime*? Non, par la même raison que le pupille n'en était pas débiteur. L'assureur n'a d'action que contre le commissionnaire.

Supposons l'hypothèse inverse : c'est le commettant et non le commissionnaire qui connaissait la perte de l'objet assuré. Il faut distinguer le cas du pouvoir spécial de celui où il a été général. Dans le premier, toutes les actions sont données contre le commettant; dans l'autre, le commissionnaire ayant agi à l'insu de son commettant, il est évident que ce dernier n'est coupable d'aucun dol et partant d'aucune peine; pour le commissionnaire, il faut en dire autant, puisqu'il était de bonne foi. Mais l'assurance est-elle valable? Valin et Pothier soutiennent l'affirmative.

En disant commissionnaire, j'ai voulu parler du mandataire et du commissionnaire proprement dit.

2° *Si l'assuré pouvait savoir la perte*, etc.— art. 365. Ce qui a fait admettre cette présomption, c'est qu'il est trop difficile d'établir la mauvaise foi. Elle est, du reste, fort raisonnable : en effet, un commerçant est trop attentif à la conservation de ses marchandises pour ne pas se mettre en état d'en recevoir des nouvelles, le plus souvent possible.

Cette présomption est-elle absolue ou seulement relative? Les parties peuvent l'écarter « en traitant sur bonnes ou mauvaises nouvelles. (art. 367). » Je crois, en outre, que l'assuré serait admis à prouver qu'il ignorait bien et dûment la perte de l'objet assuré. Par cette présomption la loi ne se propose qu'une chose, dispenser l'assureur d'entreprendre un procès où, la plupart du temps, il succomberait, quoique ayant raison ; mais elle n'entend point empêcher l'assuré d'établir son droit, qui d'ailleurs peut être très-fondé. Il se peut bien, en effet, qu'à raison des distances et du temps qui s'est écoulé depuis l'arrivée du sinistre jusqu'au moment de la signature de la police, l'assuré ait pu connaître la perte de sa chose; mais si la circulation des nouvelles et des dépêches a été tout-à-coup interrompue par des évènements imprévus; si l'assuré, ayant pris toutes les mesures qu'il devait prendre pour être informé du sinistre, ne l'as pas été, est-il juste de lui appliquer l'art. 366? Non; quoiqu'on en dise, la présomption qu'établit ici la loi, n'est pas *juris de jure*, mais bien *juris tantùm*.

Il faut avouer, du reste, que la question offre plus d'intérêt en théorie qu'en pratique; car aujourd'hui presque toutes les assurances sont faites *sur bonnes ou mauvaises nouvelles*. Du moins en est-il ainsi sur la place de Bordeaux.

Mais sur quoi repose la présomption des articles 365 et 366? Sur un délai proportionné à la distance du lieu de la perte. Article 366 : « La présomption existe, si, en comptant *trois-quarts* de myriamètre *par heure*, sans préjudice des autres preuves, il est établi que de l'endroit de la perte du vaisseau, ou du lieu où la première nouvelle en est arrivée, elle a pu être portée dans le lieu où le contrat d'assurance a été passé, avant la signature du contrat. » Ainsi, le navire a péri à trente-deux myriamètres du lieu du contrat, quel délai exigera la présomption? Quarante heures révolues; et elle n'existera que si la police a été passée la quarante-et-unième heure, si l'on connaît l'heure du sinistre. Le temps se compte de *momento ad momentum*. La première heure commence à l'instant où la perte est consommée. La dernière est réglée suivant que l'acte porte *avant* ou *après midi* : l'*avant* sera l'heure à laquelle, dit Pothier, les assureurs ont coutume d'ouvrir leur bureau, et l'*après* sera la première heure après midi.

Que si la police mentionnait l'heure où l'assurance a été signée, la convention ferait loi.

La dernière heure, par fiction ou réellement, expire au moment de la signature de la police. Peu importe que l'accord des parties ait existé longtemps avant. (Art. 366 et 367, *in fine.*)

Souvent on ne connaît que le jour de la perte; dans ce cas, on ne doit commencer à compter que du lendemain, la perte du vaisseau ayant pu arriver à la dernière heure du jour. Ainsi donc, si la perte est arrivée le 24 février, la première heure sera la première du 25, commençant à minuit. Voilà pour le temps.

Mais de quel lieu partira le premier myriamètre?

« De l'endroit de la perte du vaisseau ou du lieu où la première nouvelle en est arrivée; » tels sont les termes de l'article 366. Ils prévoient deux cas : dans l'un, la nouvelle du sinistre a pu arriver directement du lieu où il s'est produit; dans l'autre, on ignore même le jour et peut-être l'endroit de la perte; mais la nouvelle en a été constatée dans telle ville, dans tel port; c'est de là qu'on a pu la faire parvenir aux intéressés.

Si la police ne porte que la mention *avant* ou *après midi*, l'assureur sera-t-il admis à prouver par témoins que l'heure où a été passé le contrat, est la dernière du matin ou du soir, ou telle autre que celles indiquées plus haut? La négative me paraît l'opinion la plus sûre. Il faut appliquer ici l'article 1341, et l'affirmative violerait cette disposition : « Il n'est reçu aucune preuve par témoins contre et outre le contenu aux actes. » Par ces expressions, *contre* et *outre*, la loi a voulu défendre de prouver, et ce qui est contraire à la teneur de la convention, et même ce qui n'y est pas contraire sans y être contenu ; en un mot, elle a voulu que l'acte fût la seule règle des parties; d'autant plus que l'assureur doit s'imputer de n'avoir pas exprimé l'heure dans la police. On ne saurait justement alléguer l'article 109, car il est écarté par l'article 332, qui exige que le contrat soit *rédigé par écrit*.

Quelle est la portée des articles 365 et 366? La présomption qu'ils établissent, constitue-t-elle l'assuré en état de mauvaise foi, et partant faut-il lui appliquer l'article 368? Avec Pothier et la généralité des auteurs modernes, il faut penser que par la présomption seule, l'assuré n'obtiendra que la nullité de l'acte; ce qui l'indique, ce sont ces mots de l'article 366 : *sans préjudice des autres preuves*. L'assureur, s'il en possède, s'en servira pour établir le dol de l'assuré, et par là obtenir la *double prime* de l'article 368 ; ce qui lui sera impossible, s'il ne peut qu'invoquer la présomption. Si l'opinion contraire était la vérité, si la mauvaise foi de l'assuré s'induisait de la présomption seule, de quelle utilité seraient à l'assureur d'autres preuves?

Cette interprétation est justifiée par le même article 368, lorsqu'il dit : « *En cas de preuve contre l'assuré*, etc. — *Celui d'entre eux contre qui la preuve est faite*, etc. » Il faut une preuve, et une preuve *faite*; une présomption légale n'est pas précisément une preuve. L'art. 367 fournit encore un argument, et celui-là sans réplique. Nous savons qu'il permet aux parties d'écarter la présomption de l'art. 365, en traitant sur *bonnes* ou *mauvaises nouvelles*; mais il n'entend point autoriser par là le dol de l'assuré. Le voici tout entier :

Art. 367. — « Si cependant l'assurance est faite sur bonnes ou mauvaises nouvelles, la présomption mentionnée dans les articles précédents n'est point admise. — Le contrat n'est annulé que sur la *preuve* que l'assuré savait la perte du navire avant la signature du contrat. »

On ne pouvait plus clairement opposer les termes l'un à l'autre, et dire que l'assuré n'est digne de peine qu'autant que l'assureur établit sa mauvaise foi. Du reste, en matière pénale, les termes s'interprètent toujours restrictivement, et l'on ne peut en étendre le sens d'un cas à l'autre.

Si l'assurance a été contractée par un mandataire ou par un commissionnaire, l'existence de la présomption de l'art. 365 produira tout son effet. On fera les distinctions établies dans le cas où l'assuré connaissait la perte de l'objet assuré.

3° *Si l'assuré, au moment du contrat, ignorait et ne pouvait*, etc. L'objet assuré n'a pu l'être en réalité, il est purement putatif; et cependant le contrat est valable. Car l'assureur est fondé à se faire payer la *prime* et l'assuré la somme promise en cas de perte, lorsqu'il apprendra qu'elle a eu lieu, même depuis avant le contrat.

Si le bruit de la perte s'était répandu et était devenu public, l'assuré pourrait-il traiter, comme ignorant la perte? Oui, si le bruit n'avait aucun caractère de certitude et si l'assureur en était également instruit. « Il suffit, dit Emerigon, qu'on n'ait pas la *certitude* de l'arrivée ou de la perte de la chose, pour qu'il soit permis de la faire assurer, pourvu que toutes les circonstances connues soient manifestées. »

Cette validité *fictive* a été admise en considération de la bonne foi de l'assuré. Elle ne l'est point formellement; mais elle s'induit nécessairement de l'art. 365 précité. Il en est de même dans l'Ordonnance, dont l'art. 38 (t. VI) déclare « nulles les assurances faites après la perte de la chose assurée, *si l'assuré en savait ou pouvait en savoir la perte...* »

Cette fiction est une anomalie qu'on ne retrouve dans aucun autre contrat.

§ 2. — *Un risque auquel cet objet est exposé.*

S'il est essentiel que l'assurance repose sur une chose existante ou au moins *putative*, il ne l'est pas moins que cette chose soit, par la suite, exposée à des risques dont l'assureur se charge. Il faut même dire que cette dernière circonstance est le propre, la substance de notre contrat.

Ce qui distingue le contrat aléatoire du contrat commutatif, c'est que le *periculum rei*, au lieu d'être pour le maître, se déplace et va menacer tantôt un créancier, tantôt un vendeur, et tantôt un étranger, comme ici. L'assureur n'est point créancier, il n'a rien avancé à sa partie; il n'est point vendeur, où se trouve la chose corporelle ou incorporelle qu'il a vendue? Il est vrai que les canonistes le regardaient comme ayant vendu à l'assuré *la décharge* des risques de sa chose; mais cette analyse est plus subtile que fondée. Ce qui caractérise l'*assecuratio*, ce qui différentie ce contrat aléatoire des autres, c'est que l'assureur, à qui la chose de l'assuré est étrangère, en a accepté cependant les risques — *suscepit periculum*. Dans le prêt à *la grosse*, celui qui assume les risques, a prêté la chose ou a fourni l'argent dont elle a été achetée ; l'assureur n'a rien fourni, rien prêté. C'est là la principale différence qui existe entre ces deux contrats ; c'est là aussi le signe distinctif de l'assurance. Quant à la nature des risques, elle est la même dans ce dernier contrat que dans le premier : il faut qu'ils soient *fortuits, maritimes*, et arrivés dans les temps et lieux convenus ou, à défaut de convention, fixés par la loi (art. 341 et 328).

A propos des risques, remarquez une seconde différence entre le prêt et l'assurance : dans le premier contrat, ils doivent toujours être *réels*, dans l'autre ils peuvent n'être que *putatifs*. Pour qu'il en soit ainsi, il faut que l'assureur, lors de la signature du contrat, ait ignoré et pu ignorer l'arrivée du navire ou des choses assurées. On traite le risque *putatif* comme l'objet *putatif*. Les art. 365, 366, 367, 368 que nous avons commentés, s'appliquent à l'un comme à l'autre : ce sont toujours mêmes conditions, même présomption et même peine, l'assimilation est parfaite. Cependant remarquez que celui qui est intéressé à soutenir que les risques sont *putatifs*, est l'assureur, tandis que c'est l'assuré qui se prévaut de la *putaticité* de l'objet de l'assurance. Il faut encore retenir que la peine de l'assureur consiste, non point à rembourser la *prime* reçue — cela va de soi, puisque c'est un indu — mais à payer à l'assuré deux fois cette valeur. Rien n'est plus équitable, car, le délit de l'assureur étant égal à celui de l'assuré *de mauvaise foi*, les deux peines doivent être les mêmes ; ce qui ne serait pas, si l'assureur ne rendait que la *prime* au double, lorsqu'il l'a reçue.

En résumé, il est de l'essence du contrat d'assurance que la chose assurée, soit, lors du contrat, ou doive être, par la suite, exposée à des risques dont l'assureur se charge.

Néanmoins les risques, comme l'objet de l'assurance, peuvent n'être que *putatifs*.

Si l'assureur, lors de la signature du contrat, savait que la chose assurée était arrivée, l'assurance est nulle.

Il en est de même, s'il pouvait le savoir, à moins que les parties n'aient traité *sur bonnes ou mauvaises nouvelles*. (Art. 365 et 367.)

S'il pouvait l'ignorer et l'ignorait réellement, l'assurance est valable et produit tous ses effets.

§ 3. — *Une somme promise par l'assureur.*

Les assureurs s'obligent à indemniser l'assuré, en cas de perte des choses assurées. Cette obligation, essentielle à notre contrat, est de payer à l'assuré une somme qui sera l'équivalent des dommages soufferts.

1° J'ai dit : *qui sera l'équivalent des dommages soufferts*, il faut ajouter : *et assumés*. L'obligation de l'assureur doit correspondre exactement à la valeur des objets dont il prend les risques. L'assuré ne peut exagérer cette valeur, parce que l'assurance ne doit pas être pour lui un moyen d'acquérir — *assecuratus non quærit lucrum, sed agit ne in damno sit* (Straccha). Il lui est interdit de spéculer sur le traité — *in materia d'assicurazione, si hà risguardo al puro danno, non all'utile che si perde* (Carlo Targa).

Si la spéculation était permise à l'assuré, c'est-à-dire, s'il était intéressé à faire périr l'objet de l'assurance, l'assureur ne pourrait calculer l'étendue des risques, ou plutôt le sinistre serait presque toujours certain et l'assurance ne serait qu'une duperie.

Nous savons qu'il faut une chose assurée et que cette chose soit exposée à des risques ; nous savons aussi que l'assuré, en cette qualité, n'a droit à aucun bénéfice ; maintenant nous dirons qu'on ne peut faire assurer que ce qu'on risque de perdre. Cette loi, qui est le corollaire des précédentes, à son tour a de nombreuses conséquences que nous allons rapporter :

1° L'assuré ne peut faire assurer ce qui l'est déjà ; ce serait faire assurer deux fois les mêmes risques, c'est-à-dire se faire garantir contre des dangers auxquels on n'est plus exposé. Cependant on peut faire assurer l'insolvabilité de l'assureur.

2° ART. 347. — Le contrat d'assurance est nul, s'il a pour objet :

Le fret des marchandises existant à bord du navire ;

Le profit espéré des marchandises.

D'ailleurs l'armateur, en perdant son fret, le chargeur son profit, sont plutôt privés d'un gain éventuel qu'affligés d'une perte réelle.

Les loyers des gens de mer. — Ici il faut ajouter que le capitaine et les gens de l'équipage doivent être, pour l'avantage du négoce, intéressés à veiller à la conservation du navire ; et que l'assurance, si elle était valable, les rendrait indifférents ou moins attentifs, parce qu'ils seraient certains de toucher, quoi qu'il arrivât, leurs salaires ou loyers.

Ces dispositions, renouvelées de l'Ordonnance de 1681 (art. 15), sont regardées par la Cour de cassation comme d'ordre public. Il ne peut donc être valablement dérogé à l'art. 347 ; l'acte, nul en soi, ne serait susceptible d'aucune ratification. (Req., 5 juin 183?, et Ch. civ., 9 janvier 1854.)

L'art. 347 se termine par ces deux autres cas de nullité :

Les sommes empruntées à la grosse. — L'emprunteur, n'en courant pas les risques, ne saurait les faire assurer.

Les profits maritimes des sommes empruntées à la grosse. — Ce sont là aussi des *profits espérés;* le prêteur ne peut donc les faire assurer.

3° Art. 357. — « Un contrat d'assurance ou de réassurance, consenti pour une somme excédant la valeur des effets chargés, est nul à l'égard de l'assuré seulement, s'il est prouvé qu'il y a dol ou fraude de sa part. »

Art. 358. — « S'il n'y a ni dol, ni fraude, le contrat est valable jusqu'à concurrence de la valeur des effets chargés... »

Notre principe est vrai dans l'un et l'autre cas ; seulement, dans le premier, l'assurance est nulle quant à l'assuré pour la totalité, c'est-à-dire, et pour ce qui existe et pour ce qui n'existe pas. Mais elle est valable dans l'intérêt de l'assureur, qui a toujours droit à la *prime* et qui, en cas de sinistre, n'a aucune indemnité à payer. Outre la nullité de l'assurance, l'Ordonnance (art. 22) infligeait encore à la mauvaise foi de l'assuré la peine de la confiscation de ses marchandises.

Dans le second cas, la loi ne prononce aucune peine et se contente d'appliquer notre règle. « *L'assurance,* dit l'art. 358, *est valable jusqu'à concurrence de la valeur des effets chargés.* Elle est donc nulle pour le surplus. Ici la nullité existe à l'égard des deux contractants. Observez toutefois que, si l'assureur ne reçoit pas la *prime* de cet excédant de valeur, il a droit pourtant à l'indemnité du demi pour cent.

Il ne faut pas oublier que la bonne foi de l'assuré se présume et que, si l'assureur prétend que sa partie n'ignorait pas la valeur exacte de ses marchandises, il doit prouver le dol ou la fraude de l'assuré.

Le dol ou la fraude. — L'un n'est pas synonyme de l'autre. La fraude est l'intention de tromper ; ici c'est la simple connaissance qu'a l'assuré de la valeur de ses marchandises. Le dol suppose, outre l'intention, outre le mensonge, des manœuvres et des procédés inavouables, qui amènent l'assureur à contracter ; ce que ce dernier ne ferait pas, si l'assuré se contentait de mentir. Par exemple, l'assuré présente à l'assureur, comme siennes, des marchandises qui appartiennent à un autre chargeur. La loi pouvait n'exprimer que la fraude, le dol aurait été sous-entendu. C'est ce qu'avait fait l'Ordonnance (art. 23).

Voici un cas particulier et non prévu par le Code : Dans l'ignorance d'une première assurance existant sur des marchandises, une seconde a été consentie par des assureurs différents.

Si la première est ultérieurement résiliée de bonne foi de la part des parties et avant la nouvelle du sinistre, la seconde est valable et doit seule répondre de ce sinistre. (Bordeaux, 18 avril 1839.) Le second assureur se trouve, en effet, dans la même position que s'il n'était intervenu aucune assurance avant la sienne.

2° *L'obligation de l'assureur est de payer à l'assuré une somme......* Cette somme est ordinairement fixée par la police d'assurance. Les parties peuvent cependant en remettre à plus tard la fixation. L'assureur s'engage, par exemple, à payer, en cas de perte des marchandises, ce qu'elles valent, suivant l'estimation qui en sera faite par un tiers désigné par le Tribunal.

Si la somme, promise par l'assureur, ne peut légalement excéder la valeur de l'objet assuré, elle peut du moins y être inférieure. Dans ce cas, si la chose est avariée, ou ne périt que partiellement, le préjudice est réparti entre l'assureur et l'assuré. Ce dernier fait assurer, par exemple, deux cents hectolitres de blé. L'assurance est de 3,000 francs, tandis que le chargement en vaut 4,000. L'assureur n'a donc pris à sa charge que les trois-quarts de l'objet assuré. S'il périt cent hectolitres, l'assuré devant en supporter la perte pour un quart, l'assureur n'aura à payer que la somme de 1,500 francs. Que la perte soit totale ou partielle, n'importe pour quelle valeur, l'assuré en supportera toujours un quart, pour lequel il est, en quelque sorte, *son propre assureur.* Que si le froment assuré avait été mesuré et mis à part ou spécifié d'une manière quelconque, la perte en serait tout entière pour l'assureur.

Voici un cas particulier, où nous conservons d'ailleurs l'exemple qui précède. Avant l'arrivée du sinistre, durant le cours du voyage, l'assuré a retiré du vaisseau cinquante hectolitres, nombre de ceux qui restaient non assurés ; ils n'étaient point distincts des autres. Le chargeur n'a laissé de blé dans le navire que pour la somme de 3,000 francs, qui était assurée ; l'assureur en courra-t-il seul tous les risques ? Il n'y a pas lieu à la question dans le cas de la perte totale du chargement ; il est, dans ce cas, indifférent à l'assureur que l'assuré ait retiré ou non la partie du chargement qui n'était pas assurée, puisque, dans le cas de perte totale, soit qu'il l'eût retirée du navire, soit qu'il l'y eût laissée, l'assureur devrait toujours la même somme de 3,000 francs. En effet, quoique l'on puisse dire que l'assurance portait d'une manière indivise sur tout le chargement, il n'en est pas moins vrai que le retrait ne cause aucun préjudice à l'assureur, comme il n'est d'aucun avantage à l'assuré par rapport à l'assurance. Si l'assuré avait laissé le chargement intact, cela aurait-il profité en quelque chose à l'assureur? Non, puisqu'il et certain qu'il aurait péri tout entier, et que l'assureur aurait été obligé de payer la somme promise tout entière. En retirant les cinquante hectolitres, l'assuré ne modifie en rien, par rapport à une perte totale, sa situation vis-à-vis de l'assureur.

Mais il y a lieu à la question dans le cas des pertes particulières et avaries. L'assuré ne devra-t-il pas alors supporter un quart de la perte éprouvée? L'affirmative se fonde sur l'intérêt qu'avait l'assureur, que la partie non assurée restât dans le vaisseau. Le retrait a modifié sa situation; en assurant, il pouvait croire qu'elle ne le serait pas.

On soutient la négative en alléguant que l'assuré n'avait pris, à cet égard, aucun engagement, et qu'il suffit qu'il laisse dans le vaisseau une valeur correspondant à la somme promise. Prétendre, ajoute-t-on, que l'assuré est responsable de la perte éprouvée, c'est dire qu'il s'est interdit la faculté de débiter partie de ses marchandises, dans le cours de son voyage, dans les ports où le navire relâcherait. Il n'y a aucun rapport entre une pareille obligation et celle d'un assuré ordinaire.

On pourrait proposer cette conciliation de ces deux partis extrêmes : on adopterait le second, si l'assuré n'avait fait que vendre ses marchandises non assurées, sans prévision du sinistre, et le premier, si l'assuré, en retirant les cinquante hectolitres, avait voulu les soustraire à des avaries probables. Cette distinction est fort équitable.

Quel est le caractère juridique de la somme due par l'assureur en cas de sinistre? Est-elle le prix de la chose assurée; ou bien n'est-elle qu'une indemnité?

Par rapport à l'assureur, c'est l'équivalent de l'avantage certain qu'il a de toucher la *prime*. Quant à l'assuré, c'est la réparation d'un dommage souffert; c'est une compensation; mais ce n'est, en rien, le prix ou la représentation de la chose assurée. En conséquence, pour ce qui est de cette somme, les créanciers de l'assuré sont tous au même rang et chirographaires. On peut en dire autant pour toutes sortes d'assurances.

§ 4. — De la Prime.

L'étymologie de ce mot serait, selon quelques auteurs, *præmium*-prix, équivalent de l'obligation que prend l'assureur d'indemniser l'assuré; et selon d'autres, dont Cleirac est du nombre, *primò* — ce que l'on paie d'abord, à l'avance. « Elle est appelée *prime*, dit Pothier, parce qu'elle se payait *primò*, et avant tout, même avant que le départ du vaisseau eût fait commencer les risques. » C'est ce qu'exigeait l'art. 6 de l'Ordonnance. Cependant l'usage ne tarda pas à prévaloir de ne plus la payer comptant.

Si les parties n'ont pas assigné de terme au paiement de la *prime*, elle est due du moment de la signature du contrat, conformément au droit commun, sauf des usages contraires.

La *prime* est ce que l'assuré donne ou s'oblige de donner à l'assureur pour le prix des risques dont il le charge. Elle est de l'essence de notre contrat; si elle manquait, l'assurance ne serait plus qu'une donation conditionnelle; un contrat purement civil.

La *prime* peut consister en une somme d'argent, — c'est ce qui arrive ordinairement, — en marchandises ou toute autre valeur, soit même en services appréciables en argent, *v. g.* : l'assuré, qui est un capitaine, prendra à son bord le fils de l'assureur, qui voyage; et le prix de la traversée servira de *prime* à l'assurance.

La *prime* peut résulter du pacte suivant : *comme coût de l'assurance, je vous offre le tiers du profit que je ferai, en vendant mes marchandises assurées*; et l'assureur consent à devenir l'associé du chargeur, tout en restant assureur. Cependant, à côté de l'assurance, il y a un contrat de société; et, si les marchandises périssent ou si le profit est nul, la *prime* sera zéro.

Si l'alliance de ces deux contrats est licite, et personne n'en doute, on peut toutefois se demander si ce n'est pas là un cas particulier, une exception admise par l'usage seulement. Et cette première question en provoque une autre plus générale, dont la solution les embrassera toutes les deux. La voici : est-il de l'essence ou seulement de la nature de la *prime* qu'elle soit certaine?

Nous avons dit qu'il n'y a pas d'assurance sans une *prime* stipulée, et cela est vrai; mais faut-il encore qu'elle soit toujours due, ne peut-elle être incertaine, comme la somme assurée? Je pense qu'ordinairement, et sans stipulation contraire, la *prime*, si elle n'a été payée au moment du contrat, est due, quoi qu'il arrive; mais que la certitude est de sa nature seulement. Pothier l'admet [1], et rien dans le Code ne s'y

[1] « Quelquefois, par une clause particulière de la police, l'assuré ne s'oblige au paiement de la *prime* que sous la condition et au cas *que le vaisseau arrivera à bon port;* et il stipule, que dans le cas contraire, la somme assurée lui sera payée sans aucune déduction de la prime. »

(POTHIER. — *Traité des Assurances*, n° 175.)

Cette stipulation équivaut à peu près à celle par laquelle on fait assurer la *prime* et prime des *primes*, et que nous étudierons bientôt.

oppose. Ainsi, les parties pourraient convenir que, vu l'élévation du taux de la *prime*, elle ne sera due qu'en cas d'heureuse arrivée. Et le cas d'une société, jointe à un contrat d'assurance, n'est pas un cas particulier ; ce n'est qu'une application de cette règle : *la certitude n'est pas de l'essence de la prime.*

La *prime* consiste le plus souvent en une somme d'argent ; elle est à *tant pour cent* de la somme assurée. « Pour être équitable, dit Pothier, elle doit être le juste prix des risques dont l'assureur se charge par le contrat ; mais, comme il n'est pas facile de déterminer quel est ce juste prix, on doit donner à ce juste prix une très-grande étendue, et réputer, pour juste prix, celui dont les parties sont convenues entre elles, sans que l'une des parties puisse être écoutée à alléguer à cet égard la lésion. » En un mot le taux en est illimité.

Si l'on considère la durée du voyage, il y a différentes sortes de *primes* (art. 335, 3e alin.). Elle peut être faite pour l'aller et le retour, ou seulement pour l'un des deux, pour le voyage entier ou pour un temps limité. Elle peut être aussi, quoique l'article ne le dise pas, à tant pour cent par jour, par mois, par an.

« Quelquefois, dit Pothier, lorsqu'on fait assurer tant pour le voyage que pour le retour, on convient d'une somme pour le voyage, et d'une autre pour le retour. Quelquefois on convient *d'une même somme*, tant pour le voyage que pour le retour, ce qui s'appelle *une prime liée*, c'est-à-dire, qui lie et réunit en une celle pour l'aller et celle pour le retour. »

La *prime* n'est due ou n'est maintenue, si elle a déjà été payée, que si l'objet assuré est exposé à des risques. Mais lorsqu'elle n'est pas due, il est des cas où l'assuré doit payer une indemnité de demi pour cent — ou 0,50 pour cent francs de la somme assurée. Nous verrons ces différents cas, en traitant des obligations de l'assuré, dans le Chap. VI, § 2.

Si l'assurance est faite en temps de paix, on peut prévoir le cas de guerre et stipuler une augmentation de *prime* ; et, si le contrat est passé en temps de guerre, prévoir le retour de la paix et convenir d'une diminution. Mais si ni l'un ni l'autre cas n'ont été prévus, faudra-t-il s'en tenir à la *prime* fixée d'abord ; les parties ne pourront-elles en demander la modification sur le motif que les risques ne sont plus les mêmes ? MM. Bravard et Rivière estiment qu'on ne peut s'écarter de la convention. Mais Pothier pense, et avec raison, qu'en cas de survenance de paix ou de guerre, les contractants, suivant leur avantage, seront admis à demander une diminution ou une augmentation de *prime*. En effet, on ne peut alléguer que la convention s'y oppose, puisque la

guerre ou la paix étaient imprévues, et que les parties n'y avaient nullement songé. Mais si le contrat est muet, il n'en est pas de même de
l'équité : elle parle, et nous savons que nulle part elle n'est plus autorisée à parler qu'en matière d'assurance. Ne serait-elle donc pas blessée, si l'assuré, par exemple, qui ne doit point spéculer sur l'assurance, retirait de gros bénéfices d'un contrat dont tous les inconvénients seraient pour l'assureur ? Voyez donc où conduit la doctrine de
MM. Rivière et Bravard : d'une part, l'assureur n'avait compté que sur
dix chances de perte, il y en a vingt, et cependant il n'est payé que
pour dix ; de l'autre, l'assuré, tout en étant sûr d'être indemnisé en cas
de perte, ne fournit qu'une minime *prime*, et en cas d'heureuse arrivée, vend ses marchandises deux ou trois fois plus cher qu'en temps
de paix, précisément en raison des risques plus nombreux qu'elles ont
courus et des difficultés qu'on éprouve pour en faire passer. Mais ne
serait-ce pas là une véritable spéculation ? Qu'on ne dise pas que la
convention est là, qu'elle est sacrée, et qu'il n'y a pas d'autre loi. La
convention ne veut que ce que les parties ont voulu, et il est évident
que l'assureur n'a pas voulu un résultat aussi ruineux. L'assuré,
d'ailleurs, ne pouvait légitimement se promettre d'en profiter. Repoussons donc une interprétation par trop judaïque, rappelons-nous que
notre contrat est *éminemment de bonne foi*, et disons avec Pothier :
Equitas juris scrupulositati proeponderare debet.

L'augmentation ou la diminution n'auront jamais lieu que pour la
portion du voyage qui s'est faite pendant la guerre ou après le retour de
la paix. La portion de la *prime* qui était acquise, le jour où la guerre a
commencé ou cessé, n'est ni augmentée ni diminuée.

M. Bravard signale un arrêt de la Cour de cassation, qui n'est pas
sans importance. « La Cour de cassation, dit-il, a jugé, avec raison,
par arrêt du 16 mai 1845, que l'art. 419 du Code pénal, qui punit le
délit de coalition, est applicable à un accord fait par des assureurs maritimes pour régler entre eux, chaque mois, le *minimum* des *primes*
d'assurances : « Attendu, a dit la Cour de cassation, que l'art. 419 du
« Code pénal s'applique à toute marchandise qui est l'objet d'une spécu
« lation pour un prix déterminé, qu'il n'est pas restreint aux marchan
« dises corporelles, mais s'applique spécialement aux *primes* stipulées
« dans les contrats d'assurances, rangés par l'art. 633, au nombre des
« actes de commmerce, etc. »

§ 5. — *Du consentement des parties contractantes.*

Il est de l'essence du contrat d'assurance, de même que de tous les autres contrats, que les parties soient d'accord sur toutes les choses qui composent la substance de la convention.

Leur consentement doit donc intervenir sur les choses qu'on fait assurer, qui font la matière du contrat, sur la somme pour laquelle on les fait assurer, sur les risques dont se charge l'assureur, sur la *prime* qui est le *coût* ou le prix de l'assurance, en un mot, sur chacun des éléments de notre contrat.

CHAPITRE III

DES DIFFÉRENTES CONDITIONS EXIGÉES POUR LA VALIDITÉ DES ASSURANCES MARITIMES.

Nous les partagerons en trois groupes, que nous étudierons en autant de sections et que nous rapporterons : le premier, aux personnes capables de contracter une assurance ; le second, aux choses qui peuvent en être la matière, et le trosième, aux formes de notre contrat.

Section I

CONDITIONS EXIGÉES AU POINT DE VUE DES PERSONNES

Il s'agit de montrer ici à quelles conditions une personne est capable de faire assurer sa propre chose ou bien d'assurer celle d'autrui. Ces conditions ne sont pas les mêmes dans l'un que dans l'autre cas. Nous allons donc étudier d'abord la capacité de l'assureur, et ensuite celle de l'assuré.

§ 1. — *Qui peut assurer ou être assureur ?*

Nous savons que celui qui assure fait un acte de commerce, car il cherche le gain et la spéculation ; ce qui est le propre du commerçant. C'est pourquoi l'acte de l'assureur a des conséquences autres que celles d'un acte purement civil.

Première conséquence. — Ne pourront assurer les personnes qui sont incapables de faire des actes de commerce. Par ces personnes, il faut entendre d'abord, celles qui sont incapables de contracter, même civilement : les mineurs non émancipés et les interdits, et ensuite, celles qui, quoique pouvant faire certains actes de la vie civile, sont encore incapables de faire le commerce. Je veux parler du mineur émancipé qui peut faire des actes d'administration de pure, et de la femme mariée, qui peut toujours faire des actes purement conservatoires, et qui, lorsqu'elle est séparée de biens, est capable d'administrer sa for-tune. Toutefois, l'incapacité commerciale de ces dernières personnes n'est pas absolue; en remplissant certaines conditions, elles peuvent acquérir la capacité du commerçant. Ces conditions, le Code de com-merce les fait connaître (Liv. 1, T. 1); mais la matière est étrangère à notre sujet, et je me bornerai à constater que la femme mariée et le mineur émancipé, et qui est âgé de dix-huit ans accomplis, sont inca-pables de faire des actes de commerce, et, par tant, d'assurer; à moins toutefois qu'ils n'acquièrent cette capacité, en se conformant aux exi-gences de la loi commerciale.

Deuxième conséquence. — Il est interdit aux personnes auxquelles nos lois défendent de faire tous actes de commerce ou seulement certaines séries d'actes de commerce. Les magistrats de l'Ordre judiciaire, les officiers ministériels, par exemple, à qui il est défendu de se mêler de négoce, ne devront point se porter assureurs. Il faut en dire autant des personnes énumérées par l'art. 85 du Code de commerce, des courtiers et des agents de change. Ce sont des commerçants; mais comme dans l'Ordre commercial ils sont officiers publics, il ne leur est pas permis de sortir de leurs attributions. Ce n'est qu'en leur qualité de courtier ou d'agent de change qu'ils peuvent faire le commerce; ils ne pourront donc assurer. « Le motif de cette interdiction, c'est, dit Pothier, afin d'obvier aux fraudes et aux infidélités qu'ils pourraient commettre, en saisissant pour eux les occasions favorables qui se présentent de mar-chés avantageux, au préjudice de ceux qui leur confient leurs intérêts. »

Remarquez cependant que cette seconde conséquence ne constitue pas une incapacité, comme la première. L'incapable, en commerçant, fait un acte annulable; mais celui à qui il est interdit, à raison de sa pro-fession, de faire le commerce, tout, en enfreignant une défense, ne laisse pas de contracter valablement. En effet, son acte de commerce est valide; mais il attirera à son auteur une peine disciplinaire. Quant à l'agent de change devenu assureur, ou bien au courtier qui aurait pris un intérêt dans une police rédigée par lui ou par tout autre, comme il a violé une prohibition légale, formelle, il n'aurait aucune action en justice contre l'assuré, pour obtenir la *prime* qui lui a été promise; mais l'assuré, en cas de sinistre, serait fondé à poursuivre l'exécution de l'acte, et alors l'assureur pourrait déduire sur la somme due la *prime* que l'assuré lui doit encore et qu'il ne peut lui réclamer.

En résumé, on ne peut être assureur qu'aux trois conditions sui-vantes : 1° d'avoir la capacité de faire le commerce; 2° ou si on l'a, de ne pas être empêché de le faire par la profession libérale, ou par les fonctions judiciaires ou administratives que l'on exerce ; 3° et, si l'on est commerçant, de ne pas être officier public, courtier ou agent de change.

L'incapable qui assure, fait un acte annulable, et celui à qui il est *défendu d'assurer,* et qui cependant outrepasse la défense, fait un acte valable, mais il encourt une peine disciplinaire ; ou bien, s'il ne peut se prévaloir de son acte, il peut du moins être poursuivi par l'assuré, à l'égard duquel l'acte est pleinement valable.

§ 2. — *Qui peut faire assurer ?*

L'assuré fait un acte purement civil ; car il ne spécule pas, il ne court pas après le gain ; il se borne à prévenir une perte possible, à prendre des mesures conservatoires ; il ne fait autre chose que ce que fait un propriétaire ordinaire.

De ce que l'assurance, pour l'assuré, n'est point un acte de commerce, mais un acte de simple précaution, il suit que toutes les personnes capables de faire des actes de pure administration peuvent aussi faire assurer. En ont la capacité : les mineurs émancipés, par le seul fait qu'ils sont émancipés ; les femmes mariées, mais séparées de biens, car je ne pense pas qu'une femme commune puisse contracter les engagements d'un assuré, puisque ce dernier s'oblige ; et toutes les personnes à qui une loi quelconque interdit de faire totalité ou partie des actes de commerce.

On se demande si des créanciers peuvent, en vertu de l'art. 1166, faire assurer, v. g., le navire de leur client. La raison de douter, c'est qu'un créancier, qui peut faire des actes conservatoires, ne peut en rien aliéner la propriété de son débiteur, tandis qu'un assuré peut se trouver en état, en cas de sinistre, de faire le délaissement de sa chose. Or délaisser, c'est aliéner ; donc le créancier ne peut être assuré.

Cette objection n'est pas fondée. Il est bien vrai que le créancier ne pourra délaisser la chose de son débiteur. Mais l'action qu'engendre le contrat d'assurance, l'action qui est propre à ce débiteur en sa qualité d'assuré, n'est point l'*action en délaissement,* mais bien l'*action d'avarie,* en vertu de laquelle l'assureur est obligé d'indemniser sa partie des dommages qu'elle a éprouvés ; l'action, qui naît de l'assurance, est tout simplement une action en indemnité. Elle ne comporte ni délaissement ni aucune aliénation ; et, comme elle n'est pas « exclusivement attachée à la personne du débiteur, ses créanciers auront, en vertu de l'art. 1166, la faculté de l'exercer »

Quant à l'*action en délaissement*, elle est bien une conséquence du contrat d'assurance, mais elle n'en est pas l'action immédiate et directe. Elle n'est un droit pour l'assuré que dans certains cas déterminés par la loi, et alors elle n'est pour lui que facultative. L'assuré dispose toujours d'au moins une action, l'*action d'avarie;* mais quelquefois, il en a deux à son service : l'*action d'avarie* et l'*action en délaissement.* Il emploie l'une ou l'autre, à son gré. Quant aux créanciers, ils n'ont que la première, qui, du reste, leur suffit.

Un mandataire, investi seulement d'un mandat général, voire tacite comme l'est celui d'un *gérant d'affaires,* peut faire assurer la chose du mandant ou du propriétaire; l'assurance sera valable, si toutefois une ratification intervient avant le sinistre.

Il ne faut pas confondre le mandataire qui agit comme fondé de pouvoir et déclare le nom du mandant, avec le commissionnaire qui traite en son nom et devient responsable, comme s'il était l'assuré lui-même. Ce qui indique qu'il est commissionnaire, c'est que l'acte porte la clause : *se fait assurer pour compte.... d'un ami,* ou un autre semblable, sans indiquer le nom du commettant.

L'assurance *par commission* est aujourd'hui fort usitée. Le commissionnaire emploie, ainsi qu'il vient d'être dit, plusieurs formules, *v. g. : se fait assurer pour compte de qui il appartiendra,* etc. Le commissionnaire s'engage personnellement, il est directement obligé. Le commettant, en vertu des principes de la commission, reste inconnu aux assureurs. Ceux-ci n'ont en face d'eux que le commissionnaire, qui est leur débiteur, s'il n'a pas payé la *prime,* et qui peut devenir leur créancier, en cas de sinistre. Les assureurs n'ont aucune action directe contre le propriétaire de la chose assurée.

Lorsqu'il y a lieu pour le commissionnaire de poursuivre les assureurs, il doit justifier de l'existence de l'objet assuré, du sinistre, et que l'assurance n'était pas un pari; en conséquence il est obligé de révéler le nom du commettant, et c'est en cela que ce genre d'assurance déroge aux principes de la *commission.* Cependant il ne faut pas croire que la situation du commissionnaire soit changée par cette révélation, qui n'est exigée qu'afin que la légitimité de l'assurance soit bien établie. Pour les assureurs, l'assuré est toujours le signataire de la police d'assurance.

Dans la pratique, on ne révèle presque jamais le nom du commettant. Si le commissionnaire ne veut pas être personnellement obligé, il doit en faire la déclaration expresse au moment du contrat, sans que l'on puisse admettre aucune exception à cette règle. Sa responsabilité est telle, que, s'il est établi que l'assuré lui-même a été victime d'une insigne friponnerie, que le navire n'a jamais existé ; qu'il n'y a eu ni chargement, ni voyage, ni naufrage, ni autre sinistre, l'assureur peut, s'il a déjà payé la somme promise, la répéter au commissionnaire, de même qu'il a pu exiger de lui le paiement de la *prime*.

Cette doctrine n'a pas toujours été admise, souvent il a répugné à certaines Cours d'appliquer ici rigoureusement les règles de la commission commerciale. Aujourd'hui, tout le monde reconnaît que cette répugnance était arbitraire.

L'action en répétition dont il vient d'être parlé, est soumise à l'art. 432 et se prescrit par cinq ans. Quoi qu'on dise, elle résulte du contrat d'assurance.

Si le commissionnaire se portait assureur, l'assurance serait valable ; rien n'est moins douteux, si l'assuré ou le commettant ratifiait le contrat. Que si cette condition ne se réalise pas, parce que l'assureur aura gardé le silence, le contrat ne sera pas nul de soi ; mais le commettant pourra trouver dans la conduite du commissionnaire des raisons de le faire annuler.

L'assurance, faite par celui qui est à la fois le mandataire de l'assureur et le commissionnaire de l'assuré, n'est pas nulle ; l'usage du commerce l'autorise, quand elle a lieu de bonne foi. (Cas. ch. civ., *rej.*, 11 avril 1860.)

Si le commissionnaire a soin de se faire subroger aux droits de l'assureur, il pourra invoquer le privilége reconnu à l'assureur par le n° 10 de l'art. 191. (C. co.)

Les assurances *pour compte*, trouvent leur raison d'être dans ce fait qu'elles dispensent les assureurs de prendre aucun renseignement sur l'assuré, car le commissionnaire, qui leur est connu, le couvrira complètement à leur égard.

Les rapports de commettant à commissionnaire sont les rapports de mandant à mandataire. Ce dernier ne répondra vis-à-vis de l'assuré de l'insolvabilité de l'assureur, que s'il a pris cette responsabilité par convention expresse, ou s'il la connaissait à l'époque du contrat, ou si elle était notoire ; car dans cas, s'il l'ignorait, ce serait par sa faute.

Pour ce qui est de la capacité de l'assuré, il faut donc admettre, comme règle générale, que celui qui a intérêt à la conservation d'une chose, qui en court les risques, peut la faire assurer, peut en être l'assuré. Dans la section suivante, § 1, nous verrons les conséquences de ce principe.

Section II

CONDITIONS EXIGÉES AU POINT DE VUE DE LA CHOSE

Pour qu'une assurance soit valable par rapport à la chose qui en est la matière, il faut la réunion de ces quatre conditions : 1° Que la chose soit exposée à des risques; 2° qu'elle existe actuellement, c'est-à-dire au moment où les risques commenceront à courir; 3° qu'elle soit estimable à prix d'argent, et 4° enfin, que la valeur de cette chose ne soit pas inférieure au montant de la somme promise par l'assureur.

§ 1. — *Que la chose assurée soit exposée à des risques*

Une assurance est valable, s'il y a des risques ; telle est la première condition de l'existence de notre contrat. Les conséquences de ce principe se trouvent éparses dans notre titre dixième et dans les Recueils de jurisprudence ; nous allons en réunir ici les principales.

Conséquences négatives ou *cas de nullité*. — On ne peut faire assurer ce qui est déjà assuré. L'art. 359 le fait clairement entendre, lorsqu'il dit (§ 1) : « S'il existe plusieurs contrats d'assurance faits sans fraude sur le même chargement, et que le premier contrat assure l'entière valeur des effets chargés, il subsistera seul. » En effet, pour son propriétaire, une chose, une fois assurée tout entière, ne court plus aucun risque.

Il ne faut pas toutefois confondre l'assurance cumulative, qui est nulle, ainsi que nous venons de le voir, avec la réassurance ou assurance de la solvabilité de l'assureur; — deux espèces que nous étudierons plus loin.

La Cour d'Amiens — 22 février 1845 — a décidé que c'est une question de fait laissée à l'appréciation des Tribunaux, que de savoir si la seconde assurance constitue une assurance cumulative, auquel cas elle est nulle, ou seulement une reprise d'assurance pour garantir la solvabilité du premier assureur, auquel cas elle est valable. Ainsi, les juges peuvent ne pas s'en tenir au texte de la police et à la qualification qu'elle porte d'*assurance de solvabilité* ou *de reprise d'assurance*.

Seraient également nulles les assurances contractées par ceux qui ont pris des deniers à *la grosse aventure*. Pour eux, l'emprunt n'est exposé à aucun danger, puisque le sinistre, s'il se produit, les libérera. Mais il y a une autre raison, dit Pothier, de la nullité d'une pareille assurance, c'est qu'en faisant assurer la somme empruntée, il serait de l'intérêt de l'emprunteur, que la chose affectée au paiement de sa créance fût détruite ; ce qui pourrait donner lieu de sa part à des fraudes et à des manœuvres pour la faire périr. Un exemple fera saisir toute notre pensée : un négociant emprunte *à la grosse* 100,000 francs pour en acheter de quoi charger un navire. L'achat fait, l'emprunteur le fait assurer, puis il s'entend avec le capitaine du dit navire pour faire périr les marchandises assurées. En effet, on les embarque ; le capitaine part, et l'on apprend que la cargaison a été avariée ou jetée à la mer au milieu d'une tempête. Qu'arrivera-t-il ? Le prêteur *à la grosse* ne touchera pas une obole, tandis que son débiteur empochera, sans avoir rien déboursé, les 100,000 francs qu'il aura fait assurer, moins la *prime* seulement. Un tel résultat est évidemment immoral et criminel ; la loi le devait prévenir, en déclarant *nulles* toutes assurances contractées par l'emprunteur *à la grosse*.

Cette seconde raison est aussi un motif de la nullité prononcée contre l'assurance *cumulative*.

Il ne faut cependant pas confondre le cas que nous venons d'étudier avec celui-ci : un armateur a besoin de 150,000 fr. pour armer son navire ; il en emprunte *à la grosse* cent mille, et il fournit les cinquante autres de ses deniers. Dans ce cas, et dans tous les autres semblables, l'emprunteur pourra faire assurer ce qu'il a employé en dehors de l'emprunt, parce qu'il court risque de le perdre et qu'il n'est point intéressé à la perte de l'objet affecté à la créance du prêteur.

Conséquences positives ou *cas de validité*. — Le donneur *à la grosse* peut valablement faire assurer les sommes qu'il a prêtées (art. 334), puisqu'il est exposé à les perdre. Mais nous verrons que le profit maritime qu'il espère n'est pas susceptible d'être assuré.

« L'assureur, dit l'art. 342, peut faire assurer par d'autres les effets qu'il a assurés... » « Et la *prime* de réassurance, ajoute le Code, peut être moindre ou plus forte que celle de l'assurance. » Cela veut dire que cette seconde assurance est indépendante de la première, et que l'assureur peut la traiter comme bon lui semble. Et il ne fait là rien de blâmable ; en effet, si la seconde *prime*, celle qu'il paie, lui premier assureur, est inférieure à celle qu'il reçoit, il gagne, c'est vrai ; il spécule, c'est vrai ; mais cette spéculation ne porte pas sur les risques de mer, et il n'est pas intéressé à la perte des objets assurés, vu que les *primes* sont dettes certaines.

A propos de la réassurance, les commentateurs discutent deux questions importantes. La première est celle-ci : l'assuré primitif peut-il exercer une action directe et un privilége sur la réassurance ?

Lorsque parut le projet du Code de commerce, la Cour de Rennes fut d'avis d'exprimer textuellement la négative. Mais la commission » voulut pas se prononcer. Ce qui nous renvoie au droit commun et à la jurisprudence commerciale. En conséquence, il est bon de faire une distinction.

Si les assureurs sont délégués par l'assureur primitif à payer en 'son acquit la perte au premier assuré, et que celui-ci accepte cette délégation, alors le premier assuré acquerra action et privilége contre les réassureurs.

Dans le cas contraire, il faut dire avec Emerigon que le *premier contrat subsiste, tel qu'il a été concu, sans novation ni altération, et que la réassurance est absolument étrangère à l'assuré primitif, avec lequel le réassureur ne contracte aucune obligation.*

Voici la seconde question : L'assureur peut-il faire réassurer le total de ce qu'il a assuré? Ne doit-il pas déduire la *prime* qui lui est acquise, et pour laquelle il ne court aucun risque?

Il peut faire réassurer *la même somme qu'il a assurée lui-même;* ce n'est pas douteux. N'aurait-il pas, d'ailleurs, lui-même, une *prime* à payer?

Mais peut-il faire réassurer, outre le principal qu'il a assuré lui-même, la *prime* qu'il paie en sa qualité d'assuré, et la *prime* de cette *prime*, etc.?

Selon Emerigon, il le peut. Mais il est cependant plus sage de penser avec Valin et la plupart des auteurs, qu'une telle réassurance serait nulle, parce que, l'effet de cette clause étant d'obliger l'assureur à restituer le capital en entier, il en résulterait que, dans l'hypothèse que nous traitons, le réassuré recevrait 10,000 francs, si la première assurance é tai de pareille somme, et n'en payerait que 9,000. La réassurance lui procurerait donc un bénéfice de 1,000 francs, ce qu'elle ne saurait, dans aucun cas, autoriser. Du reste, l'art. 342 ne permet à l'assureur de faire réassurer par d'autres que les *effets qu'il a assurés;* et, personne n'en peut douter, l'article n'entend par *effets assurés* que la chose, marchandises ou navire.

Mais, n'en serait-il pas autrement, si l'assureur primitif avait lui-même assuré la *prime* qu'il reçoit, ce qui peut arriver, comme nous ne tarderons pas à le voir, et la *prime* de cette *prime*, en sorte que le premier assuré pût espérer en cas de sinistre, être complètement indemnisé de la perte de sa chose? Dans ce cas, l'assureur peut certainement faire assurer la *prime* et la *prime* des *primes*, parce que la réassurance ne lui procurerait pas le bénéfice, dont nous parlions plus haut.

L'assuré peut faire assurer le *coût* de l'assurance (art. 342) — ou la *prime*, parce que si la chose assurée périt, il n'en touchera la valeur ou la somme promise que moins la *prime*, v. g. : la chose assurée vaut

100,000 fr. et la somme promise est d'autant; mais la *prime* — à dix pour cent — s'élève à 10,000 fr. En cas de sinistre, l'assuré, s'il n'a déjà payé la *prime*, ne touchera que 90,000 fr. En définitive, il éprouvera toujours une perte, c'est-à-dire qu'il courra le danger de perdre 10,000 fr. Il lui sera donc loisible de les faire assurer. Aujourd'hui, il n'y a pas deux assurances, l'une pour la chose et l'autre pour la *prime;* la somme promise par l'assureur de la chose principale comprend, et la valeur de cette chose, et la *prime* elle-même. Exemple, la chose assurée vaut 50,000 fr., la *prime* serait de 5,000 fr., l'assureur promettra 55,000 fr. [1] C'est un usage généralement admis et qui n'est point illicite. Pourquoi y aurait-il deux assureurs, lorsqu'une assurance peut suffire?

Que si l'on critiquait l'assurance de la *prime*, sous prétexte que l'assuré ne court pas un vrai risque, puisque, à tout évènement, perte ou heureuse arrivée de la chose principale, l'assuré doit la payer à l'assureur; on répondrait qu'en cas d'heureuse arrivée, l'assuré ne perdra pas cette *prime*, puisqu'il en sera dédommagé sur le profit qu'il fera de ses marchandises, mais qu'en cas de sinistre, elle tombe en pure perte pour l'assuré, et que, par conséquent, il peut la faire assurer par l'assureur principal ou par un autre.

Si l'on fait une assurance séparée pour la *prime,* la *prime* dont on convient par le second contrat s'appelle *prime de la prime*. De même que l'on peut faire assurer la *prime* du premier par un second assureur, de même on peut faire assurer par un troisième la *prime* de *prime* du second contrat, et ainsi de suite. Remarquez aussi que l'assureur principal peut comprendre toutes ces assurances par un seul contrat. Exemple, ma chose vaut 100,000 francs, je la fais assurer à 10 pour cent de *prime;* la somme, qui m'est promise en cas de sinistre est donc, y compris toutes les *primes* assurées par le même contrat jusqu'à l'assurance de la *prime* de 100 francs, la plus petite somme que l'on assure ordinairement, cette somme, dis-je, est donc de 111,100 francs. La perte de l'assuré, en cas de sinistre, se réduira à 10 francs, la dernière *prime*, qu'à la rigueur, il peut encore faire assurer.

L'assurance des *primes* ne se présume jamais; elle doit ressortir, sinon explicitement, au moins implicitement de la police.

L'assurance de la solvabilité des assureurs est-elle licite? Le Code ne le dit pas; mais on peut s'en rapporter à l'Ordonnance (art. 20), qui l'autorise formellement. Personne ne doute, en effet, qu'un assuré ne

[1] La prime sera alors de 5,500 fr.

puisse exiger une caution de la part de ses assureurs ; comment donc lui serait-il interdit de se donner un garant d'une autre espèce ? Il ne fait pas autre chose.

Emerigon justifie ainsi cette garantie prise par l'assuré : « Par ce « moyen, dit-il (chap. VIII), sect. 15, l'assuré dissipe les craintes qu'il « a conçues au sujet de la solvabilité de son assureur. Il se procure une « espèce de fidéjusseur nouveau qui lui répond de la solvabilité du pre- « mier : PRO FIDEJUSSORE, *fidejussorem accipi, nequaquam dubium* « *est.* (Loi 8, § 12, au D., *De fidejus.*) »

Mais quelle est la portée de cette seconde assurance ; quel est le carac- tère de cette espèce de fidéjusseur ? Au fond, n'est-ce pas une caution, ou bien, au contraire, faut-il n'y voir qu'une assurance ?... La question présente de l'intérêt, quand on se demande si le second assureur pourra exiger qu'au préalable on discute la solvabilité qu'il assure, s'il ne pourra pas répondre aux instances de l'assuré : « C'est vrai, je suis votre assureur, je dois vous garantir de l'insolvabilité de *Primus*, mais à une condition, que vous l'ayez d'abord bien et dûment constatée. »

Il semble bien que ce raisonnement est juste et qu'il ne devrait pas être contesté. Cependant, à l'époque d'Emerigon, il avait des adversai- res ; et, aujourd'hui encore, quelques personnes hésitent à l'admettre.

Valin et Pothier accordent le bénéfice de discussion au second assu- reur. Mais Emerigon critique leur sentiment, en faisant observer qu'un pareil bénéfice n'est pas connu dans les *Tribunaux mercantiles*.

Si l'on admet que le second assureur est une *caution*, il faut re- connaître que cette critique est fondée. Mais s'agit-il bien ici d'un fidé- jusseur ? Pour moi, je ne le pense pas ; le second contrat n'est qu'une assurance conditionnelle. C'est là, du reste, ce qu'Emerigon expose très-bien. La première assurance, dit-il, subsiste telle qu'elle a été conçue dans le principe. Il ne s'opère ni novation, ni altération du pre- mier contrat. Le premier assureur et celui qui assure la solvabilité de ce premier assureur ne deviennent pas cofidéjusseurs — *cofidejussores non erunt*, — parce que chacun d'eux est lié par une stipulation parti- culière, — *quia diversarum stipulationum fidejussores sunt*, pour me servir des paroles de la loi 43 (au D., *De fidéjuss.*). D'où il suit que l'assurance de la solvabilité de l'assureur est totalement étrangère à celui-ci. La solvabilité de l'assureur forme la matière d'une assurance nouvelle. Le second contrat est totalement distinct du premier, et n'in- téresse en aucune manière l'assureur, dont la solvabilité est assurée.

Santerna observe très-bien que celui qui assure la solvabilité des assu- reurs, ne devient pas *caution* de ceux-ci, puisqu'il ne s'oblige pas en

actuellement, l'acquisition en est même très-incertaine. Mais comment se produit cette incertitude? Aux termes de l'art. 302, *aucun fret n'est dû pour les marchandises perdues par naufrage, échouement*, etc., *à moins de convention contraire*.... Si les parties ne stipulent pas le contraire, le fret est dû sous condition; on ne peut donc pas dire qu'il existe dores-et-déjà.

Par fret *acquis*, on peut entendre plusieurs sortes de frets. Il y a fret *acquis*, lorsque le voyage pour lequel il était promis, a été accompli, et alors il est gagné et payé. On dit encore que le fret est *acquis* lorsque le chargeur le paie au jour du contrat ou tout au moins avant la fin du voyage et renonce à le répéter, quoi qu'il puisse arriver. Il est enfin *acquis* lorsque l'affréteur s'engage à le payer à tout évènement.

Quel qu'il soit, du reste, l'armateur ne courant plus aucun risque de le perdre, le fret *acquis* n'est pas ordinairement susceptible d'être assuré. Cependant si le capitaine, l'ayant perçu, l'avait embarqué, soit en nature, soit après l'avoir converti en marchandises, comme il serait exposé à périr comme toutes les choses qui sont dans le navire, comme le vaisseau lui-même, il pourrait être assuré, et l'assurance ne serait qu'une assurance ordinaire.

Voici un cas où, tout en restant fret, il peut devenir l'objet d'une assurance de la part de l'armateur ou du capitaine:

Un vaisseau a été frété pour une destination convenue, moyennant un fret déterminé, avec faculté ou de décharger à cette destination, ou de prolonger le voyage jusqu'à un port plus éloigné; un fret plus élevé est stipulé dans cette prévision. Le navire parvenu à la première destination, le fret est *acquis*, en ce sens que le capitaine peut l'exiger en opérant le déchargement. Mais si, désireux de gagner le fret le plus fort, il continue sa route, tout est remis en question, de telle sorte que le navire venant à périr dans ce nouveau trajet, il n'est dû absolument aucun fret. Cependant, quoiqu'il n'opère pas le déchargement, on considère comme *acquis* le fret qu'il aurait pu se faire payer en débarquant les marchandises, et, comme en continuant le voyage, il s'expose à le perdre, je crois qu'il peut le faire assurer, attendu que l'on admet généralement que le capitaine peut céder le nouveau risque que son fret va courir, et le rendre la matière d'un emprunt *à la grosse*.

Mais examinons maintenant quel est le pouvoir du chargeur par rapport au fret *acquis*, c'est-à-dire au fret qu'il a payé ou qu'il s'est engagé à payer *à tout évènement*. M. Bédarride avoue que « ce fret constitue un déboursé réel dont la perte du navire fait perdre irrévocablement le profit; mais il résiste à partager l'opinion de ceux qui permettent de le faire assurer, *à cause des fraudes nombreuses dont l'assurance pourrait devenir l'occasion et auxquelles les assureurs n'auraient aucun moyen d'échapper....* « Assez de dangers, ajoute-t-il, menacent les assureurs pour qu'on n'aille pas en grossir le nombre. »

Qu'importe la fraude ou la mauvaise foi! Si le contrat en est entaché, ceux qui en ont été victimes, les poursuivront et les feront punir. *Trop de dangers menaceraient les assureurs....* Mais qui peut mieux en juger que les assureurs eux-mêmes? S'ils acceptent les propositions de l'assuré, c'est qu'ils pensent autrement que M. Bédarride. Les fraudes, la mauvaise foi, les dangers, sont l'affaire des assureurs; la nôtre est de voir si la convention dont il s'agit est contraire à notre loi commerciale ou aux principes de notre contrat d'assurance. Eh bien! est-elle prohibée d'une façon quelconque par l'art. 347? Non; M. Bédarride le reconnaît lui-même, puisqu'il est obligé, pour soutenir son opinion, de recourir à des considérations extra-juridiques. Nous dirons donc que le chargeur peut faire assurer le fret *acquis,* parce qu'en cas de sinistre, il éprouvera une perte réelle, en perdant les dépenses qu'il a faites pour le chargement et dont le fret faisait partie.

2° *Le profit espéré des marchandises;*

3° *Les loyers des gens de mer;*

4° *Les profits maritimes des sommes prêtées à la grosse.*

Notre principe, *que la chose assurée existe actuellement,* etc..., s'applique également à ces choses. « L'Ordonnance, dit Pothier, défend bien de faire assurer le *profit espéré* des marchandises, tant qu'il n'est qu'espéré, mais lorsque le profit est fait et *acquis,* le marchand peut le faire assurer contre le risque qu'il court de ne pas le conserver. Par exemple, si un marchand, qui a fait assurer pour le voyage et pour le retour une cargaison de la valeur de cinquante mille livres, qu'il avait sur un navire destiné pour le cap Saint-Domingue, a eu avis que ses marchandises arrivées au cap ont été vendues avec un bénéfice très-considérable, et que ce qui en est provenu, chargé en retour, est de valeur de cent mille livres, il peut faire assurer les cinquante mille livres qu'il a d'augmentation; car c'est un profit fait et acquis. » Ce qui était assuré pour l'aller et le retour, c'est la cargaison. Au moment du contrat, elle valait cinquante mille livres; mais à la suite de ventes ou d'échéances, faits au cap ou ailleurs, la valeur en a augmenté; cette augmentation ou ces augmentations, qui sont des profits, peuvent être, à mesure qu'elles se produisent, l'objet d'une assurance.

9

Que si les loyers des matelots, le profit espéré des marchandises et le profit maritime, avaient été réalisés et payés, et si ces valeurs restaient à bord, soit parce que celui qui les a gagnées s'y trouve, soit parce qu'elles y ont été laissées comme en dépôt, le voyage n'étant pas terminé, le propriétaire, marchand ou matelot, répondrait des cas fortuits et en conséquence pourrait valablement les faire assurer.

Dans la pratique, on assure le *fret à faire et le profit espéré;* on n'ignore pas que de pareilles assurances sont nulles aux yeux de la loi; mais les intéressés considèrent leurs obligations comme *dettes d'honneur,* et s'exécutent toujours.

Pourrait-on regarder les conventions faites en fraude de l'art. 347 comme de simples paris et leur appliquer les dispositions de l'art. 1967? Je ne le pense pas; car l'art. 347 est formel : il prononce la nullité sans aucune réserve. Le contrat sera donc nul, c'est-à-dire non avenu, et il ne produira aucun effet — *ex nihilo nihil.* La nullité, du reste, est ici d'ordre public.

Dans tous les cas, dit M. Bédarride, où la nullité est encourue aux termes de l'art. 347, cette nullité ne s'applique qu'aux stipulations relatives aux objets prohibés. La police n'en est pas moins maintenue pour tous les engagements ayant une cause juste et légitime. Ainsi, si l'armateur a compris dans la valeur assurée le montant du fret ou les loyers des gens de mer; si, de son côté, le chargeur a tenu compte du profit espéré, ou si le prêteur *à la grosse* a cumulativement assuré le capital et le profit maritime, le contrat n'est pas absolument nul. Il est seulement réductible à la seule valeur du navire, de la cargaison ou du capital prêté. (Bordeaux, 20 août 1835.)

L'Ordonnance veillait avec le plus grand soin à ce que l'assuré fût oujours intéressé, malgré l'assurance, à la conservation de sa chose. C'est pour cela que les articles 18 et 19 s'exprimaient ainsi :

« Les assurés courent toujours risque du *dixième* des effets qu'ils auront assurés, s'il n'y a déclaration expresse dans la police qu'ils entendent faire assurer le total;

« Et si les assurés sont dans le vaisseau, ou qu'ils en soient les propriétaires, ils ne laisseront pas de courir le risque du *dixième,* encore *qu'ils aient déclaré faire assurer le total.* »

Valin et Pothier observent que, dans l'usage, on contrevenait souvent à la fin de l'art. 19. Il est vrai que les exigences de l'Ordonnance étaient outrées et gênantes pour le commerce. Le Code, mieux avisé, n'a maintenu ni l'un ni l'autre de ces deux articles.

§ 3. — *Que la chose assurée soit estimable à prix d'argent* (art. 334, *in fine*). — Conséquences :

1re — Peuvent être assurés, le navire, ses accessoires, les marchandises du chargement, et, ajoute l'art. 334, *toutes autres choses ou valeurs* ESTIMABLES A PRIX D'ARGENT. Cette dernière disposition rend inutile le détail contenu dans notre article. Il suffisait de poser le principe, car l'application ne présente aucune difficulté. Le Code à préféré reproduire l'art. 7 de l'Ordonnance. Il est vrai que celle-ci avait un motif plausible pour renfermer les diverses énonciations qui la composent. Avant sa promulgation, on suivait en France le droit établi par les meilleures lois étrangères ; or, le Règlement d'Anvers défendait d'assurer le navire vide, et celui d'Amsterdam les armements et victuailles. Si l'on voulait abroger cette législation, il fallait bien s'en expliquer.

Par rapport à l'objet assuré, il y a trois sortes d'assurances : 1° l'assurance sur *corps ;* 2° l'assurance sur *facultés,* et 3° l'assurance sur *corps et facultés.*

1° *Sur corps.* — Elle comprend le navire, ses agrès et apparaux, l'armement et les vivres. Dire, *j'assure le corps*, ou dire, *j'assure la quille* ou *le navire*, c'est toujours contracter la même assurance, sauf pourtant convention contraire ; car on pourrait séparer l'objet principal de ses accessoires et même ne faire assurer qu'une partie de ces derniers, les vivres par exemple, ou bien les agrès et apparaux.

L'art. 334 dit *navire armé ou non armé ;* il fait allusion aux navires armés en course. Ce genre de commerce tend à disparaître et n'est pour ainsi dire plus en usage. Quoiqu'il en soit, si l'on faisait assurer un navire, sans déclarer qu'il est armé, qu'il va faire la guerre et partant qu'il va courir plus de dangers que n'en court un navire ordinaire, l'assuré se rendrait coupable d'une réticence qui annulerait le contrat comme nous le verrons plus loin. Le résultat serait le même s'il déclarait que son navire est armé et qu'il ira accompagné, et que cependant il ne fut point escorté ; ce serait là une fausse déclaration, prévue et punie, comme la réticence, par l'art. 348.

« Par *armements*, il faut entendre, dit Emerigon, les provisions de guerre et de bouche et tous les frais faits jusqu'au départ. » Les *agrès* désignent tout ce qui tient à la mâture et l'outillage du navire ; les *apparaux* comprennent les agrès, plus l'armement, proprement dit, comme l'artillerie, etc.

2° *Sur facultés.* — On entend par *facultés* toute la cargaison, y compris la pacotille. Mais si les contractants avaient procédé par voie d'énumération, l'assurance ne porterait que sur les choses énumérées. On peut assurer les marchandises ou les *facultés chargées ou à charger;* l'assurance comprend alors tout le chargement, fait ou encore à faire au moment de la signature du contrat. Elle ne s'appliquerait aux marchandises prises dans le cours du voyage que s'il y avait eu sur ce point une stipulation expresse.

« L'assuré, dit M. Bédarride, a la faculté de faire assurer une somme déterminée sur toutes les marchandises en *quoi que le tout consiste* ou *puisse consister,* chargées ou à charger pendant un tel espace de temps, dans tel lieu et pour telle destination. Une police de ce genre constitue *une police flottante.* »

Si les parties ont fait une pareille assurance, la responsabilité de l'assureur commence dès que les marchandises sont chargées, sans que l'assuré soit tenu de faire la déclaration successive de chaque chargement, et ce dernier n'a le droit de ne rien distraire de ce qui a été chargé, ni à titre de déchargement, ni pour le rendre l'objet d'une seconde et nouvelle assurance.

3° *Sur corps et facultés.* — Cette assurance, qui embrasse à la fois le navire avec ses accessoires et le chargement tout entier, est faite conjointement ou séparément : *séparément,* si la police mentionne deux sommes, l'une pour le corps et l'autre pour les *facultés; conjointement,* si les parties sont convenues d'une somme unique pour le tout (art. 335). L'assurance faite *séparément* ne présente aucune difficulté. Quant à l'assurance *conjointe,* la somme est imputable moitié au navire, moitié à la cargaison.

Ainsi, quoique faite *conjointement,* dit M. Bédarride, l'assurance n'en est pas moins divisible ; on peut donc, le cas échéant, l'annuler en ce qui concerne le vaisseau et la maintenir pour la cargaison, ou réciproquement.

2me. — L'Ordonnance (art. 10) défendait de faire aucune assurance sur la vie des personnes. En tant qu'assurance maritime, un pareil contrat serait encore nul. Pas plus pour le Code que pour l'Ordonnance, la vie des hommes libres n'est *chose estimable à prix d'argent,* et aujourd'hui il n'y a plus que des hommes libres.

Quant à l'assurance sur la liberté, elle a pour objet moins d'indemniser du préjudice de sa privation que de fournir le moyen de la reconquérir.

L'assurance de marchandises prohibées par la loi française serait
nulle, et si lesdites marchandises avaient été confisquées, l'assureur ne
serait point obligé d'en rembourser la valeur, car elles auraient péri
par la faute personnelle de l'assuré ; tous les auteurs sont d'accord sur
ce point.

Mais en serait-il de même, si l'assurance était de marchandises prohibées à l'étranger ? La doctrine est partagée. Ceux qui enseignent l'affirmative disent que la morale y est intéressée ; car, un État qui a le droit
et le devoir de se faire respecter soit au dedans, soit au dehors, ne peut
permettre ni même tolérer que ses sujets trouvent chez lui les moyens
d'enfreindre les lois d'un autre État avec lequel il vit en paix. On répond
que la question n'est pas une question de morale politique, internationale
ou autre, mais bien une question de droit. Eh bien ! en matière de droit
pénal, il est de règle que *ce qui n'est pas défendu est permis* ; or, notre
loi pénale ne prohibe nulle part la convention dont il s'agit, le reste de
notre législation n'en dit pas un mot ; donc la susdite assurance sera
valable. (Cour d'Aix, 30 août 1833. — Cass., rejetant le pourvoi formé
contre ledit arrêt, 25 mars 1835.) Seulement l'assuré devra prévenir
les assureurs de la nature des marchandises ; car, 1° leur *prohibition*
est *un vice propre* de la chose dont les assureurs ne seront pas tenus,
à moins qu'ils ne s'en soient formellement chargés (art. 352), et 2° comme
ladite *prohibition* fera courir aux marchandises de nouveaux risques,
son omission constituera une réticence de nature à diminuer l'opinion
du risque, qui par conséquent annulerait l'assurance (art. 349).

§ 4. — *Que la valeur de la chose assurée ne soit pas inférieure*
au montant de la somme promise par l'assureur.

Cette condition est une suite d'un principe que nous avons déjà rapporté, *qu'on ne peut faire assurer qu'autant qu'on risque de perdre.*
Nous allons en étudier les conséquences avec plus de détails.

Que la valeur de la chose assurée, etc. — Il s'agit de la valeur que
la chose assurée avait au moment de la signature du contrat.

Appliquons la règle énoncée sous forme de condition :

1° Primus a fait assurer sa chose pour une somme de 100,000 fr. Si
la valeur de la chose égale la somme, l'assurance est régulièrement
faite ;

2° Si l'objet assuré ne valait pas 100,000 francs, le contrat ne saurait
être valable, du moins pour le tout. Il faut distinguer plusieurs espèces :
A. Il n'y a qu'une assurance et qu'un seul assureur ; B. Il n'y a qu'une

assurance, maisil y a plusieurs assureurs; C. Il y a plusieurs assurances.

Il y a un autre distinction à faire, distinction qui domine cette matière et que voici : l'assuré a agit de *bonne* ou de *mauvaise foi*, il ignorait ou il connaissait la valeur de sa chose. S'il était de *bonne foi*, l'assurance subsiste, mais seulement jusqu'à concurrence de la valeur des effets chargés, et pour l'excédant le contrat est nul. (V. le Chap. II, § 3.)

Si l'assuré a agi frauduleusement, l'assurance est nulle, mais seulement dans l'intérêt de l'assureur, l'assuré n'en paiera pas moins la *prime*, et la *prime* promise.

D'après ces lois, exposées dans les art. 357 et 358, réglons maintenant les différents cas que nous avons posés :

A. *Il n'y a qu'une assurance et qu'un assureur.* — La valeur de la chose assurée est de 100,000 fr., et la somme promise de 150,000 fr. Si Primus a agi sciemment, il ne recevra rien en cas de sinistre, et quoi qu'il arrive, il devra payer la *prime*, s'il ne l'a déjà fournie.

S'il était de *bonne foi*, en cas de sinistre l'assureur sera son obligé, mais seulement pour la somme de 100,000 fr.; en d'autres termes, de part et d'autre l'assurance ne sera valable que jusqu'à concurrence de la valeur de la chose assurée. Cependant, si l'assuré n'est pas tenu de payer la *prime* de cet excédant de valeur, il n'en devra pas moins l'indemnité de *demi pour cent,*

B. *Une seule assurance et plusieurs assureurs.* — Par exemple, l'objet assuré valait 45,000 fr. Secundus a promi 30,000 fr.; Tertius, 15,000, et Quartus 15,000. Si l'assuré connaissait l'exacte valeur de sa chose, chacun des assureurs aura droit à la *prime* qui lui a été promise, et l'assurance sera nulle à l'égard de l'assuré Primus. C'est-à-dire que le contrat ne lui sera en aucun cas d'aucune utilité.

S'il était de *bonne foi*, le total des sommes promises étant de 60,000 fr., tandis que la chose assurée n'en valait que 45,000, une diminution de 15,000 sera répartie entre les trois assureurs au *prorata* de leurs engagements. Ainsi Secundus, ayant promis la moitié de la somme assurée, paiera, en cas de sinistre, la moitié de la valeur réelle de la chose, c'est-à-dire 22,500 fr.; et partant il aura bénificié d'une diminution de 7,500 fr., et *sic deinceps.* Le règlement des *primes* se fera dans les mêmes proportions.

C. *Il y a plusieurs assurances.* — Peu importe qu'elles aient été consenties par le même assureur ou par plusieurs. — Si Primus, qui avait sur un vaisseau des marchandises de la valeur de 45,000 fr., les a fait assurer, par un premier contrat, jusqu'à concurrence de 15 mille, par un second jusqu'à concurrence de 20 mille et par un troisième jusqu'à concurrence de 30 mille, les deux premières assurances doivent toujours subsister, mais la dernière, si Primus a traité de *mauvaise foi*, sera nulle tout entière contre lui, qui devra néanmoins toute la *prime* convenue. Que s'il a contracté, au contraire, de *bonne foi*, la troisième sera valable jusqu'à concurrence de 10,000 fr.

Si les deux premiers contrats assuraient la valeur réelle des objets chargés, le dernier serait annulé tout entier ; cependant cette nullité aurait des effets différents, suivant que l'assuré aurait ou non connu la valeur de sa chose. S'il l'avait ignorée, il ne devrait au troisième assureur que l'indemnité de demi pour cent ; s'il l'avait connue, il lui devrait toute la *prime* promise. On classe les assureurs, en suivant, dit l'art. 359, l'ordre de la date des contrats.

L'application de l'art. 359 suppose que les polices, entre lesquelles il faut prononcer, sont toutes parfaites et exécutoires. Celles qui au moment du sinistre ou de la fin des risques n'auraient pas reçu leur perfection, quelle que fut leur date, seraient *ristournées* avant toutes autres. Il faut même dire qu'elles seraient nulles, non avenues, puisque elles n'ont jamais réellement existé du temps des risques.

Le concours, dont notre article règle les effets, doit nécessairement exister au moment du sinistre ou de l'heureuse arrivée du navire ; peu importerait qu'il eût existé à une époque quelconque, s'il avait cessé avant l'évènement.

Les assurances, souscrites après celles qui représentent la valeur entière du risque, doivent être totalement ristournées, c'est là une règle générale et absolue. Il est cependant un cas ou le ristourne ne devrait être que proportionnel ; c'est le cas où chaque police, la première comme la dernière, portait sur une part aliquote du risque.

Il est encore bon d'observer que l'art. 359 n'est applicable que lorsque la différence de valeur entre le chargement et les diverses polices tient uniquement à *l'absence de mise en risque* des marchandises constituant cette différence. C'est pour cela que le fait donnant lieu au *ristourne*, est considéré comme la rupture volontaire du voyage avant le risque commencé, et en produit les effets

D'ailleurs, que l'un ou l'autre des trois cas ci-dessus énoncés se présente, si l'assuré *à cause de sa bonne foi* ne doit *qu'une partie de la prime* ou n'en doit absolument rien, parce que le contrat est absolument nul, il n'en sera pas moins tenu de payer l'*indemnité de demi pour cent.*

Lorsque l'assurance ou l'une des assurances est annulée à cause de la *mauvaise foi* de l'assuré, l'art. 357 dit que le contrat est nul à l'égard de l'assuré seulement. C'est inexact : l'assurance est nulle tout entière et de part et d'autre ; la *prime* que l'assuré doit payer à l'assureur, n'en est pas une, ce n'est qu'une indemnité ; l'assureur, dit M. Bédarride, reçoit la *prime* à titre de dommages-intérêts conventionnels. Quels que soient les termes de l'art. 357, cela ressort des *travaux préparatoires.* En effet, l'Ordonnance prononce (art. 22) la nullité sans aucune réserve et la confiscation des marchandises. On trouvait que cette peine était trop forte et n'offrait aucun dédommagement à la *bonne foi* de l'assureur. On convint alors que la peine de la confiscation serait abolie, et que l'assuré recevrait une indemnité. La Cour de cassation proposait comme indemnité suffisante le *demi pour cent.* Mais on représenta l'insuffisance de cette allocation, parce qu'il est indispensable, disait-on, de traiter l'auteur du dol ou de fraude plus sévèrement que l'assuré qui romprait le voyage de *bonne foi* et par nécessité. En conséquence, on admit comme chiffre de l'indemnité celui qui résultait de la *prime* convenue.

L'art. 357 dit : un contrat d'assurance ou de *réassurance,* etc.; l'assureur, qui a assuré pour une somme supérieure à la valeur de la chose assurée, fera *réassurer* pour une même somme, et le réassureur pourra demander le *ristourne* tout comme le premier assureur. Du reste l'existence de la seconde police dépend de celle de la première. Si le premier assuré est déclaré avoir agi de *mauvaise foi,* si l'assurance est nulle, la réassurance le sera aussi, lors même que le réassuré aurait été de la meilleure foi du monde. Ainsi Primus a pris un risque de 12,000 fr., et il s'est fait réassurer pour 6,000 fr; plus tard, la première police est annulée pour cause d'*exagération frauduleuse,* Primus, quoi qu'il arrive, n'aura rien à payer, et la *prime* des 12,000 fr., lui sera due. *Quid* de la réassurance ? Primus, en cas de sinistre, n'aura rien à réclamer du réassureur; mais devra-t-il lui tenir compte de la *prime* de 6,000 fr? M. Bédarride le pense, mais sans justifier son opinion. Pour moi, je ne le crois pas; la réassurance est un contrat distinct de l'assurance, le réassureur n'a pour assuré que Primus, c'est avec lui qu'il débattra l'annulation de son contrat. Or Primus a été de *bonne foi*; donc il ne devra au réassureur que l'indemnité de demi pour cent.

Si l'assureur n'agit pas contre l'assuré pour obtenir la réduction ou même l'annulation de l'assurance, le réassureur n'est pas tenu de garder le silence; il peut prendre les devants, intenter l'action en exagération, et l'a suivre, sinon contre l'assuré primitif, au moins contre le réassuré.

Section III

CONDITIONS EXIGÉES AU POINT DE VUE DE LA FORME

Dans ce troisième groupe de conditions, les unes sont purement de forme et dites *extrinsèques*, mais les autres tiennent au fond du contrat et sont *intrinsèques*.

§ 1. — *Conditions de forme extrinsèques.*

« Le contrat d'assurance, dit l'art. 332, est rédigé par *écrit...* » L'Ordonnance employait le futur au lieu du présent, et ajoutait : *et pourra être fait sous signature privée.* C'est également ce qu'enseigne le Code.

En général les polices d'assurance sont rédigées d'après l'usage de chaque place maritime. Elles sont dressées par des notaires ou des courtiers d'assurance, ou bien par les parties elles-mêmes. Si elles se trouvent à l'étranger, elles peuvent s'adresser à la chancellerie du consulat français, ou bien adopter les formes prescrites par la loi du pays qu'elles habitent momentanément.

Selon la Cour suprême (7 février 1833), la mission du notaire à l'endroit des polices d'assurance, est exactement la même que celle des courtiers : ils peuvent comme eux, s'immiscer dans les négociations qui précèdent et préparent une assurance ; ils peuvent rédiger et certifier les polices dans la même forme que les courtiers ; la loi du 25 ventôse an XI n'a pas trait aux assurances ; la tenue du registre prescrite aux courtiers par l'art. 84, et sur lequel ils doivent consigner dans la forme requise toutes les polices qu'ils reçoivent, est également obligatoire pour les notaires ; en d'autres termes, les notaires, par rapport aux polices d'assurance, ont les mêmes pouvoirs et sont tenus des mêmes obligations que les courtiers.

Art. 333. « La même police peut contenir plusieurs assurances, soit à raison des marchandises, soit à raison du taux de la *prime,* soit à raison de différents assureurs. Avant le Code, sous l'empire même de l'Ordonnance, cette dernière faculté de faire souscrire, sur la même police, plusieurs assurances par différents assureurs, n'était pas sans présenter des inconvénients. En effet, supposez plusieurs contrats ainsi souscrits dans la même police et datés seulement du même jour ; qu'arrivera-t-il s'il faut *ristourner?* Faudra-t-il conserver intactes les premières assurances, et réduire celles qui sont vers la fin de la police ; ou bien faudra-t-il les considérer toutes comme ayant été souscrites au même instant?

On discutera, la doctrine et la jurisprudence seront partagées et d'oné-reux procès s'en suivront. C'est pourtant ce qui se passait avant la promulgation de notre loi commerciale, et ajoutons, ce qui peut encore se passer ; car le Code n'a remédié au mal qu'à demi. Il prescrit bien d'énoncer dans l'acte, s'il est souscrit *avant* ou *après midi*, mais cela est insuffisant ; c'est l'indication de l'heure même de la souscription qu'il fallait prescrire. Heureusement l'usage supplée au silence de la loi ! .

La date sert encore à établir ou à combattre la présomption de l'art. 366, et la prescription quinquennale de l'art. 432.

L'assurance qui ne porterait pas la mention *avant* ou *après midi*, n'en serait pas moins valable ; cependant quelques auteurs pensent avec raison, que l'assurance datée de *l'après midi,* serait préférable à celle datée du même jour sans autre indication, parce que la première doit profiter de son exactitude à vêtir les dispositions de la loi.

L'omission de toute date n'entraîne pas la nullité de la police, car la loi ne la prononce pas. Cependant, vis-à-vis des tiers, elle rendrait la police irrégulière et lui ferait refuser tout privilège pour la *prime.*

Lorsqu'un négociant veut faire assurer un risque important, il charge un courtier ou bien un notaire d'ouvrir une police, c'est-à-dire de proposer aux assureurs qui viennent dans son bureau un contrat qu'il a rédigé d'après le vœu du commerçant, ou ce qui arrive le plus souvent, qui a été imprimé d'avance et où le courtier n'a eu qu'à mettre les indications particulières que l'assuré est tenu de faire. Le premier assureur qui se présente signe et date la police. Mais ceux qui viennent ensuite datent leur souscription ou s'en abstiennent. Dans le premier cas, il y a autant de polices distinctes qu'il y a de dates différentes. Dans le second, il n'y a qu'une police contenant plusieurs engagements n'ayant tous qu'une seule date, celle du premier.

Mais parmi les souscriptions qui suivent la première, les unes peuvent être datées et les autres ne l'être pas ; V. G. : Primus, le premier signataire a daté *du 1er avril,* Secundus ne l'a point fait, Tertius a souscrit *le 5 avril,* Quartus a signé sans dater. Il est évident que Tertius a ouvert une nouvelle police, mais *quid* des signatures de Secundus et de Quartus ? La première se rapportera à la première police et en aura la date ; la seconde appartiendra à la police de Tertius et sera censée datée du 5 avril. Ordinairement ceux qui se présentent après le premier assureur ne datent pas. Mais si, pour des motifs particuliers, un assureur voulait, après une date déjà indiquée, signer son engagement du jour où il le souscrit réellement, on est dans l'habitude, le cas échéant, de faire une police nouvelle.

Quand une police ne porte ainsi qu'une seule date, quoiqu'elle soit restée plusieurs jours ouverte, le courtier en fait la clôture à la date mise par le premier assureur.

Suivant l'art. 332, la police ne peut contenir aucun *blanc*. Mais quelle est la sanction de cette prohibition? Le motif du silence de la loi est évident : elle n'a pas voulu édicter une peine qui devait être ici la conséquence non du fait lui-même, mais de sa nature. Or, comme cette nature peut varier à l'infini, c'est au juge, et non à la loi, à voir si le fait, si le *blanc* est de nature à faire prononcer la nullité. Les *blancs*, en effet, peuvent porter sur des clauses indifférentes, sans importance aucune; la police ne devra donc être annulée que lorsque les *blancs* porteront sur des points essentiels au contrat, qu'on n'aura pu omettre sans ruiner la convention ou la preuve que l'acte doit fournir. Ainsi l'ont jugé le Tribunal de commerce de Marseille et la Cour d'Aix. — (Aix, 29 avril 1823).

M. Ribéreau pense que la police n'aura jamais la même force probante que si elle avait été faite régulièrement, à moins pourtant que l'omission ne fût tout-à-fait insignifiante.

Que s'il résultait quelque dommage, pour les parties, du *blanc* laissé par les courtiers et notaires, ceux-ci seraient tenus de le réparer en vertu de l'art. 1382.

Le notaire ou courtier, dit Emerigon, est un véritable greffier des assurances, et l'instrument qu'il rédige est un procès-verbal. Sa signature constate l'accord des parties; mais celle de l'assureur valide la police et rend l'accord définitif. Jusqu'à ce que l'assureur ait signé, l'acte rédigé par l'officier public n'est qu'un projet d'assurance. La signature de l'assureur est tellement le complément essentiel et définitif d'une assurance qu'on refuse à ce contractant, tant qu'il a la police et la plume à la main, le droit, soit de biffer sa signature, soit d'amoindrir la somme pour laquelle il vient de souscrire. Dès qu'il a signé, il est irrévocablement engagé, et, s'il veut faire des renvois, additions ou ratures, il ne le peut qu'en présence et au su de l'assuré. Lorsque l'assureur, après avoir souscrit une police, veut en modifier la teneur, il fait un *avenant*, c'est-à-dire qu'à la suite de sa signature et du consentement de sa partie il exprime la modification qu'il veut introduire dans l'acte, et lui et l'assuré signent cette nouvelle clause.

Dans l'usage, ces différentes règles ne sont pas cependant toujours absolues. Quand un courtier se sert de feuilles imprimées d'avance, ce qui arrive très-souvent, l'assureur peut bien vouloir déroger aux conditions générales et légales que renferment les *imprimés*. Dans ce cas, ira-t-on en prévenir l'assuré ? Non ; mais avant de signer, l'assureur exprimera la dérogation qu'il fait aux articles qu'il repousse, et apposera ensuite sa signature. Après la clôture de la police, l'assuré revient et retire la police ; cette acceptation équivaut à un consentement formel et le lie définitivement ; il y a même plus, les modifications stipulées par le premier assureur, profitent à tous les assureurs subséquents qui n'ont pas déclaré les répudier ; et cela tant contre l'assuré qu'à son profit.

La signature de l'assuré n'a pas d'importance, et il est d'usage de ne pas l'exiger. L'original de la police est remis à l'assuré, et en l'acceptant, il indique suffisamment qu'il est d'accord avec l'assureur. C'est ainsi que se passent les choses, quand l'acte est reçu par un notaire ou un courtier ; cependant il faut avouer que cette pratique livrerait l'assureur à la discrétion de l'assuré, quant à la production de la police, si la loi n'avait heureusement prévu l'inconvénient, en exigeant que l'officier public, notaire ou courtier, tienne un livre conformément aux art. 11 et 84 du Code de commerce. L'assuré ne refusera de produire la police que dans le cas où, après l'heureuse arrivée, les assureurs lui demanderont de payer la *prime ;* mais alors leur prétention sera pleinement justifiée par l'extrait dudit livre. Cette production est d'autant plus importante que l'art. 192 (n° 8) y attache, tout comme à la présentation même de la police, le privilége, que l'art. 191 (n° 10) accorde à l'assureur.

Nous savons que les polices peuvent être faites sous seing privé ; dans ce cas, devront-elles être signées par l'assuré ? L'affirmative ne nous paraît pas douteuse, et nous pensons même que les parties devront se conformer à la règle tracée par l'art. 1325, pour les contrats synallagmatiques. Il est vrai que la pratique a presque abrogé la loi ; en effet, aujourd'hui on néglige très-souvent de rédiger les polices d'assurance en autant *d'originaux qu'il y a de parties ayant un intérêt distinct ;* mais l'article précité n'en est pas moins applicable à la matière. Il n'en serait pas de même, si la *prime* avait été payée comptant, parce que le contrat serait devenu, par ce fait, *unilatéral.*

Puisque la loi, dit M. Bédarride, a permis la police sous seing privé, elle a, par cela même, admis qu'il ne saurait exister aucune différence entre elle et celle reçue par un notaire ou un courtier. En conséquence, elle fait foi de la date, comme cette dernière, non-seulement entre partie, mais encore vis-à-vis des tiers, soit pour le privilége, soit pour l'ordre du *ristourne,* soit pour l'application de la présomption de l'art. 366. Enfin, l'exécution provisoire pendant le procès est également acquise à l'une comme à l'autre.

A propos de la forme externe du contrat d'assurance, il nous reste à examiner plusieurs questions. La première et la plus importante est celle-ci : Quel est le caractère légal de la police, en tant que forme? Est-elle de l'essence du contrat d'assurance, n'est-elle qu'un moyen légal d'établir son existence; faut-il dire que ce contrat repose uniquement sur le consentement des parties, ou bien faut-il le mettre au rang des contrats *solennels*, l'écriture y est-elle exigée *solemnitatis causâ*, ou seulement *probitionis causâ*?

Pour soutenir que l'écriture est essentielle à l'existence d'un contrat d'assurance, on se fonde sur l'histoire d'abord, et ensuite sur les termes de l'art. 332.

Argument tiré de l'historique de la question. — S'il faut. en croire l'auteur du *Guidon* « autrefois les polices d'assurances se faisaient sans écrit; elles étaient dites *en confiance*, parce que celui qui stipulait l'assurance ne faisait pas *ses pactions par écrit, mais se confiait à la bonne foi et prud'hommie de son assureur.* »

Mais cette facilité de contracter finit par être une source d'abus et de procès, au point qu'un édit royal (1657) prohiba l'assurance dite *en confiance* et exigea que le contrat fût passé par devant notaire ou tout au moins par devant un greffier d'assurance. Cette rigueur nuisit au commerce, loin d'en accroître la prospérité. Le Législateur s'en aperçut et l'Ordonnance de 1681 autorisa l'assurance sous signature privée. Mais elle ne fit pas d'autre concession, et, par conséquent, ajoute-t-on, l'assurance verbale resta prohibée; d'ailleurs l'art. 2 (Titre VI, *Des assurances*) est formel : « Le contrat, appelé police d'assurance, *sera rédigé par écrit....* » La volonté du Législateur est expresse, une contravention serait un cas de nullité, car l'assurance est un contrat solennel. Emerigon, le meilleur commentateur de l'Ordonnance, l'entend ainsi. Notre Code a reproduit l'art. 2, et assurément l'interprétation de l'art. 332 sur ce point ne saurait différer du sentiment d'Emerigon.

Valin et Pothier ne partagent pas l'opinion du grand jurisconsulte de Marseille; pour eux, l'écriture n'est exigée que *probationis causâ*. « Je pense, dit le dernier, qu'elle n'est requise que pour la preuve du contrat, et que l'Ordonnance n'a voulu autre chose, par cet article, sinon que ce contrat, dans le cas auquel les parties en disconviendraient, ne pût se prouver que par un acte écrit, et que la preuve testimoniale n'en pût être admise. » Les raisons de croire ainsi sont : 1° que cette forme est absolument étrangère à la substance du contrat; 2° que l'Ordonnance ne la requiert pas *à peine de nullité.*

Ce dernier argument est d'autant plus fondé, que partout ailleurs, lorsque le Code voit dans la convention des parties une assurance nulle, il le déclare expressément (art. 347, 348, 365, 367). En matière commerciale la nullité est certainement une peine, et toutes les peines sont inscrites dans la loi ; or ici elle garde le silence. Le Code cependant était d'autant plus intéressé à s'exprimer d'une façon claire et précise que la question était très-controversée dans l'ancienne jurisprudence.

Ce qui prouve encore que notre Législateur pensait comme Pothier, c'est que la Cour de Rennes lui demanda vainement de consacrer l'opinion d'Emerigon.

Du reste, quand il s'agit de la forme des contrats, c'est une règle générale qu'ils sont purement consensuels et que la solennité n'est admise que par exception et pour des cas très-peu nombreux. Or, on ne peut voir une exception que là où la loi le déclare formellement. Et alors toute contestation est impossible.

Il faut encore observer, en faveur de notre opinion, que la *solennité* suppose la qualité d'*acte notarié* [1] et qu'ici le contrat peut n'être qu'un sous-seing privé. Ce dernier fait, à mon avis, indique parfaitement pour l'assurance le caractère de l'écriture.

Il est donc incontestable, quoi qu'on en dise, qu'elle n'est exigée que *propter probationem*. La Cour de Rennes a jugé dans ce sens en 1832, et son arrêt est conforme au sentiment de la jurisprudence. Par conséquent, à défaut de police, les tribunaux devront admettre la preuve par aveu ou serment décisoire.

Mais devront-ils rejeter la preuve testimoniale, lorsque la somme promise par l'assureur ne sera pas supérieure à 150 francs ? Oui, car la loi s'exprime ici d'une manière générale et absolue ; elle dit : Le contrat d'assurance *est rédigé par écrit*...; et comme elle n'admet aucune exception, *ubi lex non distinguit, nec nos distinguere debemus*.

Autorise-t-elle du moins la preuve testimoniale avec commencement de preuve par écrit ? Non, car elle exige au moins un acte *sous signature privée*, et ce genre d'écrit n'est pas précisément un écrit quelconque. L'art. 109 prend soin de le classer à part et de le distinguer des factures, correspondances, etc.

Si l'existence d'une assurance était l'objet d'une contestation entre l'un des contractants et un tiers intéressé, *v. g.*, entre la personne qui a été chargée de faire faire l'assurance au nom d'une autre et celle pour

---

[1] **La** solennité d'un acte consiste et dans la prescription de la loi et aussi dans la qualité d'*acte notarié*.

qui le contrat a été passé, dans ce cas, disons-nous, la preuve testimo-niale serait toujours admise; car il s'agirait de prouver l'existence plutôt du mandat que de l'assurance. (Cas., 5 août 1823.

Si une police d'assurance n'est faite qu'à personne dénommée, l'as-sureur pourra vendre son titre; mais alors il fera une cession de créance et devra se soumettre aux exigences de l'art. 1690; il ne fera qu'une cession ordinaire.

Mais, comme tous les titres commerciaux, la police d'assurance peut être faite *à ordre* ou *au porteur*. L'endossement doit être régulier et conforme aux prescriptions de l'art. 137, c'est-à-dire être daté, expri-mer le paiement et énoncer le nom de celui à l'*ordre* de qui il est passé. Sous l'empire du Code, l'ancienne jurisprudence et l'arrêt de la Cour de cassation, jugeant (en 1808 — 9 août) que l'endossement d'une police, sous l'Ordonnance de 1673, ne devait pas réunir les conditions pres-crites par l'art. 23 du Titre 5, pour la validité de celui des lettres de charge, sont *lettre morte* et n'ont aucune valeur.

Une police est de plein droit *au porteur*, si elle a été passée *pour compte de qu'il appartiendra*. Cette clause, en effet, dit M. Bédarride, donne à tout porteur de la police le droit d'exiger la perte, s'il résulte des connaissements passés en son nom que des marchandises de la nature indiquée ont été chargées pour son compte sur le navire désigné.

Celui, à qui une police est transmise par voie d'endossement régulier, devient en quelque sorte l'assuré primitif par rapport aux assureurs; il en prend les droits et les obligations. Il est même plus favorisé que le premier assuré : les assureurs ne pourront lui opposer les excep-tions dérivant de circonstances étrangères à la constitution du contrat, *v. g.*, la compensation qu'ils prétendraient établir entre la perte et les sommes dont ils sont créanciers de l'assuré primitif à un titre quelcon-que, et *autre* que la *prime* du voyage assuré; la compensation de plein droit pour celle-ci serait absolument repoussée, alors même que l'assuré aurait d'abord poursuivi en son nom le paiement de la perte (Tribunal de Marseille, 11 oct. 1823).

Par rapport aussi aux créanciers de l'assuré, le nouveau porteur est devenu le véritable propriétaire de la police; il est également à l'abri des exceptions qui pourrait être élevées, soit du chef des porteurs inter-médiaires, soit du chef de l'assuré primitif.

§ 2. — *Conditions de forme intrinsèques; diverses énonciations que la police doit contenir.* (Art. 332).

Art. 332. Le contrat exprime :

1° *Le nom et le domicile de celui qui fait assurer.* — *Le nom* : Il importe à l'assureur de savoir si la chose assurée appartient à l'assuré; car autrement l'assurance ne serait qu'un pari. Mais le contrat ne serait pas nul, si d'autres énonciations ou les circonstances au milieu desquelles il a été passé, faisaient suffisamment connaître l'assuré.

Le pseudonyme équivaut à l'absence de tout nom. Si l'indication du véritable nom était inexacte, elle ne causerait la nullité de l'acte qu'autant que la simulation serait de nature à augmenter les risques, comme si l'on faisait assurer, sous le nom d'un autre, des marchandises appartenant au sujet d'une nation en état de guerre.

Le domicile : Cette énonciation sera essentielle, si l'assureur ne peut autrement connaître l'assuré d'une manière suffisante. C'est là d'ailleurs une question de fait laissée à la libre appréciation des tribunaux. Si l'assuré est une personne connue, cette mention n'a aucune utilité.

2° *La qualité de propriétaire ou de commissionnaire.* — Cette énonciation est surtout exigée dans l'intérêt du commettant. Locré nous montre cet intérêt dans l'exemple suivant :

« Deux négociants ont chargé pour 60,000 fr. de marchandises sur le même navire, sans qu'il y ait société entre eux. L'un des deux, voulant faire assurer son chargement, donne à l'autre l'ordre de réaliser l'assurance; et ce dernier assure, en effet, une somme de 60,000 fr., mais en son nom seulement. En cas d'heureuse arrivée, il ne manquera pas de se faire rembourser la *prime* avancée par lui, en excipant de l'ordre qu'il a reçu. Si le navire fait naufrage avec perte entière du chargement, il pourra s'appliquer le bénéfice de l'assurance, qu'il soutiendra n'avoir été faite que pour son chargement personnel, puisque la police n'énonce pas qu'il ait agi comme commissionnaire.

« Il est vrai, ajoute Locré, que dans cette hypothèse, le donneur d'ordre pourra demander compte de l'inexécution de son mandat, et obtenir, à titre de dommages-intérêts, l'indemnité entière de la perte qu'il en éprouve. Mais combien de subterfuges le commissionnaire n'a-t-il pas pour échapper à cette perte? Si, par exemple, il a l'art de ménager tellement la correspondance, qu'il n'en résulte pas de sa part une acceptation de mandat, il n'est plus chargé de rien. »

La prescription de l'art. 332 empêche toute fraude de ce genre. La qualité prise dans la police ne permet plus d'en changer ou d'en revêtir une nouvelle, suivant l'évènement.

Mais cette qualité de propriétaire ou de commissionnaire, énoncée dans la police, peut être contestée plus tard par les assureurs, s'ils y ont intérêt.

Si celui qui a fait assurer, l'a fait *pour compte de qui il appartiendra* ou *pour compte d'un ami*, etc., il aura suffisamment fait connaître sa qualité de commissionnaire; il n'est pas nécessaire qu'il exprime le mot même.

3° *Le nom et la désignation du navire*. — Le nom : C'est le signe, c'est l'appellation qui sert à distinguer un navire de tout autre de la même espèce. *v. g.*, Le *Paul et Virginie*, la *Belle-Poule*, etc. Le nom est nécessairement indiqué, pour les navires français, dans l'acte de *francisation*. Il importe beaucoup que « le sort des assureurs ne vague point, comme dit Emerigon, dans l'immensité des évènements et ne dépende pas de la volonté indéfinie de l'assuré. » Mieux l'assureur connaîtra l'objet et le lieu des risques, mieux il en jugera de l'importance et de la valeur; il faut donc que la police le renseigne exactement. Toutefois l'absence ou l'altération du nom du navire n'entraîne pas, *ipso facto*, la nullité de l'assurance. Le juge recherchera, avant tout, l'intention des parties. Il est vrai que le nom du navire a été omis, ou qu'il a été altéré, ou qu'il a été déclaré inexactement. Mais l'assureur a signé la police, et tout semble indiquer que le choix du bâtiment a été laissé à l'assuré ; dans ce cas l'assurance sera maintenue. Que s'il ressort des débats que l'omission, l'inexactitude ont été involontairement commises, mais que néanmoins l'erreur a nui à l'assureur, le juge prononcera la nullité de l'assurance.

Les parties peuvent convenir que l'assuré chargera ses marchandises sur tel navire qu'il lui plaira de choisir — c'est ce qu'on appelle l'assurance *in quo vis* — et qu'il pourra substituer tel vaisseau qu'il voudra à celui qui est indiqué dans la police, soit au moment du départ, soit dans le courant du voyage. De pareilles conventions devront toujours résulter au moins de l'interprétation de l'acte.

La désignation : On désigne un navire en le classant dans telle ou telle catégorie, en disant c'est un *brick*, un *trois-mâts*, etc. Il faut traiter la *désignation* comme le *nom*.

La prescription que nous venons d'étudier peut être légitimement omise dans le cas de l'art. 337. Voici comment il s'exprime : « Les

10

chargements faits aux échelles du Levant, aux côtes d'Afrique et autres parties du monde, pour l'Europe, peuvent être assurés sur quelques navires qu'ils aient lieu sans désignation du navire ni du capitaine. »

Cette exception s'explique par ce fait commercial, que souvent l'assuré ignore quelles marchandises lui seront expédiées en retour et sur quel navire elles seront chargées.

4° *Le nom du capitaine.* — Pothier fait observer que cette mention est absolument nécessaire, lorsqu'il se trouve plusieurs vaisseaux du même nom, afin de désigner le vaisseau assuré en le distinguant de ceux qui ont le même nom.

Cette indication a une autre utilité : souvent ce n'est qu'à cause de l'habileté d'un capitaine qu'un assureur se décide à contracter. Le nom du capitaine peut donc avoir une très-grande influence sur l'étendue et l'opinion des risques.

Ici encore le juge aura à se demander quelle a été l'intention des contractants et quel était l'intérêt de l'assureur au moment du contrat. Vu le genre de navigation que l'armateur fait faire à son navire et le chargeur à ses marchandises, il peut se faire que le nom et la connaissance du capitaine importent peu aux assureurs.

Dans la pratique, on fait souvent suivre le nom du capitaine de la clause — *ou tout autre pour lui.* C'est ainsi que l'assuré se réserve le choix de celui qui doit conduire le navire. Si, dans ce cas, l'assuré prenait un capitaine notoirement mauvais, la nullité pourrait être prononcée.

Il est bien certain que s'il était remplacé dans le courant du voyage, parce qu'il est mort, l'assurance n'en serait pas moins valable. Le cas de mort ou de maladie doit toujours avoir été prévu par l'assureur.

Pour le nom du capitaine, l'art. 337 fait la même exception que pour le nom et la désignation du navire.

5° *Le lieu où les marchandises ont été ou doivent être chargées;*

6° *Le port d'où le navire a dû ou doit partir;*

7° *Les ports ou rades dans lesquels il doit charger ou décharger;*

8° *Ceux dans lesquels il doit entrer.*

Ces diverses énonciations servent à indiquer et à bien limiter le voyage entrepris et les lieux du risque.

« L'erreur commise dans une police, dit M. Bravard-Veyrières, sur le lieu du départ du navire assuré, est sans doute une cause de nullité du contrat; mais cette nullité est susceptible d'être couverte par un acte de ratification ou de confirmation, sans qu'à cet égard on puisse établir de différence entre le contrat d'assurance et les autres contrats. (Arrêt de la Cour de cassation du 10 décembre 1851.) Ainsi, l'assureur qui, au lieu de demander la nullité d'une police d'assurance entachée du vice qui vient d'être signalé et qu'il connaissait, a *volontairement* reçu la *prime* d'assurance, est réputé par cela même avoir accepté et exécuté le contrat; il ne lui est plus permis dès-lors de s'y soustraire, et il prétendrait en vain que ce serait, contrairement à l'art. 332, faire un nouveau contrat sans écrit. »

9° *La nature et la valeur ou l'estimation des marchandises ou objets que l'on fait assurer.* — Afin que « la matière du risque, dit Emerigon, soit bien déterminée. »

Il semblerait d'après cela que l'omission de cette indication doive causer la nullité de l'assurance; il n'en est rien toutefois.

Aux yeux de la loi, elle n'est substantielle que dans le cas prévu par l'art. 355, qui s'exprime ainsi : « Il sera fait désignation, dans la police, des marchandises sujettes, par leur nature, à détérioration particulière, comme blés ou sels, ou marchandises susceptibles de coulage; sinon les assureurs ne répondront point des dommages ou pertes qui pourraient arriver à ces mêmes denrées, si ce n'est toutefois que l'assuré eût ignoré la nature du chargement lors de la signature de la police. »

Ici encore se présente l'exception de l'art. 337 : « Les marchandises elles-mêmes peuvent, en ce cas, être assurées sans désignation *de leur nature et espèce.* — Mais, ajoute en finissant le présent article, la police doit indiquer celui à qui l'expédition est faite ou doit être consignée, s'il n'y a convention contraire dans la police d'assurance. »

10° *Les temps auxquels les risques doivent commencer et finir.* — Cette énonciation est un excellent moyen de déterminer la responsabilité de l'assureur. Car l'assurance peut être pour le voyage entier ou seulement pour une partie limitée de la navigation. Si les contractants ne fixaient pas le commencement et la fin des risques, ils auraient voulu s'en référer, selon l'art. 344, à la disposition de l'art. 328. L'omission de notre paragraphe n'aurait pas d'autre effet.

11° *La somme assurée.* — « Car, dit Emerigon, faut-il bien savoir ce que les assureurs doivent payer en cas de perte. »

Si la police ne mentionne pas le montant de la somme assurée, l'assureur est tenu de payer la valeur des choses assurées d'après l'estimation qui en sera faite et qu'il a toujours le droit de provoquer. Cette mention de la somme promise sert à déterminer ce que l'assureur doit payer au *maximum*.

12° *La prime ou le coût de l'assurance.* — « La *prime*, dit M. Bédarride, constituant le prix que l'assureur reçoit ou recevra en échange du risque dont il se charge, son indication dans la police est de l'essence du contrat, au même titre que le prix dans la vente, que le loyer dans le louage ; cependant son omission n'aurait pas pour effet d'annuler nécessairement la police. En effet, quelle pourrait être l'importance de cette omission, si la *prime* avait été perçue et payée au moment du contrat?... Quelle serait encore l'importance de l'omission, si la *prime* avait été réglée en effets de commerce? L'obligation de payer n'en serait pas moins certaine pour l'assuré... »

13° *La soumission des parties à des arbitres, en cas de contestation, si elle a été convenue.* — Les contractants peuvent, dans le contrat même et avant qu'aucune contestation ne soit née, convenir de la juridiction arbitrale pour les juger s'il s'en élève plus tard ; en d'autres termes, le pacte compromissoire n'est pas nul en matière d'assurance.

14° *Et généralement toutes les autres conditions dont les parties sont convenues.* — Il suffit que ces conditions ne soient contraires ni à la nature du contrat, ni aux principes d'équité et de justice.

En étudiant les obligations de l'assuré dans le chapitre suivant, nous reviendrons implicitement sur la plupart des prescriptions de l'art. 332 ; nous en saisirons mieux la raison d'être, l'importance et l'étendue.

Après avoir parlé de la forme et des conditions de forme du contrat d'assurance, avant de nous livrer à l'étude des obligations des parties, il est bon, croyons-nous, d'indiquer les principales règles que le juge devra appliquer, lorsqu'il aura à interpréter dans une police quelques clauses obscures ou extraordinaires.

Nous supposons qu'il s'agit d'un cas tout-à-fait particulier, non prévu par la loi. Le Tribunal consultera les usages de la place sur laquelle le contrat a été passé. Par exemple, l'assurance est de marchandises, et l'assureur prétend que tel objet ne doit pas y être compris, tandis que l'assuré soutient que l'expression générique dont il s'est servi, comprend l'objet en litige. Si les usages de la place donnent raison à l'assuré, l'assureur sera condamné.

A défaut d'usages, le juge cherchera la solution des difficultés qui lui sont soumises, dans les principes généraux en matière d'interprétation des contrats. Ainsi, d'après l'art. 1162 du Code civil, *dans le doute, la convention s'interprète contre celui qui a stipulé, et en faveur de celui qui a contracté l'obligation.* Or, dans notre contrat, assureur et assuré sont tour-à-tour stipulant et promettant. Le doute devra donc être défavorable au premier, lorsqu'il s'agira du paiement de la *prime* ou de toute autre circonstance s'y rattachant, et au second, lorsque la difficulté s'élèvera sur la nature où l'étendue des risques.

Tout en tenant compte des usages, des principes généraux et des termes de la police, le juge aura toujours à cœur de savoir quelle a été l'intention première des contractants; il consultera la bonne foi des parties, la jurisprudence et sa propre équité. Au reste, toutes les fois qu'il s'agit du sens et de l'interprétation des clauses d'une police, le pouvoir des deux degrés de juridiction, ainsi que le dit M. Bédarride, est souverain et absolu. Quelle qu'elle soit, leur décision échappe à la censure de la Cour de cassation. (Cass., 19 mai 1824.)

CHAPITRE IV

DES OBLIGATIONS ET DES DROITS TANT DE L'ASSUREUR QUE DE L'ASSURÉ

Considéré en lui-même, notre contrat, comme nous l'indiquions en recherchant son origine, a pour objet de déplacer la responsabilité des risques; mais par rapport aux contractants, sa fin est de faire obtenir à l'assureur un avantage appelé *prime*, et de garantir à l'assuré la réparation des dommages que peuvent lui causer des évènements encore incertains. Celui qui est tenu de payer la *prime*, c'est l'assuré, et celui qui doit réparer les pertes éprouvées en cas de sinistre, c'est l'assureur; en sorte que si les parties ont des droits, c'est parce qu'elles ont des obligations. Or, comme l'étude des causes conduit naturellement à la connaissance des effets, en étudiant les devoirs de l'assureur nous connaîtrons par là même les droits de l'assuré, et réciproquement.

§ 1. — *De l'assureur.*

L'obligation de l'assureur consiste à garantir l'assuré des pertes qu'il peut éprouver sur mer. L'étendue de cette obligation a des limites, qui sont déterminées par la nature du contrat, par la loi ou par les parties.

Il est de règle que les contractants peuvent spécifier les pertes, c'est-à-dire les causes de pertes ou les risques dont l'assureur décharge l'assuré; leur convention fait loi et l'assureur ne répond que des risques qu'il accepte expressément et exclusivement.

Toutefois, l'essence du contrat ne comporte que les risques qui se produisent sur mer, et la loi exclut de la convention, dans un intérêt général, les pertes qui arrivent par le dol ou la faute même légère de l'assuré. Mais souvent les parties n'ont pas entendu fixer quels risques l'assureur assumait. Dans ce dernier cas, le Législateur devait intervenir et les déterminer lui-même ; c'est ainsi que nous avons un droit commun en matière de risques maritimes. Il faut pourtant encore ajouter que la loi n'a pas prévu toutes les espèces de risques et qu'il y a une foule de procès où le juge n'a d'autre guide que l'équité aidée de la jurisprudence. Ce qu'il nous importe de connaître, c'est la loi, c'est le droit commun ; quant aux faits particuliers où le Législateur n'a pas déterminé le droit de l'assuré, nous nous contenterons d'en examiner un certain nombre.

Avant de nous livrer à l'étude de la présente matière, nous devons nous rappeler que l'assurance est particulièrement un contrat *de bonne foi*. Ce souvenir nous sera de la plus grande utilité pour bien marquer et définir l'obligation de l'assureur.

L'assureur répond des fortunes de mer, c'est-à-dire de tous les évènements qui se réalisent sur la mer ou par mer. Ceux qui résultent simplement de l'inconstance des éléments, sont dits, à proprement parler, *risques* ou *cas fortuits*, tels sont la tempête, l'échouement, etc.; mais ceux qui arrivent par le fait de l'homme sont appelés *risques* ou *cas de force majeure*, comme l'arrêt du prince, etc. Par le fait de l'homme, je n'entends pas le fait de l'assuré ou de son mandataire ; car, nous savons que la *force majeure* est *vis cui resisti non potest*.

Qu'il s'agisse du *cas fortuit* ou de la *force majeure*, l'effet en constitue un sinistre *majeur*, s'il en est résulté la perte totale ou presque totale de la chose assurée ; *mineur*, lorsqu'il n'y a que détérioration ou diminution partielle des effets assurés. Et l'assureur répond de l'un et de l'autre.

Cette doctrine se trouve contenue dans l'art. 350, dont voici la teneur :

« Sont aux risques des assureurs, toutes pertes et dommages qui arrivent aux objets assurés, par tempête, naufrage, échouement, abordage fortuit, changements forcés de route, de voyage ou de vaisseau, par jet, feu, prise, pillage, arrêt par ordre de puissance, déclaration de guerre, représailles, et *généralement par toutes les autres fortunes de mer*. »

Par ces dispositions, le législateur a posé, implicitement du moins, ces deux règles :

1° L'assureur répond de tous les évènements qu'on appelle *fortunes de mer* et dont l'art. 350 rappelle les exemples les plus frappants ;

2° Il n'est tenu d'aucun autre accident, *s'il ne l'a formellement garanti.*

PREMIÈRE RÈGLE. — L'énumération qui précède, n'a rien de limitatif ; la loi s'y borne à indiquer les causes de sinistres les plus importantes et les plus fréquentes ; mais il peut s'en présenter d'autres que l'on reconnaît à leur ressemblance avec les cas ci-dessus énoncés, et qu'on peut appeler *cas légaux*, ou du moins à certains signes : *arrivés sur mer, dus à l'inconstance des éléments ou à la force majeure.*

Ce qui prouve, d'une façon claire et péremptoire, que cette énumération n'est qu'énonciative, c'est la fin de l'article : « *Et généralement par toutes*, etc. »

CAS LÉGAUX. — Il est bon d'en faire connaître la portée et l'étendue ; il faut les définir :

1° *Par tempête.* — Aux termes de la *Déclaration* de 1735, la tempête, *c'est l'évènement par lequel le navire est surpris par l'agitation des eaux, par l'effort des vents, par les effets de l'orage.*

La tempête peut engendrer, et c'est ce qui arrive souvent, les autres cas fortuits.

2° *Par naufrage.* — Le naufrage est la conséquence de la tempête. On peut en distinguer deux espèces : la première, lorsque le navire est englouti et disparaît sous les flots ; la seconde, lorsque le navire, dont les mâts ont été brisés, qui a été désemparé et qu'un équipage a forcément abandonné, flotte cependant encore. Dans ce dernier cas, il n'y aura pas moins naufrage, si dans la suite on ramène à terre la carcasse du navire relevé.

Du reste, il ne faut pas oublier que le Code ne définit pas le naufrage, s'en remettant aux lumières et à l'équité des Tribunaux.

3° *Par échouement.* — C'est comme une sorte de naufrage. « Il se réalise, dit M. Bédarride, lorsque le navire, donnant sur un rocher, sur un banc de sable, ou pénétrant dans un bas-fond, reste engravé, sans pouvoir être renfloué. »

Il peut être le fait du capitaine, sans laisser toutefois d'être fortuit ; par exemple, si le patron s'est fait échouer pour éviter une perte totale.

Qu'il se produise avec ou sans bris, avec bris partiel ou total, il n'en sera pas moins cas fortuit et à la charge de l'assureur.

On appelle *bris* la dislocation générale des parties qui composent le navire, ou la fracture d'une seule ou de plusieurs de ses parties essentielles à la suite d'un choc, en sorte que le bâtiment ne peut immédiatement être réparé et continuer sa route. Peu importe que plus tard, à l'aide de grands préparatifs, on le remette sur sa quille, on le retire des eaux et enfin qu'on le remette en état de reprendre la mer.

Si le *bris* avait pu être immédiatement réparé et le vaisseau en état de poursuivre son voyage, il n'y aurait pas échouement, car, comme on dit, *toucher et passer n'est pas échouer.*

4° *Par abordage fortuit.* — L'abordage est le choc de deux navires qui se rencontrent.

Aux termes de l'art. 407, il y a trois sortes d'abordage : l'abordage *fortuit,* qui n'est le fait de personne, mais qui résulte du hasard et de circonstances imprévues et qu'on ne pouvait prévoir; l'abordage *douteux,* dont on ignore le véritable auteur et qui cependant est imputable à l'un ou à l'autre des capitaines. Dans ce dernier cas, les dommages qu'il occasionne se répartissent par moitié entre les deux armateurs. » Comme il est difficile, dit Grotius, de prouver la faute, lors-même qu'il y en a volontairement, les lois de plusieurs peuples décident qu'en ce cas les maîtres des deux vaisseaux supporteront, chacun, leur part de ce dommage. » Il y a enfin l'abordage dont l'auteur est connu ; il est arrivé par la faute du capitaine du navire qui a abordé. Dans ce cas, le dommage est réparé par celui qui l'a causé.

Ces trois espèces d'abordage sont à la charge de l'assureur, qui répond des cas fortuits ou de force majeure. Les deux premiers sont fortuits, et le troisième, qui est le fait d'une personne étrangère à l'équipage du navire assuré et dont il est ici question, était inévitable.

Dans le second cas, l'assureur supportera, à lui seul, la perte totale ou partielle du navire qu'il a assuré. Ainsi, le navire n° 1 éprouve une perte de 1,500 francs, et le n° 2, de 500 francs. L'assureur du n° 1 devra payer la somme de 1,500 francs. Remarquez seulement que le paiement qu'il fait, le subroge aux droits et actions de l'assuré contre l'armateur du n° 2, et qu'il obtiendra les 500 francs qui sont dus au propriétaire du n° 1.

Quelques auteurs repoussent cette interprétation, et ils disent : « Dans le second cas, l'assureur n'aura point à intervenir, il n'aura aucun dommage à réparer. En effet, quoique l'auteur même de l'abordage soit inconnu, il n'en est pas moins imputable à l'un ou à l'autre des capitaines, peut-être à tous les deux ; aussi, la loi, dans le doute, présume-t-elle que la faute est commune. Mais si les deux patrons sont en faute,

les assureurs devront-ils répondre de leur *baraterie*, si la convention
ne la leur impose pas? Non; donc l'assuré supportera, en définitive, la
moitié du dommage causé aux deux navires, et l'assureur restera
étranger aux suites de l'abordage *douteux* [1]. »

Cette argumentation serait irréfutable si elle ne péchait par sa base:
elle ne met pas en doute la présomption de faute. Mais cette présomption n'est écrite nulle part; elle n'existe donc pas. Cela se conçoit. Car
« le doute, comme dit Emerigon, suffit pour faire présumer la fortune
de mer plutôt que la faute. Et, en conséquence, le dommage est pour
le compte du marchand ou de ses assureurs, sans que le navire en soit
responsable. »

Si l'auteur de l'abordage est connu, l'assureur sera néanmoins obligé:
mais la subrogation lui permettra toujours de se faire rembourser ce
qu'il a payé. Le navire assuré qui est en question, c'est le navire
abordé; quant à l'abordant, son assureur ne saurait supporter le dommage éprouvé soit par l'un, soit par l'autre, à moins qu'il ne réponde
de la *baraterie de patron*.

L'art. 350 met au rang *des fortunes de mer* l'abordage fortuit; il semble n'indiquer que la première espèce, mais sa rédaction est vicieuse,
puisque toutes les trois sont au compte de l'assureur, ainsi que nous
venons de le voir; il aurait mieux valu omettre le qualificatif *fortuit* et
ne dire que l'*abordage*. C'est d'ailleurs ce qu'avait fait l'Ordonnance
de 1681 (art. 26).

5. *Par changements forcés de route, de voyage ou de vaisseau.— Changement de route.* — Le changement s'est opéré par crainte des ennemis, des pirates, par imminence et force de gros temps, ou pour radouber le navire. — *Changement de vaisseau.* — Le navire a été déclaré
en état d'innavigabilité, et les marchandises ont dû être transportées
sur un autre bâtiment.

[1] Ce qui les fait raisonner ainsi, c'est l'art. 407 que nous citions plus haut
et qu'ils appliquent à l'assurance, comme s'il précédait l'art. 350. — En effet,
disent-ils, il y a trois sortes d'abordage: l'abordage *fortuit*, l'abordage *douteux*, et l'abordage dont l'auteur est connu. Or, l'art. 350 ne met au compte
de l'assureur que l'abordage *fortuit*, donc les deux autres ne sont pas à
sa charge. — Cette interprétation présume la faute de l'assuré, ce qui
est contraire à une loi générale. Pour qu'il en fût ainsi, il faudrait un texte
précis; or ce texte n'existe pas; nous aimons donc mieux dire que l'art. 407
est particulier au règlement d'avaries entre armateurs, etc., et ne s'applique
pas en matière d'assurance.

Dans ces différents cas, il est évident que le sinistre est bien plutôt le fait de la mer ou de *la force majeure*, que celui du capitaine, qui n'a été que l'instrument de la nécessité.

Il faut observer que les fortunes de mer des quatrième et cinquième cas sont fondées sur les mêmes motifs, mais que les effets en sont différents. Voyez : *pour l'abordage*, la fortuité se présume, et si l'assureur prétend qu'il y a eu faute de la part du capitaine, il doit l'établir ; *quant au changement forcé*, au contraire, la loi suppose la faute de l'assuré ; et s'il allègue la nécessité, la fortune de mer, il doit la prouver. En résumé, le changement ne sera *forcé* qu'autant que l'assuré l'aura démontré.

6. *Par jet*. — Le jet des marchandises à la mer pour le salut commun a pour les assureurs deux conséquences :

1re. — Ils répondent, ce qui va de soi, des marchandises qu'ils ont assurées et qu'on a sacrifiées ;

2me. — Comme les marchandises conservées doivent une contribution dans le cas du jet d'une partie de la cargaison, les assureurs des objets ainsi sauvés doivent supporter cette contribution et en relever indemne l'assuré ; « car, comme dit Pothier, quoique la perte que cette contribution cause à l'assuré, soit une perte qu'il ne souffre pas dans les marchandises mêmes qu'il a fait assurer, il suffit qu'il la souffre par rapport aux dites marchandises, et qu'elle soit causée par une fortune de mer, pour que l'assureur doive supporter cette perte et qu'il en doive indemniser l'assuré. La raison en est évidente : les assureurs étant ceux qui profitent du jet, qui a conservé les marchandises assurées, puisqu'elles étaient à leurs risques, ce sont eux qui doivent supporter la contribution. »

Le jet ne sera *forcé* ou *fortuit* qu'autant que toutes les formalités exigées auront été accomplies, et que le capitaine aura obéi à la nécessité. Autrement, il ne serait que *baraterie de patron*. L'assuré, qui alléguera que le *jet* a été *forcé*, en apportera la preuve.

7. *Par le feu*. — Il a été mis au navire par la foudre ou par l'ennemi, ou bien, il fallait brûler le navire pour l'empêcher de communiquer la peste ; toujours est-il que si le capitaine a agi, c'est qu'il n'a été que l'instrument de la *force majeure*.

Le cas de feu sera-t-il présumé fortune de mer, ou bien arrivé par la *baraterie du patron* ou par le vice de la chose ?

Le droit romain suppose qu'il résulte d'une faute, parce que : *Plerùmque incendia culpâ fiunt inhabitantium*. L'ancienne jurisprudence avait admis la maxime romaine. Sous l'empire du Code on l'a combattue et on la combat encore — *scinduntur Prudentes.*

Il est bien certain que presque toujours un incendie a été le fruit d'au moins une négligence et que les cas purement fortuits en sont très-rares; c'est ainsi, du reste, que semble l'avoir jugé le Code Napoléon (art. 1733) : « *Le locataire répond de l'incendie, à moins qu'il ne prouve*, etc. » On répond que la faute ne se présume pas, que l'art. 1733 est une disposition particulière au contrat de louage. — L'exclusion de faute est assurément une règle générale et qui est fort sage ; cependant le cas d'incendie est de telle nature qu'elle ne peut s'y appliquer. Dans cette matière, la présomption de faute est de droit commun. C'était le sentiment d'Emérigon et de tous les anciens juristes, et l'on ne voit pas que les rédacteurs du Code aient pensé autrement.

L'opinion contraire fait surtout valoir cet argument, *que l'incendie est un cas fortuit, puisqu'il se trouve dans l'énumération de l'art.* 350. Écoutons M. Lemonnier (n° 169, *Commentaire du Code de commerce*) : « Il nous semble que si l'on veut lire avec attention l'article 350, et prendre les termes de sa rédaction dans leur sens naturel et vulgaire, on ne pourra s'empêcher de reconnaître que tous les risques dont il contient l'énumération sont présumés fatals, *puisque le Législateur les déclare tous fortunes de mer*, et met généralement et sans exception à la charge des assureurs toutes les pertes et dommages qui peuvent en provenir. Toutes les fois donc que l'assuré pourra justifier d'une perte survenue par l'un des accidents énumérés en l'art. 350 (et l'incendie est de ce nombre), il aura *par cela même* justifié de son droit à réclamer de l'assureur l'indemnité promise ; celui-ci n'aura d'autre défense que de prouver, soit la fausseté du sinistre lui-même, soit les circonstances qui doivent le faire sortir de la catégorie des fortunes de mer, dans laquelle la présomption légale le range jusqu'à preuve du contraire. »

Rien ne paraît moins justifié que les affirmations de M. Lemonnier. En effet, nous savons que l'art. 350 ne fait point une énumération limitative ; le Législateur le déclare lui-même (*in fine*) ; ce qui semble bien prouver qu'il ne fournit qu'une indication des principaux cas et évènements que la loi appelle *fortunes de mer.*

Mais allons plus loin, cherchons la conséquence de la doctrine que nous repoussons. « Laissons le *feu* pour un moment, comme dit M. de Sèze, et prenons le *jet* des marchandises qui est tout à côté, dans l'art. 350. Il est bien entendu que si le classement de cet article forme une *présomption de droit* qui dispense l'assuré de justifier des *causes* de l'évènement, pour savoir s'il se rattache à la responsabilité limitée des assureurs, » il est bien entendu, disons-nous, que cette présomption de droit s'appliquera à *tous les cas prévus par l'article*. Eh bien ! parlons du *jet* des marchandises : voici un rapport de mer qui constate, en fait, que la moitié de la cargaison a été jetée à la mer, tel jour, à telle heure, sous telle latitude. — Quant aux causes, il ne les indique point : de tempête, il n'en parle pas ; de nécessité d'alléger le navire, pas un mot ! — Mais le fait est prouvé par le rapport de mer. Ainsi, voilà un fait *connu* et une cause *inconnue*. — Dira-t-on que l'art. 350, constituant une *présomption de droit* au profit de la fortune de mer, l'évènement est de droit présumé fatal ? On serait absurde en le disant, et personne n'oserait le dire. Et cependant l'art. 350 est là qui classe le *jet* des marchandises au rang des fortunes de mer qui sont aux risques des assureurs, tout comme le *feu !* »

Ainsi, le *feu* serait présumé fatal, *un cas fortuit*, en vertu d'une présomption générale, qui serait que tous les cas de l'art. 350 sont des fortunes de mer. — Mais cette présomption est impossible. L'art. 1349 ne dit-il pas, en effet : « Les présomptions sont des *conséquences* que la loi ou le magistrat tire d'un fait *connu* à un fait *inconnu*. » Eh bien ! si elle existait, qu'y aurait-il le plus souvent de plus incertain, de plus inconnu que le fait *cause* de la fortune de mer ?

Oui, la cause du feu est ordinairement *connue* : *Plerùmque incendia culpâ fiunt inhabitantium ;* oui, ce fait est tout-à-fait probable, et il permet d'établir cette présomption que dans l'espèce donnée, l'assuré doit *être responsable des suites de l'incendie*, à moins qu'il ne prouve que le feu a pris fortuitement.

Cette opinion, qui est adoptée par un grand nombre d'auteurs, et qui l'a été aussi par la Cour de cassation (arrêt du 4 janvier 1832); cette opinion, dis-je, me paraît la plus sage et la meilleure. Nous dirons donc qu'en règle générale, l'assuré qui alléguera le *cas de feu*, devra prouver qu'il *provient de la force majeure*.

Cette preuve d'ailleurs lui sera facile, si le capitaine n'a vraiment rien à se reprocher. Le rapport que ce dernier fournira contiendra le fait et la cause du fait; l'assuré s'en servira comme de preuve. Si elle ne paraît pas suffisante, il fera entendre l'équipage, les passagers, etc. Si le feu a été causé par la foudre, l'ennemi, etc., tout le monde à bord l'aura vu. Mais si le rapport se bornait à relater le *feu*, et si l'assuré ne pouvait appuyer ses prétentions que par ce titre, ne serait-il pas vraisemblable que l'incendie est arrivé par la faute ou la négligence de l'équipage ?

Que si le capitaine, tout l'équipage et tous les passagers avaient péri, s'il ne restait aucun moyen de preuve, notre présomption n'aurait plus raison d'être ; l'incertitude qui planerait sur la conduite et l'innocence du capitaine, ne lui étant pas imputable, l'assuré ne devrait pas en souffrir. Nous croyons, au contraire, que ce doute lui serait favorable et que le *feu* devrait être regardé comme dû à la force majeure, sauf preuve contraire de la part des assureurs.

8. *Par prise.* — « L'assureur en est tenu, dit Pothier, soit que la prise ait été faite de bonne guerre, soit qu'elle ait été injuste, soit qu'elle ait été faite par hostilité, ou par brigandage ; car, de quelque manière qu'elle ait été faite, c'est une fortune de mer ; or les assureurs sont tenus de toutes les fortunes de mer. »

Si le vaisseau avait été pris par la lâcheté et la poltronnerie du capitaine, Pothier veut bien admettre que les Tribunaux en repousseraient la preuve, je ne le pense pas ; l'assureur sera toujours libre de faire la preuve contraire.

Il importe peu que la police ait été faite en temps de guerre ou de paix ; il est vrai que les parties auraient pu dans l'acte exclure le cas de guerre des cas de force majeure. Mais c'en sera un, si elles ne l'ont pas prévu.

La prise peut avoir été l'œuvre d'un *corsaire* ou d'un *pirate*, c'est ce que Pothier indique par ces mots : *faite par hostilité* ou *par brigandage*. Il ne faut point cependant confondre le pirate avec le corsaire. Ce dernier est porteur d'une lettre de marque émanant du son gouvernement, qui l'autorise à courir sur les ennemis de sa nation. Le pirate peut n'appartenir à aucune nation ; dans tous les cas, il n'agit pas au nom d'un gouvernement, et il n'a pas de lettre de marque. Le premier ne court et ne peut courir qu'en temps de guerre, et l'autre exerce ses brigandages en tout temps, comme en tout lieu.

L'intérêt de cette différence, c'est que, si l'assureur avait décliné la responsabilité de la prise dans le cas de guerre, il n'en serait pas moins tenu, si le navire était tombé entre les mains d'un pirate.

La circonstance que la guerre n'a pas été déclarée, ne change pas la qualité du corsaire, et la position de l'assureur est toujours la même ; la prise serait la déclaration de guerre, le premier acte d'hostilité. (Cour de cassation. — 6 avril 1834.)

9. *Par pillage.* — Par pillage on entend toutes déprédations commises sur mer par voies de fait et violences, soit par des pirates, soit par des voleurs de toutes sortes.

« La perte des effets assurés, dit Pothier, qui arrive par le pillage qui en est fait, en cas de naufrage, par des pillards, sur le rivage où le flot les a jetés, est une fortune de mer que les assureurs doivent supporter. »

Où le flot les a jetés, ou bien : *où ils ont été déposés de toute autre manière*. Pour qu'il y ait cas de force majeure, il faut que le vol ait été fait par violence. S'il n'avait été exécuté que par ruse, il serait imputable à la négligence du capitaine, et ce serait une *baraterie de patron*. Si les marchandises ont été ainsi déposées sur le rivage, le capitaine en les gardant continue à remplir son mandat.

Si ce vol avait été commis à bord, pendant le naufrage, sous prétexte de sauvetage et avec violence, il serait encore à la charge des assureurs. (Bordeaux, 6 décembre 1838.)

10. *Par ordre de puissance.* — L'*arrêt*, dit Pothier, diffère de la *prise*. La *prise* d'un vaisseau se fait en pleine mer ; l'*arrêt* se fait dans un port ou en rade où le vaisseau se trouve. Celui qui exerce la *prise*, n'a pour but que de s'approprier les objets dont il s'empare ; celui qui ordonne l'*arrêt*, ne veut que mettre un obstacle temporaire à la navigation du navire. Il y a trois sortes d'arrêts : l'*arrêt du prince*, proprement dit : il émane d'un gouvernement ami, qui, sans qu'il y ait guerre, fait arrêter le navire en vue d'un intérêt public ; l'*angarie :* le gouvernement dans le port duquel il se trouve, l'oblige à transporter pour lui des armes, des munitions de guerre, etc.; l'*embargo :* le gouvernement a défendu de laisser sortir d'un port les navires, tant nationaux qu'étrangers, qui s'y trouvent.

Cette distinction n'est d'aucun intérêt pour l'assureur. Quel que soit l'arrêt, il sera tenu, si les risques avaient commencé à courir.

Si le navire avait été arrêté par violation de blocus, et si cette violation n'avait pas existé, le cas serait de force majeure. (Req., 2 août 1827.)

Peu importe que l'arrêt émane d'un gouvernement régulièrement établi ou seulement d'un gouvernement de fait, *v. g. :* celui d'une colonie luttant contre sa métropole.

11. *Par déclaration de guerre, représailles.* — Les assureurs seraient tenus, lors-même que le contrat aurait été fait en temps de paix, et dans un temps auquel on ne s'attendait pas à la guerre. Nous avons admis que dans ce cas ils auraient droit à une augmentation de *prime*, proportionnée à la durée de la guerre imprévue.

Il est indifférent que les représailles aient été justes ou injustes. Si l'assuré ou son mandataire les avait provoquées, le dommage serait pour eux.

Nous savons maintenant ce qu'est ou ce que peut être une fortune de mer.

SECONDE RÈGLE, dérivant de l'art. 350.— *L'assureur n'est tenu d'aucun autre accident, s'il ne l'a formellement garanti.*

Les articles 351 et suivants, qui fournissent des applications de cette règle, auraient été inutiles, s'il n'eût été bon de dissiper tous les doutes et de placer les principes en dehors de tout nuage et de toute obscurité. Pour mieux définir la responsabilité de l'assureur, livrons-nous à l'étude de certains cas où l'assuré court les chances de perte ou d'avaries.

Il en sera tenu, lors même que le cas allégué serait une fortune de mer, si l'assureur l'a réservé par une clause expresse, *v. g. :* il n'a pas accepté la charge des risques en cas de guerre.

L'assuré répondra toujours de son fait personnel — *nullâ pactione effici potest ne dolus præstetur.* Cette règle est d'ordre public. « Les assureurs *sur corps*, dit M. Bédarride, ne répondraient ni du dommage, ni de la perte que le navire auraient éprouvées, si l'un et l'autre n'avaient d'autre origine et d'autre cause que le fait du propriétaire, du changeur ou de l'affréteur. « Ce fait, comme celui de l'assuré, peut provenir de la fraude ou de la négligence ou d'une contravention, *v, g. :* « L'assuré avait chargé des marchandises prohibées. » C'est tout simplement l'application de l'art. 352 *(in fine).*

L'assureur serait encore libéré si l'assuré avait agi avec l'assentiment du capitaine ; car il y aurait immixtion et fait personnel de la part de l'assuré. Dans ce cas, comme dans le précédent, la clause de *baraterie* resterait lettre morte.

(Cour de Poitier — 24 juin 1834). Si l'assuré, sans être le capitaine, s'immisce dans les fonctions de ce dernier, s'il donne et fait exécuter des ordres, qui ressortissent aux attributions du patron, qu'il agisse par ruse, par force ou même de bonne foi et avec le consentement ou en l'absence du capitaine, le fait lui devient personnel, et l'assureur ne saurait répondre des conséquences. Voici une application de cette règle : le consignataire de marchandises assurées avait fait changer le mouillage du navire dans le lieu d'arrivée ; le capitaine était à terre et ignorait ce qui se passait à son bord. Cependant le bâtiment chavire, et les marchandises sont avariées. L'assureur est déclaré libéré de son obligation de payer la somme promise, et l'assuré n'a pas d'action contre le capitaine.

L'assuré ne peut ni changer les conditions de l'assurance et la position des assureurs sans leur consentement, ni leur faire courir d'autres risques que ceux auxquels ils se sont soumis, ni les obliger à discuter les conséquences des innovations apportées au contrat. (Paris, 16 août 1837.) L'art. 351 applique ce principe de la manière suivante :

Art. 351. « Tous changements de route, de voyage ou de vaisseau, etc..., provenant du fait de l'assuré, ne sont point à la charge de l'assureur ; et même la *prime* lui est acquise, s'il a commencé à courir les risques. »

Le changement de route suppose que l'assuré, tout en voulant arriver au lieu convenu, s'y rend par un autre chemin que celui porté dans la police. Ce changement peut s'effectuer dès l'origine, sans que les risques aient commencé à courir, et alors l'assurance est caduque ; l'assuré n'a nullement été exposé aux risques convenus, c'est comme s'il n'était pas sorti du port, il y a rupture, et c'est le cas prévu par l'article 349.

Mais il y a un autre changement de route, que notre article prévoit particulièrement. Le voyage a bien commencé de la manière arrêtée par l'acte ; mais l'assuré a tout-à-coup abandonné sa route pour en suivre une autre. Dès que le changement a commencé à s'effectuer, c'est comme si le temps des risques eût été terminé, la *prime* est acquise, et, dès ce moment, l'assureur ne court plus aucune chance de payer la somme promise. Lors même que la perte ou l'avarie ne se produiraient qu'après le changement accompli, c'est-à-dire lorsque le navire a repris son itinéraire primitif, le résultat n'en serait pas moins le même que si le sinistre était arrivé pendant le changement. L'annulation est telle, par rapport à l'assuré, que s'il prétendait qu'avant le changement sa chose a éprouvé quelque fortune de mer, sa prétention n'aurait aucun effet. Car l'annulation rétroagit au jour de la formation du contrat.

En changeant de voyage, l'assuré se propose une autre destination que celle de l'assurance. Ce changement peut se produire *ab origine*, et l'assurance est caduque suivant l'art. 349, ou bien *per viam*, et elle est valable, *puisque la chose assurée a commencé à courir les risques*, mais seulement dans l'intérêt des assureurs. « C'est pourquoi, dit Pothier, si l'assuré, sans le consentement des assureurs, envoie son vaisseau en un lieu plus éloigné que celui porté par la police, les assureurs, aussitôt que le vaisseau est arrivé à la hauteur du lieu porté par la police, sont déchargés des risques, et la *prime* leur est acquise. »

Il peut y avoir changement de vaisseau de même que changement de route et de voyage. Ce cas se présentera, lorsque l'assuré chargera ses marchandises sur un autre navire que celui de la police, mais alors il y aura rupture de voyage et application de l'art. 349 ; ou bien, lorsque l'assuré, après les avoir chargées sur le bâtiment convenu, les transportera sur un autre navire ; dans ce cas, les assureurs auront droit à la *prime* suivant la fin de l'art. 351.

Dans un contrat ordinaire, dit M. de Sèze, toute faute de l'une des parties qui n'a pas sur l'objet du contrat de résultat direct, est comme non avenue. Dans l'assurance, au contraire, toute faute de l'assuré, par cela qu'elle *aurait pu avoir* pour résultat de modifier le risque, c'est-à-dire, l'objet même du contrat, modifie forcément la *possibilité du risque*, l'opinion qu'on s'est faite de ce risque au moment du contrat, c'est-à-dire l'objet du consentement, et, par suite, elle altère le consentement lui-même.

Exemple : j'ai assuré votre navire de *Bordeaux* à *Bombay*, avec permission de relâcher à Maurice. Vous relâchez à un second port sans nécessité. Plus tard, le feu prend au navire. Il est prouvé, si vous le voulez, que lors même qu'on n'eût pas fait cette seconde escale, le navire eût brûlé. L'assureur cependant ne doit rien ; car, à l'époque où le navire a été incendié, l'assurance était annulée par votre fait, et l'assureur ne répondait plus d'aucun risque.

Le changement de route ou de voyage peut avoir été réel, effectué ; il peut n'avoir été qu'un projet ; dans ce dernier état, fera-t-il annuler l'assurance ? aura-t-il les mêmes effets que si le projet avait reçu un commencement d'exécution ?

Le Tribunal de Marseille a jugé que si le projet de *déroutement* avait été abandonné avant le sinistre, l'assureur en serait toujours responsable. Voici en substance ce qui s'était passé : l'assuré avait d'abord résolu de *dérouter*, il y avait ensuite renoncé, et le sinistre s'était produit avant d'arriver au lieu où le changement devait commencer à s'effectuer.

Je crois que tant que le projet n'est qu'à l'état de résolution et ne s'est manifesté par aucun acte extérieur, il ne compromet pas l'existence du contrat ; mais il en est autrement, dès qu'il s'est traduit par un acte quelconque, qui est comme un commencement d'exécution, v. g. : j'assure le navire le *Colbert* pour *Lisbonne*, le capitaine a pris ses expéditions pour *Santander* : aussitôt il y a rupture de voyage, et le demi pour cent m'est dû ; ou bien le capitaine du *Colbert* qui doit toucher à *Santander* sans faire d'autre relâche, forme, avant d'arriver dans cette dernière ville, le dessein d'y prendre des marchandises pour *la Corogne*. Si le sinistre se produisait après cette résolution et avant que le *Colbert*

11

eût atteint *Santander*, serait-il à la charge de l'assureur? Oui, car le projet n'était encore qu'une idée, à laquelle le capitaine pouvait renoncer, à laquelle il avait peut-être déjà renoncé. Mais supposons qu'il arrive à *Santander* sain et sauf : dès qu'il se sera procuré lesdites marchandises, dès qu'il aura fait la moindre démarche pour se les procurer, l'assurance deviendra annulable contre l'assuré, les risques auront été courus et la *prime* sera acquise aux assureurs : si même avant d'arriver à *Santander*, il s'était mis à même de recevoir les marchandises dans son navire, *v. g.* : s'il avait préparé, déterminé matériellement la place qu'il leur destinait, les assureurs ne seraient plus tenus? Non, je ne crois pas que la seule intention, pure et simple, qui ne s'est traduite que par des paroles, donne lieu à l'application de l'art. 351 ; mais, dès qu'elle s'est manifestée par un fait qui indique la volonté arrêtée de changer de route ou de navire et qui est en quelque sorte un commencement de mise à exécution, comme le serait le fait suivant : le *Colbert*, étant à *Santander*, le capitaine qui veut aller à *la Corogne*, quoique la police ne l'y autorise pas, y donne cependant *rendez-vous* à des négociants ; ce fait, dis-je, suffirait pour faire annuler l'assurance.

Art. 361. — Si l'assureur avait pris la garantie de marchandises qui doivent être chargées sur plusieurs vaisseaux, *v. g.* : un *quart* sur le navire n° 1, la *moitié* sur le n° 2 et le *reste* sur le n° 3 ; si toutes ont été chargées sur le premier, il y a changement de vaisseau ou rupture de voyage pour les *trois-quarts*, et l'assureur ne paiera, en cas de sinistre, que la valeur du premier *quart* ; pour les autres, l'assurance sera caduque suivant l'art. 349. Ce résultat existerait lors même que les bâtiments n°s 2 et 3 feraient le trajet prévu et périraient pendant le voyage, de telle sorte que l'on pût dire : si les marchandises destinées à ces navires y avaient été chargées de la manière convenue, elles auraient néanmoins été perdues ou avariées.

Art. 362. — « Si le capitaine a la liberté d'entrer dans différents ports pour compléter ou échanger son chargement, l'assureur ne court les risques des effets assurés que lorsqu'ils sont à bord, s'il n'y a convention contraire. »

Cette disposition prévoit le cas où l'assuré s'est réservé le droit de *faire échelle*, droit qui, en multipliant les risques, aggrave la responsabilité des assureurs. Mais la loi veut, autant que possible, restreindre les limites de cette aggravation. C'est pourquoi l'art. 362 déroge aux dispositions de l'art. 328 ; il ne déclare, en effet, les assureurs responsables des marchandises, chargées dans les ports d'échelles, que lorsqu'elles sont à bord, et il les exonère des risques de gabares ou d'allége, que l'art. 328 met au contraire à leur charge. La loi suppose que les parties ont voulu cette réserve ; s'il en est autrement, qu'elles s'en expriment.

Art. 352. — « Les déchets, diminutions et pertes qui arrivent par le vice propre de la chose... ne sont point à la charge des assureurs. »

Par le *vice propre de la chose*, on entend trois sortes de causes de déchets, etc. :

1° Le *vice propre* peut consister dans la mauvaise qualité de la chose, dans sa conformation défectueuse, *v. g.* : les mâts, objet de l'assurance, ont été mal construits ; le bois n'en était pas propre à faire cet usage ;

2° La perte causée par le vice propre, peut résulter de la nature même de la chose. L'objet assuré, en soi, est parfait, mais sa nature l'expose à tels ou tels accidents, *v. g.* : c'est du vin ; quoique la mer lui soit favorable, quoiqu'il soit bien soigné, il peut néanmoins tourner à l'aigre ; ce sont des soieries en parfait état, elles peuvent néanmoins se piquer ;

3° Enfin, le vice propre peut consister dans un défaut de soin de la part du capitaine ou de l'assuré, ou bien dans la vétusté de la chose, *v. g.* : les agrès assurés commençaient à pourrir.

Ces trois causes de perte : le vice de conformation, le vice naturel, le défaut de soin ou la vétusté, sont à la charge de l'assuré, s'il n'y a convention contraire.

La chose assurée peut avoir péri ou avoir été gâtée par suite de l'influence du climat ou de la température ; les assureurs ne répondront pas de cette perte.

(Cour de Bordeaux, 10 janvier 1842.) La fortune de mer dont l'effet consiste seulement à retarder le voyage, n'engage en rien la responsabilité des assureurs, si la chose assurée périt par une cause qui lui est propre. Exemple : l'objet assuré est un chargement de fruits ; s'ils ne sont pas consommés dans l'espace de quinze jours, ils seront avariés et n'auront plus aucune valeur ; par suite du mauvais temps, le navire qui les porte, reste trois semaines en mer. Cette perte est considérée comme provenant du *vice propre*, l'assurance ne garantissait que des dommages résultant d'une fortune de mer ; le tort éprouvé ici par l'assuré n'est qu'une conséquence indirecte du gros temps survenu. La police n'en dit rien, et son silence s'interprète toujours en faveur des assureurs ; l'assuré aurait dû le prévoir.

Il doit aussi se prémunir contre le défaut de soin. (Cour de Paris, 21 décembre 1843.) Si les rats font avarier les marchandises ou bien les consomment, le dommage n'en sera pas le résultat du *vice propre de la chose*, mais on le présumera *baraterie de patron*, sauf preuve contraire de la part du capitaine, *v. g.* : s'il établit que les chats qui étaient à bord au moment du départ, sont morts quelques jours après, et qu'il n'a pu s'en procurer d'autres avant que les dégâts fussent commis.

Le coulage est la perte ou diminution des marchandises, et particulièrement des denrées. Il y a le coulage *ordinaire* et le coulage *extraordinaire*. Le premier est celui qui résulte du *vice propre de la chose*, il est pour l'assuré ; l'autre est dû à un accident de mer, l'assureur en répond. Cependant il n'en répondra qu'autant que l'assuré, suivant le vœu de l'art. 355, aura désigné, dans la police, « les marchandises sujettes par leur nature, à détérioration particulière ou diminution, comme blés, sels, ou marchandises susceptibles de coulage. » Dans le cas contraire, les blés n'auraient-ils été piqués, etc., que parce qu'il y a eu gros temps, etc., la perte n'en serait pas moins pour l'assuré, dont la loyauté a été en défaut.

L'art. 355 fait néanmoins une réserve en faveur de l'assuré. « .... *Si ce n'est toutefois*, dit la fin de cet article, *que l'assuré eût ignoré la nature du chargement lors de la signature de la police.* » L'art. 31 de l'Ordonnance disait : « ..... *si ce n'est que l'assurance soit faite sur retour des pays étrangers.* » Le Code a voulu se montrer plus libéral à l'égard de l'assuré : il n'exige point que le chargement ait été fait en pays étranger, il suffit que l'assuré en ait ignoré la nature.

La loi présume la perte par *vice propre*, c'est à l'assuré à établir le cas *fortuit* ou le *coulage extraordinaire*. « Toutes les fois, dit M. Bédarride, qu'il s'agit de marchandises de nature à dépérir ou à se corrompre, la présomption, en cas de perte, est qu'elles ont péri par leur vice propre, *alors même que le navire qui les portait, a éprouvé des fortunes de mer.* »

Telle est la présomption en fait de marchandises ; mais voici, touchant l'assurance *sur corps*, une règle qui n'est pas moins importante : *En cas de perte ou de détérioration du navire, le certificat de visite fera présumer le cas fortuit.* « Par le moyen des certificats de visite, que prescrit la *Déclaration* de 1779 [1], on est *légalement certain*, dit

---

[1] Elle décidait que tout navire, entreprenant un voyage *quelconque*, serait visité avant l'aller et le *retour*. Mais un décret des 19 et 3 août 1791, n'exigea la visite que pour *les voyages de long-cours* et seulement *avant l'aller*. Le Code a maintenu le décret.

Emerigon, que tout vaisseau qui met à la voile est en bon état de navigation ; d'où il suit que, s'il périt dans le cours du voyage, cet accident doit être présumé fatal, à moins que les assureurs ne prouvent le contraire. » L'assureur est admis à combattre le certificat de visite ; mais sa preuve doit être de force à renverser la présomption légale. Un jugement du Tribunal de commerce de Bordeaux (9 décembre 1858) a posé nettement le principe de cette matière.

« Attendu que ce n'est pas *un doute* que les défendeurs doivent apporter en preuve contraire au certificat de visite..... qui abrite les armateurs de toute sa valeur légale ; qu'il faut une certitude de faits telle, qu'il en doive nécessairement résulter que non-seulement le vice propre existait au moment de l'assurance, qu'il n'a fait que s'aggraver durant le risque, mais aussi que la perte du bâtiment n'est due qu'au vice même.... Qu'il serait d'un extrême danger de faire céder à des présomptions insuffisantes les effets des articles 225 et 369 du Cod de commerce ; que les assureurs, en prenant un risque, ont la faculté et le pouvoir d'en mesurer et vérifier l'importance et d'en calculer est suites. »

L'assureur peut assumer la responsabilité du coulage ordinaire ou du vice propre, comme il peut se décharger de celle du coulage extraordinaire, la convention sera la loi des parties.

Art. 353.— « L'assureur n'est point tenu des prévarications et fautes du capitaine et de l'équipage, connues sous le nom de *baraterie de patron*, s'il n'y a convention contraire. »

« Ces termes de *baraterie [1] de patron*, dit Pothier, comprennent toutes les espèces, tant de dol que de simple imprudence, défaut de soin et impéritie, tant du patron que des gens de l'équipage. »

Le Code de commerce a reproduit intégralement le sens de l'art. 28 de l'Ordonnance de 1681. Avant cette époque, la *baraterie* ne comprenait que le dol, le crime, et non la négligence, la simple faute.

« Dans l'expression *baraterie de patron*, il s'agit, dit Emerigon, de tous ceux qui sont aux gages du navire. » Le pilote qui est créancier privilégié suivant le n° 2 de l'art. 191 fait aussi partie de l'équipage, quoi qu'en dise M. Bédarride. Il est le mandataire légal, si l'on veut, de l'armateur ; mais il est un mandataire, et il est aux gages du navire, et sa *baraterie* engagera l'assuré et non l'assureur.

Il y a *baraterie* toutes les fois que le capitaine a fait ce qu'il ne devait pas ou omis d'accomplir ce qu'il devait faire. Ce fait ou cette omission

[1] Du celtique *barat,* ruse, tromperie.

sont relatifs à sa qualité de capitaine. S'il dissipait, par exemple, la pacotille [1], celui qui l'a assurée ne serait pas tenu de cette perte, qui serait un cas de *baraterie*. Que si la pacotille avait été confiée au capitaine pour qu'il la gérât et la vendît, en la dissipant, le capitaine ne commettrait pas un fait de *baraterie,* parce qu'il n'agirait plus en capitaine; il ne serait là qu'un mandataire ordinaire. La différence qui existe entre ces deux cas, pour ce qui est de l'intérêt de l'assureur, c'est que, s'il a assuré la *baraterie*, il sera tenu dans le premier et non dans le second.

Il ne faut pas oublier que quelque autre mandat que le capitaine ait reçu, celui de *patron* n'en peut être ni restreint, ni modifié d'aucune sorte. Mais il faut aussi se rappeler que la *baraterie* regarde exclusivement la conduite du navire et le soin qu'il doit à la cargaison, en un mot, aux choses assurées. La négligence qu'il mettrait à constater les causes du sinistre ne serait pas un fait de *baraterie ;* et si l'assureur avait pris sur lui ladite *baraterie*, l'assuré ne pourrait pas rejeter sur sa partie les conséquences de l'omission faite par le patron. Mais voici un cas où il en serait tout autrement : le navire a été déclaré en état d'innavigabilité, le capitaine a fait le délaissement des marchandises, mais sans observer les formalités que lui prescrivaient les articles 391, 387 et 394 ; dans ce cas, il est coupable de *baraterie*. (Cour de Paris, 8 avril 1839.)

Les assureurs ne répondent de la *baraterie de patron*, ni envers l'armateur, ni envers les chargeurs. (Cour de Bordeaux, 23 novembre 1830.) Les faits des passagers, sur lesquels le capitaine n'a aucune autorité, sont des cas de force majeure.

« ..... *S'il n'y a convention contraire*, dit l'art. 353. » Cet article ne fait que poser ce principe : *les prévarications et fautes des capitaine et matelots, ne sont pas des fortunes de mer, et, partant, ne sont pas, de droit commun, à la charge des assureurs ; mais libre à eux de les considérer comme des risques maritimes et d'en assumer la responsabilité.* La clause de *baraterie* est d'ailleurs fort usitée. « L'utilité de cette clause, dit M. Lemonnier, est si généralement sentie, le contrat d'assurance remplirait si imparfaitement son but, et laisserait l'assuré exposé à tant de périls, si elle était omise par la convention, que la plupart des polices d'assurances, fidèles sur ce point aux plus vieilles traditions du commerce français, rangent les cas de *baraterie* parmi les risques dont répond l'assureur. »

---

[1] Certaines marchandises qui font partie de la cargaison, comme de la bijouterie ou d'autres objets précieux, qui appartiennent au capitaine ou lui sont particulièrement recommandés.

Cependant si le capitaine était l'assuré, la clause de *baraterie* serait nulle ; mais, si elle était non avenue à son égard, elle serait valable par rapport à l'équipage.

Comme nous le savons, il y a deux cas où la clause de *baraterie* est sans valeur : 1° celui où le fait, cause de la perte ou des dommages éprouvés, est personnel à l'assuré ; par exemple, il a empiété sur les fonctions du capitaine ; 2° celui où la faute du capitaine est le résultat d'un concert entre lui et l'assuré. Il suffit que ce dernier participe à l'acte préjudiciable, pour qu'il lui devienne personnel et qu'il ne puisse être à la charge des assureurs, malgré la susdite clause de *baraterie*.

L'assureur qui, par suite de la clause de *baraterie*, est tenu d'indemniser l'assuré, est subrogé aux droits et actions de celui-ci contre le capitaine [1]. L'assureur sur *facultés* a l'action que le chargeur peut exercer contre l'armateur, civilement responsable des faits et fautes du capitaine.

Voici une question dont la solution partage et embarrasse la jurisprudence : si l'assureur *sur corps* garantit son assuré de la *baraterie de patron*, est-il tenu du dommage que cette *baraterie* a occasionné, non au navire, mais à la cargaison ? L'assureur sur *facultés*, qui a payé ce dommage, a-t-il un recours contre l'assureur *sur corps* pour se faire rembourser ? (Je suppose que l'assureur sur *facultés* a aussi garanti son assuré de la *baraterie de patron*.) S'il est vrai que le chargeur acquiert une action en garantie contre le propriétaire, qu'il acquiert un droit réel sur le navire (art. 191, n° 11, art. 192. n° 9), il nous semble impossible de ne pas admettre l'affirmative sur cette double question. En effet, la perte des marchandises est due à la *baraterie* du capitaine ; or l'armateur et le capitaine sont responsables envers le chargeur ; donc l'assuré *sur corps*, après avoir indemnisé ce dernier, se retournera contre son propre assureur et se fera rembourser ce qu'il a payé. Mais pourquoi l'assureur sur *facultés*, qui a indemnisé le chargeur, son assuré, et qui par là profite des droits et actions qu'a ce dernier contre l'armateur, ne pourrait-il pas attaquer l'assuré *sur corps* ? La circonstance que le chargeur s'est fait garantir de la *baraterie de patron*, ne saurait l'empêcher d'avoir recours contre l'armateur, cela est incontestable. Mais alors pourquoi l'assureur sur *facultés* n'aurait-il pas le même droit ? Et s'il l'a, pourquoi l'assuré *sur corps* ne peut-il pas se retourner contre celui qui le garantit de la *baraterie* de son capitaine, de celui qui le rend responsable envers le chargeur

---

[1] L'assureur est, en quelque sorte, la caution du capitaine.

et son assureur ; ou bien, ce qui revient au même résultat, pourquoi l'assureur *sur facultés* ne peut-il pas se faire rembourser par l'assureur *sur corps* l'indemnité qu'il a payée à son assuré, le chargeur ?

Les raisons que l'on nous oppose ne sont pas sérieuses. — L'assureur *sur corps* n'est pas tenu de la *baraterie de patron* à l'égard du chargeur ou de son ayant cause, l'assureur *sur facultés*, parce qu'il ne songeait pas et qu'il ne pouvait songer aux dommages que les faits et fautes du capitaine causeraient à l'assuré *sur facultés*. — C'est là une grosse erreur : un armateur, en faisant assurer la *baraterie de patron*, ne perd jamais de vue sa responsabilité touchant la cargaison, parce que les faits de *baraterie* sont plus fréquents relativement au chargement que par rapport au navire. Tous les assureurs savent cela, et ils savent en conséquence ce que l'armateur veut dire en leur proposant de le garantir de la *baraterie de patron*.

On objecte encore que s'il en était ainsi, il serait inutile que le chargeur se fît assurer lui aussi contre la *baraterie* du capitaine. — Mais, répond-on avec raison, dire que l'assurance du chargeur est inutile, c'est prétendre que deux garanties ne valent pas mieux qu'une, que deux fidéjusseurs ne donnent pas plus de sûreté qu'un seul. Et d'ailleurs quand cela serait, l'affréteur qui peut s'adresser directement à son propre assureur, n'aura-t-il pas plus tôt fait, que s'il lui fallait recourir contre l'armateur ou bien son assureur ? Dans le commerce, n'est-il pas avantageux d'être payé sans aucun retard ?

Nous le répétons, ces objections ne nous paraissent pas fondées, et nous leur préférons l'affirmative, qui est conforme aux principes du Droit civil et de l'assurance.

(Cour de cassation — 14 mai 1844). L'assureur qui a garanti la *baraterie* de patron, est tenu envers l'assuré de *tous dommages* que celui-ci éprouverait par la rupture du voyage, occasionnée par cette *baraterie*. (Il s'agit ici d'un voyage commencé ; le capitaine avait au moins mis à la voile, la chose assurée avait au moins commencé à courir les risques).

De tous dommages. — On entend par ces mots :

1. Les dommages matériels éprouvés par la chose assurée, v. g. : le navire s'est perdu par la faute ou la *baraterie* du patron ; l'assureur en répond.

2. Les dépenses qui ont été faites pour préparer le départ du navire et le voyage ; l'assureur en devra le remboursement ;

3. La diminution de valeur des marchandises que l'on a conservées, mais qu'on n'a pu expédier par suite de la rupture du voyage, et qui valent moins qu'au jour du chargement, précisément à cause de ce qui est arrivé.

On ne peut objecter que le dommage, souffert par suite de fausses dépenses, est un dommage indirect, et que l'assureur ne répond que des pertes directes et immédiates. Les pertes dont il s'agit, sont la conséquence immédiate de la *baraterie;* c'est la faute, c'est la négligence du patron qui a rendu ces dépenses inutiles ; et l'assureur est tenu de la *baraterie.*

Quant à la diminution, on allègue ce principe que, l'assureur garantit de la perte effective, et non du manque de gagner.

Mais rien n'est plus effectif, réel et présent que le dommage que la *baraterie* cause à l'assuré par cette diminution. En effet, le jour de l'embarquement les marchandises assurées valaient 50,000 fr., si le changeur les avait vendues à ce moment, il aurait réalisé ce capital ; aujourd'hui, il ne peut les vendre que 25,000, son capital est donc diminué de la moitié. Aucune perte, à mon avis, ne saurait être plus réelle, plus saisissable que celle-là. Elle provient de la *baraterie* du capitaine ; par conséquent que l'assureur la supporte.

D'ailleurs, il n'y a pas que la perte matérielle qui soit mise à la charge des assureurs par le Code ; l'art. 374 en disant : *tous autres dommages sont réputés avaries,* donne à ce dernier mot un sens plus large et plus étendu que celui de *pertes, détériorations matérielles.*

Si l'assureur se croit en état, avant les poursuites de l'assuré, d'établir le fait *personnel* de ce dernier ou bien *le vice propre* de la chose ou tel autre fait dont il n'aurait point à répondre, il peut prendre les devants et actionner sa partie. Il peut y être intéressé, comme, *v. g.,* s'il apprenait que l'assuré ne veut le poursuivre qu'après plusieurs mois, plusieurs années, afin que l'assureur soit privé de certains moyens de défense.

Art. 363. — « Si l'assurance est faite pour un temps limité, l'assureur est libre après l'expiration du temps, et l'assuré peut faire assurer les nouveaux risques. » Le terme échu, l'assureur et l'assuré sont libérés, l'un à l'égard de l'autre, *ipso facto.*

L'assurance peut être faite pour un temps limité, c'est-à-dire que l'assureur s'engage jusqu'à tel quantième. Quand elle est faite au voyage, elle peut être *simple,* c'est-à-dire pour l'*aller* seulement, *parfaite,* c'est-à-dire pour l'*aller* et le *retour,* — à *prime liée,* ou *avec faculté de faire échelle.*

Si elle est à *prime liée*, les risques que l'objet assuré court sur mer pendant la relâche, sont aussi à la charge de l'assureur.

La clause *avec faculté de faire échelle* réserve à l'assuré la faculté de faire le cabotage dans tels ports désignés par la convention ou l'usage et que le capitaine rencontrera avant d'arriver au port *de reste*. La clause *de faire échelle*, dit M. Bédarride, donne le droit de charger, décharger, échanger les marchandises. Et les effets acquis avec les effets vendus ou donnés en échange, sont, quant à l'assurance, substitués à ces derniers.

Il y a aussi l'assurance en *caravane*; elle diffère de la précédente en ce que la navigation de l'assuré n'a pas de lieu de destination fixé d'avance; le capitaine fera le cabotage dans telle ou telle mer, jusqu'à telle époque ou jusqu'à ce qu'il soit entré dans un certain nombre de ports désignés.

La clause de *dérouter* permet à l'assuré de s'écarter de la route directe, mais non de rétrograder.... La clause peut être que l'assuré sera libre de *naviguer à droite et à gauche, et d'aller devant et derrière*. « Cette clause, dit Pothier, permet bien à l'assuré de se détourner de la route, pour toucher à quelque port étant à droite ou à gauche, pour y décharger des marchandises, et en charger d'autres à la place, qui tiendront lieu de remplacement de celles qui auront été déchargées; d'aller et revenir d'un port à l'autre, même en rétrogradant, de manière que le navire revienne à sa route, pour se rendre à la destination exprimée par la police; mais elle ne lui permet pas de changer entièrement de voyage; c'est pourquoi, nonobstant cette clause, les assureurs seraient déchargés, s'il faisait un autre voyage. »

Autrefois la clause *avec faculté de faire échelle*, équivalait à celle dont parle Pothier; mais sous l'empire du Code, si l'assuré n'a que le pouvoir de faire *escale*[1], il ne lui sera pas loisible de rétrograder.

Art. 364. « L'assureur est déchargé des risques, et la *prime* lui est acquise si l'assuré envoie le vaisseau en un lieu plus éloigné que celui qui est désigné par le contrat, quoique sur la même route. » C'est là un cas de changement de voyage, comme nous l'avons déjà vu.

L'article ajoute : « L'assurance a son entier effet si le voyage est raccourci. » Ce qui se produit lorsqu'il y a clause *avec faculté de faire échelle* : car alors l'assuré s'arrête dans un des ports de l'*échelle*, et dès ce moment l'assureur ne court plus les risques du voyage d'*aller*, mais ceux du voyage de *retour* vont commencer.

---

[1] On dit *faire échelle*, s'il s'agit des villes maritimes du Levant, et *faire escale*, s'il s'agit des comptoirs de commerce de la côte du Sénégal.

Il faut distinguer le cas où l'assuré aborde dans un port non compris dans la convention, du cas où il y a simplement *raccourcissement*. Dans le premier, l'assurance est annulée contre l'assuré, l'assureur ne courra plus de risques, ni pour l'*aller*, ni pour le *retour*, si l'assurance était à *prime* liée, mais l'assuré devra la *prime* tout entière. Que s'il y avait une assurance distincte pour le *retour*, il y aurait rupture de voyage suivant l'art. 349. Dans le second, il n'en est pas de même : si l'assurance est à *prime* liée, l'assuré, s'étant arrêté dans un port de l'*échelle*, pourra en repartir et s'en retourner sans que l'assurance ait cessé de valoir. S'il y avait un second contrat pour le *retour*, les risques d'*aller* auraient bien cessé, mais ceux de *retour* commenceraient à courir; c'est-à-dire que la seconde assurance serait valable. Le *raccourcissement* suppose donc toujours que le port d'*arrêt* était compris dans la convention. En d'autres termes, pour qu'il y ait *raccourcissement* et non changement de voyage ou rupture, il faut que le port où le navire s'arrête, hors le cas de force majeure, soit sur la ligne des risques tracée par la police d'assurance, et que le navire ait été autorisé à y faire *escale*.

Malgré le silence de la police, si les assureurs y consentent ultérieurement, l'assuré pourra valablement changer de route, de voyage ou de vaisseau, ou faire *échelle*. Mais, dans ce cas, l'assurance sera-t-elle novée; pour la validité de ce consentement, faudra-t-il remplir les formalités qu'exige la formation d'une assurance ? Ce ne sera là que la matière d'un *avenant*: il suffira qu'ils ajoutent cette clause à la police primitive; mais cette modification postérieure et favorable à l'assuré devra porter la signature des assureurs.

Art. 354. « L'assureur n'est point tenu du pilotage, touage et lamanage, ni d'aucune espèce de droits imposés sur le navire et les marchandises.

Ces frais ne résultant ni d'évènements qualifiés *fortunes de mer*, ni de faits de *baraterie*, l'assureur n'en peut être tenu. D'ailleurs le paiement de ces droits n'est point un risque que l'assuré court, puisqu'il ne se produit qu'en l'absence du sinistre; il ne peut donc être la matière d'une assurance. Il en serait tout autrement, s'il s'agissait de frais que l'assuré a dû payer par suite du sinistre éprouvé et qui est à la charge de l'assureur. Par exemple, pour les marchandises assurées, il y a eu transport forcé à terre. Les frais de déchargement, de transport et de rechargement et les droits fiscaux seront en définitive supportés par l'assureur, sans quoi l'assuré ne serait pas complétement indemnisé des suites fâcheuses du sinistre.

Il en serait de même, si un navire, à l'occasion d'une tempête ou étant poursuivi par des corsaires ou pirates, avait été obligé de relâcher dans un port où il n'aurait pas relâché sans cela ; dans ce cas, en effet, l'assureur serait tenu de rembourser à l'assuré les frais et droits de pilotage, halage, etc., dont il aurait été obligé de faire l'avance. Ces dernières dépenses sont des effets du sinistre, ceux de l'art. 354 sont, au contraire, des conséquences de l'heureuse arrivée du navire et de l'absence du sinistre.

Art. 346. — Si l'assureur tombe en faillite avant la cessation des risques, il est obligé de fournir caution, sous peine de résiliation du contrat, c'est-à-dire sous peine de ne pas toucher la *prime* ou de la rembourser s'il l'a touchée. Dans ce cas, l'assurance serait entièrement annulée. Il n'est pas nécessaire qu'il y ait eu déclaration de faillite prononcée par le Tribunal ; il suffit qu'il y ait eu cessation de paiement.

Lorsque l'assureur est tombé en faillite après la cessation des risques, après l'heureuse arrivée du navire, mais dans un temps où l'assuré l'ignorait encore, suivant la Cour d'Aix — 28 juin 1813 — c'est comme si les risques n'avaient pas cessé de courir, à moins cependant que la présomption de l'art. 366 ne soit possible. En effet, si l'assuré pouvait connaître l'heureuse arrivée, l'annulation sera nulle, et il devra payer la *prime*.

Si c'est la perte que l'assuré ignorait au moment où il obtenait la résiliation, l'annulation sera-t-elle maintenue? Si l'assureur ignorait et pouvait ignorer l'arrivée du sinistre, elle sera maintenue ; sinon, l'assurance revivra, et l'assureur sera débiteur de la somme assurée. Comme le dit fort bien M. Bédarride, l'application des articles 365 et 366 est de droit commun en matière d'assurance.

(Rennes, 7 février 1848). — Il ne faut pas confondre le cas où une société d'assurance se met en *liquidation* avec celui où elle *tombe en faillite ;* les polices souscrites avant la mise en *liquidation* conservent leur effet pour toute la durée du temps convenu.

Si l'assuré, dont l'assureur est tombé en faillite, néglige de prendre les précautions que l'autorise à prendre l'art. 346, n'aura-t-il aucun moyen de prévenir les conséquences fâcheuses de cet oubli? Bien qu'il soit obligé de payer la *prime* d'assurance pour le temps où le contrat a continué d'exister depuis la faillite, il pourra néanmoins obtenir des dommages-intérêts des assureurs, soit à raison de l'inexécution du contrat, soit à raison d'une assurance nouvelle, que l'assuré aurait fait faire des mêmes objets par un autre assureur. (Req., 1er juillet 1828.)

Arrêts de la Cour de Bordeaux des 6 décembre 1830 et 3 mai 1841.

— L'examen de ces deux arrêts nous servira à préciser encore mieux l'obligation d'un assureur.

Outre la perte directe, totale ou partielle de l'objet assuré, le sinistre peut encore avoir occasionné des dépenses que l'assuré supporterait en définitive si l'assureur ne l'en indemnisait pas. Par exemple, après le sinistre, le capitaine a dû s'arrêter et réparer les avaries causées par la tempête. Pendant l'arrêt, outre les frais de cette réparation, on a dû en faire pour la nourriture de l'équipage ; ces frais s'ajouteront aux premiers et formeront un total que l'assureur devra rembourser à l'assuré. Si le capitaine, pour subvenir à ces différents besoins, avait emprunté à *la grosse*, l'assureur devrait le remboursement du capital et des intérêts. Par les deux arrêts précités, la Cour de Bordeaux a parfaitement exposé cette doctrine. Cependant, dans celui du 3 mai, elle en exagère les conséquences. Le donneur à *la grosse* avait prêté, pour achever l'*aller* et faire le *retour*, et il avait, en outre, stipulé que si l'assuré ou l'emprunteur faisait quelque voyage intermédiaire, le profit maritime serait augmenté. L'emprunteur fit le voyage intermédiaire, et la Cour condamna l'assureur à rembourser même l'augmentation.

Cette sentence est inique, parce que cette dernière dépense n'était en rien la conséquence du sinistre. Si l'assuré avait fait le voyage intermédiaire, c'était dans l'intérêt de son commerce, c'est qu'il le voulait bien ; l'assureur devait donc y rester étranger. Pour qu'elle fût équitable, il aurait fallu que le prêteur exigeât l'accomplissement de ce voyage et que l'assuré ne trouvât pas à emprunter à de meilleures conditions.

Si la réparation des avaries n'avait lieu qu'après l'arrivée du navire, lorsque le terme de l'assurance est échu, l'assureur serait toujours tenu des frais de nourriture et de toutes les dépenses, suites légitimes du sinistre arrivé.

A propos des réparations d'avaries, il est bon de faire connaître une clause qui autrefois n'était pas usitée et qui aujourd'hui est presque de style. Je suppose que la tempête ait brisé l'un des mâts du navire assuré ; il ne valait certainement pas celui qui le remplacera et qui sera neuf. En étant réparé, le navire acquiert donc une valeur qu'il n'avait pas avant le sinistre ; cette différence, l'assuré n'y a pas droit, il ne peut réclamer que l'équivalent de ce qu'il a perdu ; l'assureur peut donc stipuler qu'il déduira de la dépense une valeur égale à cette différence. Cette clause s'appelle la clause de *la différence du vieil au neuf*.

Terminons cette matière par une dernière observation.

L'Ordonnance, supposant toujours la *prime* payée comptant, ne donnait à l'assureur aucun privilége sur la chose assurée pour le paiement de la *prime*. L'usage s'étant établi de payer la *prime* postérieurement au contrat ou en plusieurs termes, la jurisprudence dut chercher des garanties à la créance des assureurs.

L'art. 191 (n° 10) de notre Code de commerce affecte à cette créance un privilége sur le *corps, quille, agrès, apparaux, armement et équipement du narire assuré*. Il est à remarquer toutefois que l'assureur *sur facultés* n'a pas de privilége ; cependant l'art. 331 lui donne le droit de venir, en concurrence avec le prêteur *à la grosse*, sur le produit des effets sauvés du naufrage. L'Ordonnance préférait le bailleur *à la grosse* à l'assureur *sur facultés*, parce que ce dernier ne jouit que des droits de l'assuré.

Quant à l'indemnité du *demi pour cent*, si elle est due à l'assureur, elle ne lui confère aucune espèce de privilége. Le n° 10 de l'art. 191 ne concerne que la *prime*.

§ 2. — De l'assuré.

Par le contrat d'assurance, l'assuré contracte envers les assureurs différentes obligations, dont la principale est de leur payer la *prime*, c'est-à-dire la somme convenue pour le prix de l'assurance.

A l'époque de l'Ordonnance, cette obligation n'existait pas, parce que à l'égard de la *prime*, le contrat était en quelque sorte réel, comme nous l'indique Pothier : « Elle est appelée *prime*, parce qu'elle se payait *primò* et avant tout, même avant que le départ du vaisseau eût fait commencer les risques. C'est ce qui est énoncé par l'art. 6 (Titre des *Assurances*), où il est dit : « La *prime* ou *coût* de l'assurance sera payée « *en son entier lors de la signature de la police*. » Néanmoins, depuis, ajoute Pothier, l'usage a prévalu de ne la plus payer comptant. »

Ordinairement et par la nature de l'assurance, cette obligation est pure et simple ; cependant les parties, par clause expresse, pourraient, ainsi que nous l'avons déjà dit, la rendre conditionnelle, comme si, à cause de l'élévation de la *prime*, l'assuré stipulait qu'il ne la paiera que sous les conditions et cas *où le navire arrivera à bon port*.

Comme nous l'avons déjà dit plusieurs fois, le risque est la base du contrat d'assurance ; donc pas de risque, pas de *prime*. Car la *prime* est le prix du risque que l'assureur prend à sa charge.

A côté de ce principe, il en est un autre non moins essentiel. Le voici : *dès que les risques ont commencé à courir, la prime est acquise.*

L'art. 349 applique le premier de la manière suivante : « Si le « voyage est rompu avant le départ du vaisseau, même par le fait de

« l'assuré, l'assurance est annulée..... » Ainsi, l'armateur, avant le départ du navire assuré, peut résilier, *proprio motu*, le contrat d'assurance, et la *prime* ne sera pas due, ou si elle a été déjà payée, l'assureur devra la rembourser [1]. Il en sera de même « si des marchands ont fait assurer des marchandises qu'ils se proposaient de charger sur un certain vaisseau, et si ces marchands, ayant changé d'avis, le chargement ne s'est pas fait. »

Si les marchandises avaient été chargées dans le navire, ou même seulement dans des gabares pour les y porter, les risques ayant commencé à courir, l'annulation ne serait plus possible. C'est ce qu'il faut induire de l'art. 328, applicable au contrat d'assurance comme à celui *de grosse*, si le temps des risques n'est point déterminé par les parties.

S'il avait été convenu que les risques des marchandises ne seraient à la charge des assureurs qu'après le départ du navire, une résiliation postérieure au chargement et de la part de l'assuré, serait encore possible.

Que si la rupture du voyage était due à un cas de force majeure, comme un incendie, un arrêt du prince, une tempête qui a fait périr le navire avant qu'il eût mis à la voile, ou les marchandises déposées sur les quais du port, etc., l'assurance, *à fortiori*, serait annulée. C'est ce qu'indique l'art. 349 en disant : « Si le voyage est rompu, etc., *même par le fait de l'assuré.....* »

Que la rupture soit le fait de la force majeure ou même de l'assuré, l'assurance est toujours annulée ; mais l'assureur n'aura-t-il pas au moins droit à une indemnité pour cette résiliation, dont il ne saurait être l'auteur, son obligation étant irrévocable, mais que l'assuré a peut-être opérée sous le plus futile prétexte? « L'assureur, dit l'art. 349, reçoit, à titre d'indemnité, *demi pour cent* de la somme assurée. » Tout cet article est tiré de l'Ordonnance (art. 37). Selon Pothier, cette dernière disposition ne s'applique pas au cas où l'assurance est rompue par un accident de force majeure. M. Rivière veut qu'elle soit absolue. La distinction nous paraît plus sage ; voici, du reste, comment Pothier la justifie : « Ceux qui soutiennent que l'assuré doit le *demi pour cent*, quoique ce soit par une force majeure que le voyage a été rompu, tirent argument de ces termes de l'art. 37, *même par le fait des assurés*. Cet argument disparaîtra par l'explication que je vais donner de cet article, et que je crois être la véritable, la voici : quoique régulièrement il ne doive pas

---

[1] En Italie, *la prime* était retenue, même en cas de rupture de voyage, si la rupture arrivait par la volonté ou la faute de l'assuré.

être au pouvoir d'une partie de rendre par son fait le contrat nul, et, qu'en conséquence il pût paraître que les assurés ne peuvent pas, en rompant le voyage, rendre nul par leur fait le contrat d'assurance, et se décharger de l'obligation qu'ils ont contractée de payer la *prime ;* néanmoins, *si le voyage est entièrement rompu avant le départ du vaisseau, même par le fait des assurés, l'assurance demeurera nulle, et l'assureur restituera la prime, à la réserve du demi pour cent, qu'il retiendra pour tous dommages et intérêts résultant de l'inexécution du contrat par le fait des assurés.* »

L'art. 349 peut donc se paraphraser ainsi : *Si le voyage est rompu avant le départ du vaisseau, l'assurance est annulée. Si la rupture se produit par le fait de l'assuré, même dans ce cas, l'assurance est annulée ; mais alors l'assureur reçoit...,* etc.

Ce *demi pour cent* n'est pas une portion de la *prime,* ce n'est qu'une indemnité accordée à l'assureur, qui peut avoir perdu l'occasion de faire un gain en contractant avec d'autres assurés. Il importe de distinguer la *prime* du *demi pour cent ;* car l'une est créance privilégiée suivant l'art. 191 (n° 10), et pour l'autre, l'assureur n'est qu'un créancier ordinaire.

Nous avons dit que la *prime* est acquise dès que les risques ont commencé de courir ; c'est ce que constatent les art. 351 *(in fine)* et 364 ; cette règle générale admet cependant trois exceptions :

1° Si la *prime* a été fixée par jour, par mois, etc. ; en effet, dans ce cas, l'assuré ne doit que la *prime* acquise, comme l'exige, du reste, la convention ;

2° Si l'assurance a pour objet des marchandises pour *l'aller* et *le retour* (art. 356), si la *prime* est liée. En ce cas, si, le vaisseau étant parvenu à sa première destination, il ne se fait point de chargement en *retour,* ou si le chargement en retour n'est pas complet, « l'assureur reçoit seulement les deux-tiers proportionnels de la *prime* convenue, s'il n'y a stipulation contraire. »

« La raison de cette disposition, dit Pothier, c'est que cette *prime* en réunit deux, celle de *l'aller* et celle du *retour ;* c'est pourquoi elle est appelée *prime liée.* Les risques pour *l'aller,* que les assureurs ont courus, leur ont bien fait gagner la *prime* pour *l'aller,* dès qu'ils ont commencé de les courir : mais celle du *retour* ne leur est pas due, puisque, n'y ayant pas eu de *retour,* on ne peut pas dire qu'ils aient au moins commencé d'en courir les risques.

« Le temps du *retour* et les risques du *retour* étant ordinairement égaux au temps et aux risques pour *aller*, la *prime* du retour paraîtrait devoir être la moitié de celle qui réunit les deux ; pourquoi donc l'Ordonnance n'ordonne-t-elle que la restitution du tiers ? La réponse est que ce que les assureurs retiennent de plus que la moitié de la *prime*, leur est accordé pour leur tenir lieu des dommages et intérêts résultant de l'inexécution du contrat d'assurance pour le *retour*. De là, il suit qu'ils n'en peuvent prétendre d'autres, ni par conséquent prétendre en ce cas aucun *demi pour cent.* »

3. La troisième exception est le cas où l'assureur tomberait en faillite. Art. 346 — « Si l'assureur tombe en faillite lorsque le risque n'est pas encore fini, l'assuré peut demander caution, ou la résiliation du contrat. » Si l'assurance est résiliée, l'assuré est dispensé de payer la *prime*, quoique les risques aient commencé de courir : c'est en cela que consiste l'exception. Si la *prime* avait déjà été payée, l'assureur en devrait la restitution.

Que si le cas inverse se présentait, si l'assuré tombait en faillite avant la fin des risques, il serait tenu, ou ses créanciers pour lui, de fournir caution à l'assureur, de payer la *prime;* sinon, ce dernier aurait le droit d'obtenir la résiliation du contrat. Dans ce dernier cas, l'annulation serait entière. Observez qu'ici il s'agit de l'hypothèse où l'assuré n'aurait pas encore payé la *prime ;* dans le cas contraire, la résiliation serait inutile à l'assureur.

Cette double disposition de l'art. 346 ne se trouvait pas dans l'Ordonnance de 1681, c'est au génie de Valin que nous en sommes redevables.

Outre cette première et principale obligation, l'assuré en a d'autres que l'on peut ainsi formuler en substance :

1° L'obligation de déclarer sans restriction toutes les circonstances propres à diminuer l'opinion du risque ou à en changer le sujet ;

2. L'obligation de signifier à l'assureur tous les avis qu'il reçoit concernant les accidents dont celui-ci est responsable ;

3° L'obligation de justifier du chargement des choses assurées ainsi que de leur valeur;

4° L'obligation de justifier de la perte des choses assurées.

Quoi qu'il en puisse être de la gravité et de l'étendue des risques, l'assureur n'en a pas moins su établir, au moment du contrat, un certain équilibre entre sa position et celle de l'assuré. S'il court des dangers multiples et *quasi* probables, il a touché ou il touchera, comme

13

récompense, une magnifique *prime ;* et la certitude de ce profit le dédommage bien des tristes éventualités qu'il peut redouter. — Mais s'il en est ainsi, si l'égalité règne entre l'assureur et l'assuré, pourquoi tant de précautions prises à l'égard de ce dernier ; pourquoi l'accabler de tant d'obligations, pourquoi multiplier en faveur de sa partie les cas et les causes de nullité de l'assurance? C'est ici qu'apparaît surtout ce caractère important de notre contrat, *la bonne foi.* Si les situations des parties sont égales le jour où elles contractent, ce n'est certainement pas l'assureur qui, dans la suite, introduira l'inégalité. Mais peut-on en dire autant de l'assuré? Non, car rien ne lui est plus facile que de rompre l'équilibre ; les risques, à certains égards, sont pour ainsi dire dans sa main ; avec un mot, une fausse interprétation, un silence calculé, un coup de gouvernail, il peut entièrement changer la face des choses et ruiner l'assureur. C'est à cause de cette grande facilité qu'a l'assuré de changer à son gré les conditions du contrat, que la loi se montre défiante à son égard et exige de lui la plus entière bonne foi, et lorsqu'il traite avec l'assureur, et pendant que le voyage s'accomplit.

Examinons maintenant chacune des obligations que nous avons énoncées plus haut.

1° *Obligation de déclarer sans restriction ,* etc. — La conséquence de cette obligation c'est que « toute réticence, comme dit l'art. 348, toute fausse déclaration de la part de l'assuré, toute différence entre le contrat d'assurance et le connaissement, qui diminueraient l'opinion du risque ou en changeraient le sujet, annulent l'assurance. » « Le contrat est nul, ajoute la loi, même dans le cas où la réticence, la fausse déclaration ou la différence *n'auraient pas influé sur le dommage ou la* perte de l'objet assuré. »

Le motif de cette nullité est tiré de ce principe que nous avons déjà expliqué : *l'accord doit se faire entre les parties sur tous les éléments du contrat.*

Ainsi, j'assure le vaisseau l'*Armide,* croyant qu'il se destine au commerce ; c'est au contraire un navire armé en course, c'est un corsaire. L'assureur avait en vue des risques ordinaires, et l'assuré des risques exceptionnels ; il n'y a pas eu accord des parties sur l'un des éléments du contrat, *le risque ;* donc le contrat est nul, ou mieux non avenu.

Cette erreur, cette absence d'accord peut être due à une *réticence :* l'assuré n'a point dit à l'assureur que son bâtiment était un navire ordinaire, mais il le lui a laissé entendre par son silence ; il s'est bien gardé de lui dire qu'il s'agissait d'un corsaire. Le mal-entendu peut être aussi le fruit d'une *fausse déclaration :* l'assuré a affirmé que son navire se livrait au commerce, à telle ou telle espèce, autre que celui de la *course*; il le lui a même fait entendre indirectement en disant qu'il avait un chargement pour tel ou tel pays. Ces deux dernières façons de faire croire ce qui n'est pas constituent une *fausse déclaration*.

Autre exemple : j'ai assuré sur tel navire une cargaison que l'assuré me disait être marquée A.B., et le connaissement porte la marque C.D.; cette différence qui existe entre la police et le connaissement, change l'objet, et an nulle l'assurance. Pourquoi? « Parce que le consentement « de l'assuré, ainsi que le dit très-bien M. Corvetto, dans l'exposé des « motifs de « l'art. 348, s'est porté sur un objet, et celui de l'assureur « sur un autre, et que les deux volontés, marchant dans un sens « divergent, *ne se sont pas rencontrées…..* »

Il est bien certain que l'accord des volontés est le principe de l'art. 348; cependant la loi a-t-elle voulu l'appliquer ici rigoureusement?… *Dicit unus, alter negat….* La controverse ne porte et ne peut porter que sur un point : la *réticence*.

Tout le monde admet qu'il importe peu qu'elle soit faite de *bonne* ou de *mauvaise foi*, que l'assuré, en ne déclarant pas à l'assureur ce qu'il savait des risques et de l'objet des risques, ait eu ou non l'intention de tromper sa partie. — Mais si l'assuré ignorait lui-même la circonstance capable de changer l'opinion des risques, faut-il dire qu'il n'y a pas eu consentement de la part de l'assureur et que partant il n'y a pas d'assurance? Les uns appliquent rigoureusement notre principe sans distinguer le risque des circonstances du risque, et ils se fondent sur notre article et le mot *réticence*. Les autres, sans nier toutefois la base des dispositions de l'art. 348, se contentent d'en interpréter les termes dans leur sens naturel et littéral. La *réticence*, disent-ils, est une omission volontaire; l'assuré se rend-il compte ou non de l'intérêt qu'elle a pour l'assureur, peu importe! Il suffit qu'il ait connu la circonstance défavorable à ce dernier. Mais s'il l'a ignorée, il n'y a pas de *réticence*, il n'y a pas de nullité. — Par exemple, un navire de *Buenos-Ayres* se trouve en rade à *Bordeaux*; le propriétaire, qui est le capitaine, en fait assurer le *retour*. Quelques jours avant la signature de la police, l'*Uruguay* avait déclaré la guerre à la *République Argentine;* les assureurs l'ignoraient; car s'ils l'avaient su, ou ils n'auraient pas traité avec le capitaine ou ils auraient exigé une *prime* plus élevée, puisque les risques sont plus grands en temps de guerre qu'en temps de paix… Mais, si l'assuré n'avait aucune connaissance, pas le moindre soupçon de la déclaration de guerre, les assureurs seront-ils recevables à invoquer l'art. 348 et le cas de *réticence?* Non, dit M. Bédarride, car qui dit *réticence*, dit *connaissance* du fait en question.

Certainement les assureurs n'ont pas consenti à cette sorte de risques; et si l'on exige ainsi leur assentiment d'une manière absolue, l'assurance doit être déclarée nulle... Mais, s'il en est ainsi, l'art. 348 devient inutile; car si l'ignorance même de l'assuré est une cause de nullité, en seront une, *à fortiori,* l'omission volontaire et la fausse déclaration. Il suffisait alors de renvoyer à l'application des principes de tout contrat et de dire qu'en matière d'assurance, toute erreur ferait annuler le contrat.

Je ne crois pas qu'ici il dût ni ne pût en être ainsi, parce qu'avant tout l'assurance est un contrat de *bonne foi,* au point, que l'objet et le risque peuvent n'être que *putatifs.* C'est donc par égard pour l'entière *bonne foi* de l'assuré que la loi, adoucissant la rigueur du principe, prononce la nullité pour le cas de *réticence* et maintient le contrat pour le cas où l'assuré ignorait la circonstance *capable de changer l'opinion des risques.*

Mais, nous dira-t-on, nous avons admis qu'il suffisait, pour que l'assurance fût nulle, que l'assuré connût la circonstance, bien qu'en n'en disant rien, il n'eût pas l'intention de tromper. — C'est vrai; mais il ne faut pas se dissimuler qu'ici la *bonne foi* de l'assuré est loin d'être entière comme dans le cas d'ignorance, et qu'il est toujours plus ou moins en faute de ne pas faire connaître à l'assureur tout ce qu'il sait.

« Il n'y a de *réticence,* dit M. Bédarride, susceptible de faire annuler l'assurance que celle ayant pour objet un fait qui, de nature à aggraver le risque, doit nécessairement influer sur l'opinion que les assureurs se sont formée de ce risque. » Le Tribunal appréciera la nature et la portée de la *réticence;* ce soin lui est laissé d'une façon souveraine, comme celui de juger de l'ignorance de l'assuré; dans les deux cas, une cassation ne serait pas à redouter de la part de la Cour Suprême.

La *réticence* est au moins une faute, et nous savons que la loi présume la non-culpabilité. A l'assureur donc à établir : 1° l'existence du fait de nature à influer sur l'opinion qu'il s'est formée des risques; 2° que l'assuré, au moment de la signature du contrat, savait que le fait s'était produit, ou ne se produirait pas, ou ne pourrait se produire.

L'assureur pourra user de tous les moyens de preuve, car il veut établir une faute, un dol. Si l'assuré réplique que sa partie n'ignorait pas elle-même le fait qui est en question, et que par conséquent elle a accepté les risques tels qu'ils se présentaient en réalité, il devra recourir à la police et seulement à la police ; car il ne peut rien prouver *outre et contre le contenu aux actes.*

La *fausse déclaration* est ou l'affirmation d'un fait qui n'existe pas ou la négation d'un fait qui existe. Cette déclaration peut être un mensonge, comme elle ne peut n'être que la conséquence d'une erreur où se trouve l'assuré ; dans l'un et l'autre cas, l'assurance sera nulle, pourvu que la fausse déclaration soit susceptible d'influer sur l'opinion des risques.

L'assureur devra établir l'existence de la déclaration d'abord, et ensuite celle de la fausseté. La déclaration ne peut résulter que de la police ; une déclaration verbale serait toujours non-avenue, à moins d'aveu ou de serment décisoire, parce qu'on *ne peut prouver outre,* etc.

Il en sera autrement de la preuve de la fausseté de la déclaration ; car il y a faute, il y a dol ; tous les moyens seront donc admissibles. Ainsi, l'assuré a déclaré que son navire était armé de canons, et ce n'était pas vrai : l'assureur appellera le capitaine, l'équipage et les passagers en témoignage. La liberté de la défense sera également illimitée.

L'assuré *pour compte....* répond de ses réticences et fausses déclarations, comme s'il était l'assuré véritable. Quant à ce dernier, il répondra lui-même de ses réticences, c'est-à-dire d'avoir connu le fait capable de changer l'opinion des risques et de ne l'avoir pas fait connaître à son commissionnaire. C'est pour rendre cette responsabilité effective que l'assureur peut, lorsqu'il est poursuivi, exiger la révélation du nom de l'assuré, autrement, rien ne serait plus facile que de tromper les assureurs au moyen de l'assurance *pour compte.*

Quant au mandataire ordinaire, qui n'agit qu'au lieu et place de l'assuré, il n'en est pas moins tenu de déclarer non-seulement tout ce qui est contenu dans la *lettre d'ordre,* mais encore tous les faits qui sont à sa connaissance, et que le mandant a pu ignorer et ignorait en effet. Ce dernier est au moins en faute d'avoir choisi un mandataire capable d'user de fraude et il en sera puni par l'application de l'art. 348 ; mais il aura une action en dommages-intérêts contre son mandataire.

L'art. 348 dit : *toute différence entre le contrat d'assurance et le connaissement....* Nous savons que cette différence a pour but de changer l'objet du risque. Elle enlève, dit M. Bédarride, tout aliment à l'assurance. Si la différence n'existait que dans les termes, il est évident qu'elle ne vicierait pas le contrat. C'est bien la cargaison du connaissement que l'on a fait assurer, mais on s'est trompé en indiquant et en transcrivant les marques ; cette erreur serait indifférente.

La différence entre la police et le billet de *grosse* aurait le même effet que la différence entre la police et le connaissement.

Cette quatrième cause de nullité n'affectera pas la chose dans sa nature, comme la précédente; car dans tous les cas, il s'agira d'une somme prêtée; mais la différence pourrait se remarquer dans les affectations sur lesquelles porte la somme.

Cette dernière différence existera donc, ou sur la somme, comme si le billet porte une somme de 1,000 fr., et la police celle de 1,500, ou de 500; ou dans la cause indiquée, comme si la police énonce que l'argent prêté a été employé à réparer le navire, tandis que le billet *de grosse* constate qu'il a servi à acheter des victuailles. Dans les deux cas, l'assurance sera nulle, parce que la différence est de nature à changer l'opinion que les assureurs s'étaient formée du risque et des avantages de l'assurance.

La nullité pour cause de *réticence* ou de *fausse déclaration* diffère de la nullité pour cause de *différence,* etc., en ce que l'assureur seul peut invoquer la première, tandis que l'assuré peut aussi se prévaloir de la seconde. Cela se conçoit : dans le premier cas, il s'agit d'une faute; l'auteur ne saurait être admis à en bénéficier. Dans le second, il peut bien y avoir *mauvaise foi* de la part de l'assuré; mais il faut considérer qu'il s'agit ici d'une rupture de voyage et que la rupture est au pouvoir de l'assuré, moyennant toutefois le paiement de l'indemnité *du demi pour cent.* Pour ce qui est des effets que produit cette dernière cause de nullité, il faut s'en référer à l'art. 349.

Il y a une dernière observation à faire sur le premier alinéa de l'art. 348. Si l'assuré, auteur de la *réticence* ou de la *fausse déclaration* et qui a agi sans intention de tromper l'assureur, reconnaît tout-à-coup, toutes choses étant entières et l'événement du risque demeurant encore inconnu, qu'il sera victime de sa *bonne foi* en cas de sinistre, il pourra, croyons-nous, forcer l'assureur, ou à tenir le contrat pour modifier dans le sens de la nouvelle déclaration, ou à en demander immédiatement la nullité, sans que celui-ci puisse, comme dans le cas de fraude, attendre l'événement du risque, pour faire connaître sa décision. Nous ne voyons pas que la loi s'oppose à une pareille démarche, et l'équité la justifie suffisamment.

Il importe peu que la réticence, la fausse déclaration ou la différence aient ou non influé sur le dommage ou la perte de l'objet assuré (art. 348 *in fine*); il suffit qu'il y ait eu possibilité d'influence : à cette seule condition, l'assurance est nulle.

Il est encore indifférent que l'assureur ait découvert les causes de nullité avant ou après le sinistre. L'absence de consentement ayant empêché le contrat de se former, des évènements postérieurs et indépendants de la volonté de l'assureur ne sauraient lui communiquer une existence qu'il n'avait pas *ab origine*. C'est là ce qu'exprime très-bien M. Corvetto, en disant : « Le contrat n'ayant pas existé, aucune conséquence, aucun effet n'ont pu en résulter. Dès lors, il est indifférent à l'égard de l'assureur, que le navire ne périsse pas, ou qu'il périsse par une chance sur laquelle la réticence ou la fausse déclaration n'auraient pas influé : l'assureur serait toujours autorisé à répondre qu'il a assuré un *tel risque*, et que ce risque n'a pas existé. »

Pour résumer notre explication de l'art. 348, nous dirons que l'obligation qu'a l'assuré de tout déclarer, est générale et absolue, qu'elle n'est pas seulement relative aux indications dont la loi prescrit la mention dans la police, mais qu'elle comprend encore tout ce qui, se rattachant à la navigation, est dans le cas d'être pris en considération par l'assureur.

2° *Obligation de signifier à l'assureur*, etc. L'assuré est tenu de cette obligation dans le cas où le *délaissement* peut être fait, et dans le cas, ajoute l'art. 374, de tous autres accidents au risque des assureurs.

Les motifs de cette disposition sont évidents : l'assureur étant responsable des avaries et pertes occasionnées par le sinistre, il est bien équitable que l'assuré, qu'il met à couvert, le mette à même, par ses avis, soit d'atténuer les effets du sinistre, soit même, si c'est encore possible, d'éviter le sinistre lui-même. Par les relations qu'a l'assureur dans presque tous les ports, et par les moyens de locomotion et d'envoyer des ordres, que les progrès de la science ont mis à sa disposition, il pourra souvent remédier à quelques-uns, du moins, des accidents que sa partie lui a signalés. Aujourd'hui donc plus que jamais, l'assuré doit se conformer aux prescriptions de l'art. 374.

S'il n'en tenait pas compte, il ne faut cependant pas croire que l'assurance serait nulle, ou que l'assuré ne serait pas recevable à faire le *délaissement;* la loi ne prononce ici aucune fin de non-recevoir, mais le défaut de signification donnerait ouverture à une action en dommages-intérêts au profit de l'assureur, si celui-ci prouvait que la négligence de l'assuré lui a préjudicié.

« La signification, dit en terminant l'art. 374, doit être faite dans les trois jours de la réception de l'avis. » Elle ne sera vraiment utile à l'assureur qu'autant qu'elle aura été faite avec célérité. Comme *à l'impossible nul n'est tenu*, la loi fixe un délai dans lequel l'assuré devra

s'exécuter; passé lequel délai, il sera en faute, et ouverture sera donnée à l'action dont nous venons de parler. L'Ordonnance se bornait à
réclamer la célérité, sans fixation de délai.

« Il n'est pas nécessaire, dit M. de Sèze, qu'un pareil avis soit
certain et bien justifié; il est toujours plus prudent à l'assuré de le signifier à l'assureur, de quelque part qu'il vienne; car en le transmet-
tant loyalement tel qu'il l'a reçu, il n'en garantit pas l'exactitude,
mais il met sa responsabilité à couvert. » Sa responsabilité n'est cependant engagée qu'autant que l'avis, par la nature des faits qu'il
indique et par la source dont il émane, mérite une certaine confiance,
offre une apparence de certitude, de vérité.

Si le porteur de la nouvelle que le navire est perdu, était l'équipage
même, l'assuré pourrait se dispenser de la signifier; la notification de
la perte et du *délaissement* pourrait être faite aux assureurs sans avis
préalable, dans le délai fixé par l'article précédent, à partir du retour
de l'équipage.

3° *Obligation de justifier du chargement*, etc. — 1. *Du Chargement
des choses assurées*. — L'assuré doit commencer par prouver l'existence
du chargement. Il fera cette preuve, en présentant le *connaissement*
qui est « une reconnaissance que le capitaine donne des marchandises
chargées dans le navire (Ordon. 1681, art. 1. Titre : *Du Connaissement).»*
La *charte-partie* ne suffirait pas, parce qu'elle n'est en quelque sorte
que la *promesse du chargement*, tandis que le *connaissement* témoigne
de l'exécution même de cette promesse [1].

« Ce n'est pas seulement, dit Valin, entre le capitaine et le marchand
chargeur que le *connaissement* fait foi; il fait foi tout de même contre
les assureurs et toutes autres personnes, sauf les preuves de fraude et
de collusion. »

« Il est évident, ajoute Pothier, que cette reconnaissance est une
preuve non suspecte de la quantité des marchandises qui ont été chargées sur le vaisseau; car le maître qui est obligé de les représenter, lors
de l'arrivée du vaisseau au lieu de sa destination, a intérêt de ne pas
comprendre dans le *connaissement* plus qu'il n'y en a. »

---

[1] Le *connaissement* indique la nature, la qualité et la quantité des marchandises chargées et en fournit l'inventaire exact et détaillé. Le *manifeste* n'est
que l'état général de la cargaison; il mentionne les noms des propriétaires, des
expéditeurs et des destinataires.

La *charte-partie* ou *nolissement* ou *affrétement*, constate la convention passée entre le fréteur et l'affréteur, c'est-à-dire, l'armateur et le chargeur.

La présentation du *connaissement* est certainement le plus simple et le meilleur mode de preuve que le chargement a été fait ; mais l'assuré peut encore recourir à d'autres moyens. Cependant qu'il se souvienne que ces nouvelles preuves pourront lui tenir lieu du *connaissement*, s'il a péri, mais ne pourront lui servir en rien à en combattre ou à en affaiblir la teneur. Le *connaissement* fait foi absolue contre l'assuré ; quant à l'assureur, n'étant nullement partie au *connaissement* ni à la *charte-partie,* il peut en attaquer la preuve, par toutes sortes de moyens, s'il prétend qu'il est erroné et frauduleux.

Si l'assuré est le capitaine même, le connaissement n'a plus la même force probante, la loi exige de ce dernier assuré d'autres garanties : 1° il doit fournir un connaissement signé par deux des principaux de l'équipage ; 2° comme cette signature pourrait être le résultat, dit Valin, de la timidité, de la surprise, d'un abus d'influence, peut-être même de la collusion, le capitaine assuré doit aussi prouver l'achat des marchandises que mentionne le connaissement (art. 344).

L'art. 345 suppose un autre cas où le connaissement ne pourrait suffire à prouver l'existence du chargement, et cela par des raisons analogues à celles qu'alléguait Valin. L'assuré est un homme de l'équipage ou bien un passager qui apporte des pays étrangers des marchandises assurées en France ; il doit établir l'existence de la cargaison par un connaissement laissé dans les lieux où le chargement s'est effectué, entre les mains du consul de France, et, à son défaut, entre les mains d'un Français notable négociant, ou du magistrat du lieu (art. 345).

Après avoir prouvé que les marchandises assurées ont été chargées, l'assuré doit encore en démontrer la perte, et la perte survenue depuis la signature de la police, et par *fortunes de mer.* En traitant du *délaissement,* nous examinerons cette preuve. Si les marchandises ont déjà péri lorsque l'assureur traite avec l'assuré, nous savons ce qui se passerait et à quelles conditions l'assurance serait valable. (*Voir* Chap, II, § 1, *De la chose assurée.* — Art. 365 et suiv.)

2..... *Ainsi que de leur valeur.* — Ce n'est pas tout : il doit encore justifier de la valeur des objets perdus ou avariés. Si l'estimation en a été faite dans la police, il présentera le contrat ; mais l'assureur pourra soutenir que cette valeur portée dans l'acte est exagérée, ou bien, dans le cas où plusieurs assurances existent sur le même objet, que le montant des sommes promises est supérieur à la valeur des choses assurées. L'assureur devra justifier ses allégations, et s'il y parvient, nous savons ce que devient l'assurance et comment s'interprètent les articles 357, 358 et 359.

Art. 336. — « En cas de fraude dans l'estimation des effets assurés, en cas de supposition ou de falsification, l'assureur peut faire procéder à la vérification et estimation des objets, sans préjudice de toutes autres poursuites, soit civiles, soit criminelles. »

L'assuré soutiendra son dire par la police d'abord, et ensuite par la comparaison de la police avec le connaissement et par d'autres preuves, s'il peut en fournir ; mais il ne sera pas admis à prouver *outre ou contre le contenu dans ces actes.*

Art. 339. — « Que si la valeur des marchandises n'est point fixée par le contrat, l'estimation en est faite suivant le prix courant au temps et au lieu du chargement, y compris tous les droits payés et les frais faits jusqu'à bord, » ou mieux encore, si cela est possible, « la valeur des marchandises sera justifiée par les factures ou par les livres. »

Si l'assureur contestait à l'assuré la propriété de ces marchandises, ce dernier moyen des livres et factures lui servirait à établir et la valeur de la chose assurée et ses droits de propriétaire.

4° *Obligation de justifier de la perte des choses assurées.* — En traitant du *délaissement* nous verrons comment l'assuré peut s'acquitter de cette obligation.

CHAPITRE V

THÉORIE DU DÉLAISSEMENT

La nature et les éléments de l'assurance maritime nous sont connus ; nous savons à quelles conditions son existence est soumise par rapport aux personnes, aux choses et à la forme ; enfin les droits et les obligations des parties ont été longuement exposés ; n'est-ce pas là tout le contrat d'assurance ? Que manque-t-il encore à notre œuvre ?

Nous pourrions, il est vrai, considérer notre tâche comme terminée. Cependant, comme il ne suffit pas de reconnaître des droits et de constater des obligations, et qu'il faut encore trouver les moyens de faire valoir les uns, et de contraindre à l'exécution des autres, nous la compléterons, en indiquant à l'assuré comment il triomphera des résistances de l'assureur, son obligé.

Quant à son obligation, à lui, qui est de payer la *prime* ou le *coût* de l'assurance, il y sera contraint par les voies et recours ordinaires ; ce que nous en avons dit, nous dispense d'un plus ample commentaire.

Il en est autrement de celle de l'assureur qui est l'objet principal de l'assurance : pour en obtenir l'accomplissement, l'assuré a deux voies, l'une de droit commun et qui est toujours à sa disposition, et l'autre exceptionnelle et qu'il ne peut prendre que dans certains cas. Le Code a traité à part de cette dernière action, et la procédure, qu'il a organisée, figure, dans notre Titre, sous le nom de *Délaissement*.

Pour nous faciliter l'étude de cette importante matière, commençons par en tracer le canevas : notre Chapitre V, qui est la Section III dans le Titre X, *Des Assurances,* sera divisé en quatre sections, dont la première sera consacrée à l'examen de la nature et des principaux caractères de l'*action en délaissement;* la seconde à celui des *cas légaux de délaissement;* la troisième à celui des *formes du délaissement* et enfin la dernière à celui des *effets du délaissement*.

Section I

GÉNÉRALITÉS

Pour l'assuré, l'objet unique de l'assurance est de le mettre à l'abri de toutes les chances fâcheuses de la navigation. De là, pour l'assureur, l'obligation de l'indemniser des dommages que sa chose éprouvera par *fortunes de mer*. Ces dommages peuvent ne constituer qu'une perte partielle, ou sinistre *mineur*, et dans ce cas on évaluera le tort causé, et le garant en paiera l'évaluation. Ce qui n'aura pas été atteint par l'accident maritime restera à l'assuré. Mais si le sinistre est *majeur*, si la chose a péri tout entière, l'assureur en paiera la valeur intégrale, qui sera ordinairement de la somme promise. En principe donc, le rôle de l'assureur est de garantir et d'indemniser; il se borne à cela, et la caution n'a aucun droit sur la chose. D'où il suit que si elle n'a péri qu'en apparence, si l'on apprend, l'indemnité payée, qu'elle a été sauvée, elle rentrera en la possession de l'assuré, qui n'a pas cessé d'en être propriétaire. Mais, comme il a touché *un indu*, il sera tenu à restitution. Cependant, la chose n'ayant pas été recouvrée intacte, le sauvetage n'ayant point été gratuit, il faudra procéder à une évaluation avec déduction et remboursement.

Ces différentes opérations exigent du temps et des frais inutiles; telles sont pourtant les conséquences nécessaires des principes généraux de l'assurance, en dehors de toute règle spéciale. Et il importe de bien constater cette loi fondamentale, que l'obligation de l'assureur n'est pas précisément de payer la somme promise, valeur de la chose assurée, mais seulement d'*indemniser l'assuré de la perte quelconque qu'il éprouvera par fortunes de mer*, et rien de plus.

Cette règle, aussi ancienne que l'*assecuratio*, n'a pas encore cessé d'être vraie ; l'obligation de l'assureur n'a pas changé de nature. Cependant on chercha de bonne heure à atténuer les inconvénients qu'en offre l'application rigoureuse. « Si, avant le recouvrement de la chose perdue, disait Casarégis, l'assurance avait été payée, l'assuré a le choix ou de garder l'argent, ou de le rendre, en recevant la chose qu'on lui représente. S'il veut garder l'argent, la chose recouvrée appartiendra aux assureurs, en vertu de la *cession* qui leur en est faite. » Cette cession était un progrès vers le *délaissement*, tel qu'on l'entendit plus tard. Toutefois la faculté que l'on accordait à l'assuré, était encore insuffisante à prévenir les procès et les lenteurs. Le règlement d'avarie n'était pas définitif ; les évaluations, les expertises pouvaient recommencer après le paiement de l'indemnité. D'ailleurs, l'assuré n'avait droit au paiement de la somme promise, que si la perte était totale ; la portion conservée n'aurait-elle été que très-minime, il fallait la discuter. Comme on le voit, le droit d'option que le Jurisconsulte reconnaît à l'assuré, est encore loin de remédier à tout le mal. Il fallait donc aller plus loin. On assimila la perte totale à la perte entière, et dans ce cas l'assuré put faire la cession de la portion non périe, et il put la faire au moment du règlement de l'avarie. On admit même que, pour être réellement avantageuse, toute cession devait se faire le jour de ce règlement. L'assuré avait ainsi la faculté de toucher toute la somme promise, pourvu qu'il renonçât à la propriété de ce qui lui restait de sa chose et de ce qui pouvait en être sauvé ou retrouvé. Cette renonciation était de tous ses droits et de toutes ses prétentions à la chose assurée.

On fit plus : on considéra que certains sinistres, le plus souvent, occasionnaient la perte entière ; on présuma qu'ils la causaient toujours ; et dans ces cas la cession put toujours être faite. Le *Guidon de la Mer* (chap. VII), nous retrace ces différents progrès et ces différentes règles, et nous montre l'*action en délaissement* à côté de l'action d'avarie. Cette dernière est l'action en quelque sorte *originelle*, celle qui découle directement de l'assurance ; l'assuré peut toujours l'exercer ; l'autre ne lui est accordée qu'exceptionnellement. Telles sont l'origine et la nature de l'*action en délaissement*.

L'Ordonnance se borna souvent à reproduire le *Guidon de la Mer* ; sur quelques points, cependant, elle se montra plus timide. Quant à notre Code de commerce, les modifications qu'il a introduites dans la matière sont peu nombreuses. Nous les signalerons au courant de cette étude.

Il est temps de définir le *délaissement*. « C'est, dit M. Rivière, *l'abandon que l'assuré fait à l'assureur de ce qui reste des objets, à la charge de payer la somme entière portée par la police et dans le délai convenu.* »

L'action en *délaissement* n'est que l'exercice de cet abandon dans les formes et conditions prescrites par la Section III (art. 369-396).

L'action dite *l'action d'avarie*, peut toujours être employée, parce que toujours l'assuré peut se borner à demander la réparation du tort qu'il a éprouvé. Mais son intérêt ne lui permet ordinairement de l'exercer que dans le cas de sinistre *mineur*. L'action en *délaissement*, au contraire, n'est à sa disposition que lorsque l'événement a occasionné la perte totale, ou presque totale, ou présumée telle de la chose assurée. Elle a pour conséquence de contraindre les assureurs au paiement de la somme promise, si toutefois la valeur de l'objet lui est égale ou supérieure. Mais l'assuré n'arrivera à ce résultat, que s'il réalise, au préalable, l'abandon de la chose qui a fait la matière de l'assurance. C'est là une condition nécessaire du succès de ses poursuites.

L'action d'avarie ne comprend aucune cession préalable, c'est une action en dommages-intérêts ordinaire.

Le *délaissement* a pour effet de transférer aux assureurs la propriété de la chose abandonnée. Le sauvetage s'opère pour leur compte exclusif, sauf le concours des prêteurs *à la grosse*, dans l'hypothèse prévue par l'art. 331.

Si l'assuré n'exerce que l'*action d'avarie*, aucune transmission de ce genre ne s'effectuera au profit des assureurs; les effets sauvés ne cesseront pas de lui appartenir.

Comme on le voit, et comme il importe de le bien faire observer, *l'action en délaissement* ne tient point à l'essence de notre contrat; elle y est étrangère, c'est une exception, une anomalie. Et c'est pour cela que le Code ne l'a autorisée qu'à certaines conditions et dans certains cas; c'est pour cela que la nomenclature de l'art. 369 est limitative, et que la Section III est une matière à part et qu'il faut interpréter *étroitement*.

Le *délaissement* a été admis dans l'intérêt exclusif de l'assuré, en ce sens qu'il peut, à son gré, lorsqu'il lui est permis, le réaliser ou s'en abstenir. C'est ce qu'indique l'art. 369, en disant : le *délaissement des objets assurés peut être fait*, etc. C'est donc une pure faculté que la loi consacre en sa faveur, et non une obligation qu'elle lui impose. L'art. 409 confirme pleinement cette induction en disant : « et dans ces cas (de l'art. 369), les assurés ont l'option entre le *délaissement* et l'exercice de l'*action d'avarie*. »

En conséquence, l'assureur est toujours obligé de l'accepter, lors même qu'il démontrerait que le règlement d'avarie serait préférable à l'assuré ; et par là même aussi, il ne peut jamais le contraindre à *délaisser*. Il est vrai qu'il peut lui opposer des fins de non-recevoir, telles que la prescription de l'action ou la renonciation *expresse* ou *tacite* qu'il y aurait faite.

Cette renonciation est *expresse*, lorsqu'elle est contenue dans la police. L'assuré a pu déclarer, en effet, qu'il ne délaisserait que dans certains des cas de l'art. 369, ou même qu'il renonçait entièrement à se prévaloir de la faculté dont l'investit la loi.

Elle est *tacite*, lorsque l'assuré, après avoir connu le sinistre et ses conséquences, a fait un acte impliquant de sa part la volonté de ne pas exercer l'action en *délaissement*, par exemple, s'il s'est pourvu en règlement d'avarie. C'est, en effet, un principe, que, s'il peut choisir, dans les termes de l'art. 369, entre le *délaissement* et l'*action d'avarie*, son choix, une fois fait à certaines conditions cependant, est irrévocable — *electâ viâ, non datur regressus ad alteram.*

Cependant on ne présumera pas facilement la renonciation *tacite*. Car il arrivera souvent que l'acte n'a été fait qu'en vue d'éclairer son auteur sur la gravité du sinistre et sur l'importance des pertes qu'il a éprouvées ; très-souvent l'assuré n'a agi que pour mieux se mettre à même de savoir si l'art. 369 est applicable et de faire un bon choix (Tribunal de Marseille, 27 octobre 1829). On ne saurait être, en effet, présumé avoir renoncé à un droit dont on ignore l'existence.

D'ailleurs, s'il opte pour le *délaissement*, il pourra se rétracter tant que son option n'aura pas été acceptée ou jugée valable (art. 385). De quelque manière que le *délaissement* soit devenu irrévocable, l'assuré ne peut l'exercer à demi ; il doit délaisser toute la chose assurée ou se contenter de l'action d'avarie. Cette règle est aussi absolue que l'axiome romain : *nemo partim testatus, partim intestatus moritur.* Selon l'art. 372, le *délaissement* ne peut pas plus être conditionnel que partiel. Il ne s'étend qu'aux effets qui sont l'objet de l'assurance et du risque ; ce qui veut dire que l'assuré ne pourra et ne devra délaisser que les objets qui étaient à bord au moment du sinistre.

Il ne peut, nous l'avons déjà dit, poursuivre le paiement de la somme assurée, sans faire, au préalable, le *délaissement* de l'objet de l'assurance. Cette condition est essentielle ; le *délaissement* devrait être fait, lors même que le navire et la cargaison auraient été engloutis dans les flots, et qu'il n'en resterait rien. Et il n'y a point de *délaissement*, s'il n'a été signifié ou si du moins l'assureur n'a pas accepté par écrit la proposition confidentielle du *délaissement* et dispensé l'assuré de toutes les formalités.

Le *délaissement*, ou mieux la Section III (art. 369-396), est une matière à part, exceptionnelle et de *droit étroit*; il faut, en conséquence, s'y défier des interprétations larges et s'écartant du texte; il faut y rechercher l'*esprit* dans la *lettre*. Un exemple fera saisir toute notre pensée : L'Ordonnance accorde la faculté de délaisser dans le cas de perte entière; elle se tait sur la détérioration. Pothier, trouvant, avec raison, que si l'on s'en tenait à la lettre, on nuirait aux assurés et au commerce, voulait ajouter le mot *détérioration*: « d'autant mieux, disait-il, que dans l'usage on confond les deux mots. Ainsi l'on dit que les marchandises, qui sont considérablement endommagées, sont des marchandises perdues. » Mais Emerigon lui répondait avec encore plus de justesse, que « l'Ordonnance ne comporte pas cette interprétation, que la *dégradation* n'est pas la *perte*, puisque le chargeur n'est pas privé de sa chose. » Et il concluait ainsi : « Supposez que le blé fût pourri en entier, le *délaissement* ne serait pas admis, ce dommage ne serait rien de plus qu'une avarie simple. » Et toute la jurisprudence était de l'avis d'Emerigon.

Il faut généraliser cette doctrine (ce que l'on faisait d'ailleurs avant le Code), et l'appliquer à toute la matière du *délaissement*.

Venons à l'explication de l'art. 369, ainsi conçu : le *délaissement* peut être fait :

— En cas de prise ;

— En cas de naufrage ;

— En cas d'échouement avec bris ;

— En cas d'innavigabilité par fortunes de mer ;

— En cas d'arrêt d'une puissance étrangère, ou d'arrêt de la part du gouvernement, après le voyage commencé ;

— En cas de perte ou de détérioration des effets assurés, si la détérioration ou la perte va au moins à trois-quarts.

Les dispositions de cet article sont certainement restrictives. Il est vrai que l'art. 46 de l'Ordonnance disait : « *Ne pourra le délaissement être fait* qu'en cas de prise....»; mais si le Code n'a pas reproduit cette locution, c'est uniquement afin qu'on n'en abusât pas au point de prétendre qu'il est défendu de déroger, par clauses particulières, aux restrictions de la loi. La rédaction de l'art. 369 n'a pas d'autre but; ce qui le prouve bien, c'est que le Code, après avoir fait connaître les sept cas légaux de *délaissement*, ajoute dans l'art. 371 : *tous autres dommages sont réputés avaries.....* Il y a cependant un huitième cas légal, non compris dans l'art. 369, c'est le *défaut de nouvelles* prévu et, réglé par les art. 375 et 376.

L'interprétation générale de l'art. 369 soulève une autre difficulté, dont il n'est guère plus difficile de triompher que de la précédente. Pour donner lieu au *délaissement,* faut-il toujours que la perte soit totale ou au moins des trois-quarts ? Quelques auteurs soutiennent l'affirmative, disant que telle était l'opinion des anciens Docteurs, et que le Code n'a point entendu poser un cas nouveau, lorsqu'il ajoute : *en cas de perte ou de détérioration,* etc., mais bien une règle générale, applicable aux divers cas légaux.

Ce raisonnement n'est pas fondé ; en effet, il suffit de lire l'art. 369 pour s'en convaincre. La loi se borne à faire une nomenclature ; elle dit : « Le *délaissement* peut être fait : 1° en cas de prise ; 2° en cas de naufrage, etc... ; 6° *en cas de perte,* etc. ; » et ce sixième cas n'est pas le dernier. Si elle avait voulu faire une observation générale, elle ne l'aurait pas énoncée en forme de cas, et elle l'aurait placée à la fin.

Autre argument en faveur de la négative, tiré de l'économie du texte : Si la perte devait être, dans tous les cas, au moins des trois-quarts, si c'était là une condition de *délaissement sinè quâ non,* il nous semble que la nomenclature de l'art. 369 était complétement inutile, puisqu'il n'y aurait qu'un seul cas légal, celui *où la perte ou la détérioration serait au moins des trois-quarts.* Une réflexion si simple, si naturelle, n'aurait pas échappé à des Jurisconsultes tels que ceux qui ont rédigé notre Code de commerce.

Mais il y a d'autres raisons de combattre la doctrine contraire. En édictant l'art. 369, que s'est proposé le Législateur ? De remédier aux inconvénients sans nombre qu'engendrerait un procès en liquidation fait au moment où l'on réglerait les avaries, et souvent renouvelé dans la suite. Que se passerait-il, en effet ? Je suppose le cas de naufrage : avant de prendre aucune détermination, l'assuré devrait rechercher les marchandises échappées au sinistre, les faire mettre en séquestre, faire procéder à une expertise. Quel temps, quelles dépenses n'exigeraient pas ces différentes opérations ! Et l'assureur, après tout, y trouverait-il son avantage ? Ces dépenses ne seraient-elles pas pour lui ? N'est-il pas tenu de rendre l'assuré *indemne* de tous dommages et pertes éprouvées par suite du sinistre ? Et si les marchandises diminuaient de valeur pendant qu'on en fait l'évaluation, ne devrait-il pas en payer la différence en moins ? Car nous savons que l'assureur basera son indemnité sur la valeur fixée par le contrat, et à défaut de cette fixation, sur l'estimation

qui en est faite suivant le prix-courant au temps et au lieu du chargement.

Ce n'est pas tout : si l'assuré ne pouvait espérer la faculté de délaisser qu'autant que l'objet de l'assurance aurait péri tout entier, il serait
à craindre, pour peu que le cas parût douteux, qu'il ne s'entendît avec
le capitaine et l'équipage pour rendre la perte totale, ou du moins pour
ne pas l'empêcher de l'être; car, loin d'être encouragé à veiller au sauvetage des effets assurés, il serait, au contraire, intéressé à tout laisser
périr. Ce qui n'allégerait pas les charges de l'assureur.

Et le commerce même ne souffrirait-il pas de ces lenteurs, de ces
entraves apportées aux transactions, lui qui ne demande que célérité
et facilité en affaires ?

Il est évident maintenant que cette énumération de l'art. 369 n'a pas
d'autre objet que d'éviter ces nombreux et grands inconvénients. Du
reste, la législation moderne n'a pas repoussé absolument cette idée
générale, dont on veut faire une application trop rigoureuse, *que le
délaissement ne peut se faire que si la perte est totale ou presque totale*.
Seulement cette perte, au lieu de devoir être toujours *réelle*, peut n'être
parfois que *fictive*. En effet, comme le plus souvent (c'est ainsi toujours
dans plusieurs cas) la perte sera totale, la loi présume qu'elle le sera
toujours. Ainsi dans le cas de naufrage, il peut se faire que la perte ne
soit pas aussi considérable que l'exigerait la rigueur des principes; mais
ordinairement elle le sera autant et peut-être davantage. Au demeurant,
la présomption est absolue et *juris de jure*.

Terminons cette exposition des caractères et des règles essentielles du
délaissement par une dernière observation. Dès qu'un cas légal s'est
produit, la faculté de délaisser est offerte à l'assuré, et il peut en user
quoi qu'il arrive indépendamment de sa volonté, même avant qu'il ait
fait son choix. Prenons, pour exemple, le cas de prise : si le navire est
délivré et s'il arrive dans le port de l'assuré avant qu'il ait exercé l'action en *délaissement*, il n'en pourra pas moins faire l'abandon.

Section II

DES CAS DE DÉLAISSEMENT

§ 1. — De la prise.

On distingue la *prise juste*, ou celle qui est faite suivant les lois de la
guerre, de la *prise injuste*, ou celle qui est opérée contrairement au droit
des gens; on distingue la *prise* proprement dite, ou celle dont l'objet est

de s'emparer du navire et de la cargaison, de la *prise*, espèce d'arrêt du navire, dont l'objet est de prendre seulement les effets de l'ennemi ou les effets de contrebande qui s'y trouvent chargés. Mais toutes ces distinctions sont ici inutiles; pour l'art. 369, il n'y a qu'une seule prise, qui, lorsqu'elle se produit, donne lieu au *délaissement*—*Si navis etiamsi ab amicis injustè capta fuit, præcipuè ob pacta in apocha apponi consueta nempè, tàm ab amicis, quàm inimicis justè vel injustè occuparetur*, ASSECURATORES TENENTUR.

Ce premier cas donne lieu à une controverse. Pothier, Valin et l'ancienne jurisprudence décidaient que, dès que la prise est réalisée, le délaissement est possible, et que, pour l'empêcher, l'assureur ne peut prétexter qu'il y a eu *rescousse*, délivrance par les matelots, abandon par le capteur, et cela avant la notification du *délaissement*. Dans notre siècle, Locré, Boulay-Paty, Dageville, Bédarride, etc., ont partagé ou partagent encore ce sentiment, le seul conforme aux principes, comme nous l'avons déjà dit.

Mais Pardessus et Delvincourt ont soutenu l'opinion contraire. Delvincourt se fonde : 1° sur ce que l'art. 385 n'oblige indispensablement l'assureur au paiement de la somme assurée, que si le retour n'a lieu qu'après la signification du *délaissement;* 2° sur ce que l'assureur, en cas de rachat, peut empêcher le *délaissement* en prenant la composition à son compte, aux termes de l'art. 396.

Voici comment on peut répondre à ces deux objections. — L'article 385 déclare que le *délaissement* transfère la propriété nonobstant le retour, et il est vrai qu'il suppose ainsi un retour postérieur; mais c'est là ce qui arrive habituellement, et l'article le constate et ne constate rien de plus. Ce qui le prouve, c'est que la prise dépouille, *ipso facto*, l'assuré de son titre de propriétaire, et que, dès ce moment, il a droit au paiement de la somme promise, en remplissant les conditions exigées pour le *délaissement;* c'est que le *délaissement* rétroagit au jour du sinistre, au point que le sauvetage n'est fait que dans l'intérêt et pour le compte des assureurs. Et ainsi la mise en liberté n'est qu'un cas de sauvetage; et comme ce dernier fait, quoique antérieur à la notification du *délaissement*, ne l'empêchera pas; de même il en sera de la *rescousse* ou de l'abandon par le capteur.

Quant à l'argument tiré de l'art. 396, il est sans valeur; car l'article précité crée un cas tellement à part, que les principes du *délaissement* y sont totalement renversés : ce n'est plus l'assureur qui est à la disposition de l'assuré, c'est l'inverse. Il n'y eut jamais exception plus apparente, et partant jamais il ne fut plus vrai qu'ici de dire : *l'exception ne peut faire la règle.*

Si la chose assurée avait été prise parce qu'elle est marchandise de contrebande, le *délaissement* ne serait possible, le cas ne serait légal qu'autant que le chargeur se serait fait assurer contre la *baraterie de patron.* Et cette assurance même ne serait valable que si l'assuré ignorait la nature de la marchandise et la contravention, en un mot, si la contrebande n'était en rien le fait de l'assuré. (Bédarride, sur l'art. 369.)

Art. 395 et 396. — Quelquefois il arrive, dit M. Rivière, que le capitaine capteur se contente d'une rançon, au moyen de laquelle la prise est rendue à celui qui en était propriétaire, et le plus souvent cette composition a lieu sans que l'assureur en puisse être instruit. L'assuré peut, dans ce cas, racheter les effets sans attendre son ordre ; — mais il est tenu de signifier le plus tôt possible à l'assureur la composition qu'il a faite ; — et dans les vingt-quatre heures de la signification, l'assureur doit déclarer s'il entend prendre la composition à son compte ou y renoncer. — S'il accepte le rachat, il est tenu de contribuer sans délai au paiement de ce rachat dans les termes de la convention faite entre le capturé et le capteur, et à proportion de son intérêt ; par ce moyen, le cours de l'assurance est rétabli tel qu'il était avant la prise, et l'assureur continue de courir les risques du voyage, conformément au contrat d'assurance.

S'il déclare ne pas vouloir accepter la composition, ou s'il ne s'explique pas dans les vingt-quatre heures de la signification qui lui est faite par l'assuré, il doit payer la somme assurée, sans pouvoir rien prétendre aux effets rachetés, qui, à son égard, sont présumés avoir été pris.

L'assuré prouvera l'existence de la prise en présentant le consulat du capitaine.

§ 2. — *Du naufrage.*

D'après Accurse, voici qu'elle serait l'étymologie du mot naufrage : *Dicitur naufragium quasi navis fractura : à* NAVE *et* FRAGIO, *quia plerumquè navis frangitur, dùm naufragium petitur.*

Nous avons fait connaître les différentes sortes de naufrages qu'il est d'usage de distinguer ; nous n'y reviendrons pas. Quel qu'il soit d'ailleurs, le naufrage, si naufrage il y a, donne toujours lieu à *délaissement.* Et l'assuré peut délaisser les marchandises comme le *corps*, soit que l'assurance porte à la fois *sur le corps et les facultés*, soit qu'il

y ait deux assurances. On a vainement essayé de refuser le *délaissement*, dans ce dernier cas, à l'assuré *sur facultés*. La Cour de cassation
a repoussé, et avec raison, toute distinction de ce genre (Arrêt du
29 décembre 1840). Le Rapporteur Lasagni disait : « Vous examinerez si
on ne peut pas répondre que la circonstance de l'assurance ou de la
non assurance du navire ne change pas la nature du naufrage aux yeux
de la loi. Quand ce sinistre a eu lieu, la loi considère comme perdue
toute la cargaison, seulement elle oblige le capitaine et les assurés à
travailler au recouvrement des marchandises qui la composent et que
la loi ne considère que comme des débris. Aussi, loin de les priver du
droit de délaisser, le leur conserve-t-elle expressément. »

La Cour se rangea à l'avis du savant Rapporteur. La cargaison est
légalement présumée perdue, ajoute M. Bédarride, alors même qu'en
réalité elle eût été sauvée en grande partie ou même en totalité.

L'intérêt des assureurs lui-même dictait cette solution ; on devait
craindre, en effet, si on subordonnait le *délaissement* à la quotité de
la perte matérielle, que l'assuré, qui voudrait user de cette voie ne se
livrât pas au sauvetage avec l'ardeur et le zèle désirables, au grand
détriment des assureurs.

§ 3. — De l'échouement avec bris.

Les conséquences de cet échouement maritime ne diffèrent en rien
de celles du cas précédent ; pour l'un et pour l'autre, au point de vue
du *délaissement*, les effets seront donc aussi les mêmes.

L'Ordonnance distinguait l'échouement du bris et en faisait deux cas
particuliers de *délaissement*. Les auteurs critiquaient vivement cette
disposition. En effet, l'échouement sans bris, le simple échouement
n'a pas d'effets désastreux, ni pour le navire, ni pour les marchandises.
Le Législateur sentit la justesse de cette observation, et l'art. 5 de la
déclaration de 1779 exigea que, pour donner lieu au *délaissement*,
l'échouement eût mis le navire hors d'état de continuer sa route.
L'art. 369 est plus clair et plus net ; il veut que l'échouement soit accompagné de bris.

Quelques auteurs, entre autres MM. Favard et Dageville, ont rapproché de l'art 369 l'art. 389, où il est dit : « *Le délaissement à titre
d'innavigabilité* ne peut être fait, si le navire *échoué* peut être relevé,
réparé et mis en état de continuer sa route pour le lieu de sa destination ; » et ils ont prétendu qu'il ne s'agissait ici que du grand bris, de
celui qui produit la dislocation du navire tout entier ; que pour le bris

partiel, il fallait appliquer cette disposition de l'art. 389; en un mot, qu'il fallait voir le cas d'innavigabilité dans celui d'échouement avec *bris partiel*. Un arrêt de la Cour de Paris du 27 février 1841 a sanctionné cette distinction.

Mais voici comment on réfute cette doctrine. —Il est vrai que l'art. 389 admet un échouement; mais il n'y est question que de l'échouement simple, qui constitue l'innavigabilité et qui n'est pas un cas immédiat et définitif de délaissement, précisément parce que les dommages qu'il cause sont souvent minimes. L'art. 389 ne saurait comprendre le bris partiel : 1° parce que la loi ne le dit pas et que l'art. 369 ne fait aucune distinction de ce genre, et nous savons que la matière n'admet guère que les interprétations conformes au texte; 2° parce que les effets du bris partiel sont tous autres que ceux de l'innavigabilité ou de l'échouement simple. En effet, le bris partiel étant la dislocation d'une partie essentielle du navire, les frais de sauvetage et de réparation sont ordinairement si considérables, que la seule action d'abandon, dit Emerigon, serait capable de remplir l'intérêt des assurés; 3° enfin parce que, s'il faut assimiler le bris partiel à l'échouement simple, s'il faut appliquer l'art. 389, on ne voit plus de raison de n'en pas dire autant du bris complet et de ne pas convenir, en vertu de l'art. 389, que, si le navire, le bris soit-il petit ou grand, peut être, à force de réparations, relevé et remis en route, le délaissement sera impossible. Telle est la conséquence forcée du système de MM. Dageville et Favard; le cas d'échouement avec bris, tout entier, doit être confondu avec le cas d'innavigabilité; mais alors pourquoi la loi en a-t-elle fait deux espèces différentes?

Comme on le voit, ces Messieurs tombent en plein domaine de l'arbitraire. Nous préférons suivre la Cour de Bordeaux (arrêt du 23 juin 1827, et celle de Paris (arrêt du 27 août 1842.

Nous ne prétendons point que la moindre fracture constitue un bris partiel, non; pour qu'il y ait bris partiel, il faut qu'il ait atteint une partie essentielle et occasionné un désordre grave. Les Tribunaux auront ici d'ailleurs un pouvoir souverain d'appréciation.

Appliquons la doctrine de la Cour de Bordeaux à une hypothèse qui ne pouvait se présenter autrefois, à la marine à vapeur.

Un navire à voile qui échoue sans bris et qui se relève, n'est point déclaré en état d'innavigabilité, et le *délaissement* ne peut être fait. Mais je suppose que ce navire à voile ait aussi une machine à vapeur, qu'il échoue, que sa machine seule se brise, qu'il puisse toutefois continuer sa route avec l'aide seul de ses voiles, *quid?* Il nous semble qu'on pourra appliquer ici l'art. 369, car, dans un bateau à vapeur, la

machine est une partie essentielle. C'est aussi l'avis de M. Lemonnier :
« Quand même, dit-il, le navire, allant à la fois à la voile et à la vapeur,
pourrait, malgré le bris des machines, continuer son voyage à la voile,
le *délaissement*, à notre avis, pourrait être fait à titre d'*échouement
avec bris*. Assurément, les machines d'un navire à vapeur sont une
partie essentielle de ce navire ; le bris de ces machines, quand il résulte
d'un échouement, nous paraît donc bien constituer l'échouement avec
bris, dont le Code a fait un cas de *délaissement,* et cela quel que soit
d'ailleurs l'état des autres parties. »

Résumons, sur ce troisième cas, la doctrine qui nous paraît la
meilleure. Toutes les fois qu'il y a échouement avec bris, quelle que
soit la perte, quel que soit le sort ultérieur du navire, il y a lieu au
délaissement. « *Quand même tout serait sauvé*, dit Emerigon, il y a
lieu à abandon, parce que le dommage souffert en pareil cas et les
frais de sauvetage sont si considérables que la seule action d'abandon
serait capable de remplir l'intérêt des assurés. »

Terminons par cette observation : si les facultés seules étaient assurées, le *délaissement* n'en serait pas moins possible, si le *corps* était
dans le cas d'être délaissé. Mais si le sinistre n'est pas *majeur* pour le
corps, assuré ou non, il ne le sera pas non plus pour les marchandises, à moins que la perte ne s'en soit élevée aux trois-quarts.

§ 4. — *De l'innavigabilité par fortunes de mer.*

L'innavigabilité est une dégradation absolue ou le défaut irrémédiable
de quelqu'une des parties essentielles du vaisseau, sans lesquelles il ne
saurait subsister comme navire et remplir l'objet de sa destination.

« Le droit commun, dit M. Lemonnier, distingue deux sortes d'innavigabilité : l'*innavigabilité absolue,* quand le navire est matériellement innavigable, tout-à-fait hors d'état d'être réparé et de reprendre
sa course ; l'*innavigabilité relative*, lorsque le navire, momentanément
incapable de naviguer, mais susceptible cependant de réparations, ne
peut, soit par disette de matériaux ou d'ouvriers, soit par manque
d'argent et de crédit, recevoir les réparations qui lui seraient indispensables pour reprendre la mer. L'une et l'autre donnent ouverture à l'action en *délaissement.* »

Comme on le voit par les termes de l'art. 369, l'innavigabilité n'autorise le *délaissement*, qu'autant qu'elle résulte d'une fortune de mer.
Que si elle avait été causée par le vice propre de la chose, l'assureur
serait à l'abri de toutes poursuites.

L'assuré, étant demandeur, devra justifier de sa demande, c'est-à-dire, prouver que l'innavigabilité a été le résultat d'un accident maritime.

L'Ordonnance ne mettait pas l'innavigabilité au nombre des cas de *délaissement;* cependant, la pratique avait peu à peu comblé cette lacune, et la Déclaration de 1779 consacra l'usage. Elle fit plus, elle prévit notre question, et voici comment elle la trancha : elle décida qu'à l'avenir, tout navire entreprenant un voyage quelconque, serait visité avant *l'aller* et avant *le retour,* et qu'un procès-verbal de visite serait dressé, sur la présentation duquel procès-verbal seulement, le *délaissement* pourrait être validé.

Ainsi, l'assuré pouvant se contenter de présenter le certificat de visite, l'assureur était obligé d'accepter le *délaissement,* ou bien de combattre la présomption résultant de cette pièce, sauf à l'assuré à fournir d'autres preuves à l'appui du procès-verbal. Mais il ne pouvait *délaisser* que si un rapport de visite avait été dressé; dans le cas contraire, le vice propre était présumé d'une manière absolue.

Un Décret des 9 et 13 août 1791 n'exigea la visite que pour les voyages de long-cours, et seulement avant *l'aller.* Le commissaire-visiteur, dans son examen, devait avoir en vue à la fois le *retour* et *l'aller.* Le Décret dérogeait encore à la Déclaration, à défaut de procès-verbal, l'assuré serait admis à fournir d'autres preuves; la loi présumait bien le vice propre; mais sauf la preuve contraire.

Le Code adopta purement et simplement cette dernière législation.

Mais dans le cas de cabotage, que se passera-t-il? L'assuré devra-t-il établir *la fortune de mer,* à moins qu'il ne présente un certificat de visite?

Le Code, dit M. Bédarride, en exigeant, après le Décret de 1791, une visite préalable pour les voyages de long-cours, en a dispensé implicitement le grand et petit cabotage. Il est, en effet, à présumer que pour cette navigation, dont on peut facilement calculer la durée et les risques, le navire est toujours capable de tenir la mer.

L'assuré, se basant donc sur cette présomption, que l'on tire de l'esprit et de l'économie du Code, n'aura pas d'autre preuve à faire; dans la suite seulement, il devra répondre aux allégations de l'assureur. Si l'assuré cependant présentait un certificat de visite ce serait là un moyen surérogatoire, qui fortifierait la présomption légale et rendrait la défense de l'assureur encore plus difficile.

En résumé, l'assuré soutiendra sa demande, dans le premier cas, en présentant le rapport de visite, dans le second, en se prévalant de la présomption qui dispense le cabotage de toute visite préalable.

Pour les voyages de long-cours, le Code exige un certificat de visite ; mais quelle est la sanction de cette loi, qu'aura de fâcheux, pour l'assuré, l'absence de ce procès-verbal ? Ce sera, pour lui, une circonstance défavorable, qui infirmera ses autres preuves et donnera plus de vraisemblance aux allégations de l'assureur, à moins qu'il n'établisse que le rapport a existé, mais que la perte en est due à des événements étrangers à sa volonté.

Avant de pouvoir délaisser, l'assuré doit faire déclarer l'état d'innavigabilité par l'autorité compétente. Cette déclaration doit toujours émaner, en définitive, d'un Tribunal français. Il est vrai que les juges baseront leur sentence sur des constatations faites par nos agents à l'étranger, ou à défaut d'agents français, par les autorités locales. Mais quelle que soit la force de ces documents, le juge français devra toujours intervenir en dernier lieu. Ainsi, l'un de nos consuls ordonnerait la vente du navire pour cause d'innavigabilité ; ce ne serait là qu'une mesure conservatoire, le *délaissement* ne serait pas encore possible. Le Tribunal français compétent devrait, au préalable, se prononcer ; et se prononcer sur les présomptions et moyens dont nous venons de parler.

Bien et dûment déclarée, l'innavigabilité donne lieu au *délaissement*, soit que l'assurance porte sur le navire, soit qu'elle porte sur le chargement. — Mais les effets sont nécessairement différents : l'innavigabilité met fin à l'assurance *sur le corps,* puisqu'il est déclaré hors d'état de remplir le but de sa destination. L'assureur en a garanti l'heureuse arrivée ; l'innavigabilité empêchant qu'elle puisse avoir lieu, l'assuré peut donc en faire le *délaissement.*

Il n'en est pas de même relativement aux marchandises : c'est leur arrivée et non celle du navire qui a été garantie ; le navire ne figure ici que comme moyen de transport. Venons à l'explication des articles relatifs à notre paragraphe :

Art. 389. — « Le *délaissement*, à titre d'innavigabilité, ne peut être fait, si le navire échoué peut être relevé, réparé et mis en état de continuer sa route pour le lieu de sa destination. — Dans ce cas, l'assuré conserve son recours sur les assureurs, pour les frais et avaries occasionnés par l'échouement. »

Le navire peut être hors d'état de continuer sa route de deux manières, ou parce que la dislocation est telle que toute réparation serait impuissante à lui permettre de tenir la mer, de façon à accomplir son voyage, ou bien seulement parce que l'on manque des moyens pécuniaires ou autres de le relever. Ces deux sortes d'innavigabilité, l'une *absolue*, l'autre *relative*, donne également lieu au *délaissement*. Un jugement du Tribunal de commerce de Bordeaux (du 20 janvier 1840) a même admis que l'innavigabilité ne serait pas moins déclarée, bien que l'assuré ou le capitaine eussent, sur les lieux, des valeurs disponibles. L'assuré, qui fait toujours réparer le navire au nom et pour compte des assureurs, agit en qualité de mandataire, et rien ne l'oblige à employer une portion quelconque de sa fortune de terre à l'exécution de son mandat.

Art. 390. « Si le navire a été déclaré innavigable, l'assuré sur le chargement est tenu d'en faire la notification dans le délai de trois jours de la réception de la nouvelle. »

L'interprétation de cet article n'offre aucune difficulté. C'est bien au capitaine qu'incombe le soin de veiller à la sûreté de la cargaison, de procurer un navire pour la rembarquer le plus tôt possible; cependant il peut se faire que l'assureur soit en mesure mieux que personne d'aider le capitaine, de lui fournir d'excellentes indications, de trouver même le navire de transport et de gagner ainsi beaucoup de temps, en sorte que les frais de déchargement, de magasinage, etc., soient très-inférieurs à ceux qu'il aurait payés, s'il avait ignoré la déclaration d'innavigabilité; il pourra donc agir par lui-même, et c'est pour cela que l'art. 390 existe.

La notification que cet article impose à l'assuré a encore pour objet de préciser le point de départ du délai, pendant lequel la faculté de faire le *délaissement* est suspendue. Cette détermination prouve bien que les assureurs ont toute la latitude désirable pour agir par eux-mêmes. Si le capitaine avait seul le droit (art. 394) de procurer un navire et de veiller au rembarquement, l'art. 390 perdrait beaucoup de son utilité.

Le délai des art. 394 et 387, qui suspend la faculté de faire le *délaissement*, ne courra jamais qu'à partir de la notification de l'art. 390. De plus, en cas de négligence de la part de l'assuré, ce dernier sera tenu du préjudice que cette négligence aurait occasionné aux assureurs, au point de vue surtout des frais que l'art. 393 met à leur charge.

Le *délaissement*, fait avant l'expiration du délai, serait nul et sans effet; le capitaine qui aurait commis cette irrégularité serait tombé dans la faute qualifiée *baraterie de patron*, dont les assureurs ne répondent que s'ils l'ont expressément garantie.

Mais cette nullité n'étant que dans l'intérêt des assureurs, ils peuvent en répudier le bénéfice, en acceptant d'une manière formelle ou tacite le *délaissement*.

Le capitaine n'a pas seulement le droit, mais il a le devoir de faire toutes diligences pour se procurer un autre navire à l'effet de transporter les marchandises au lieu de leur destination (art. 391.)

Art. 394 et 387. — Que si dans les délais prescrits par l'art. 387, c'est-à-dire après un délai de six mois de la signification, dans le cas où l'innavigabilité a eu lieu dans les mers d'Europe, dans la Méditerranée ou la Baltique ; après celui d'un an, si l'innavigabilité est survenue dans un pays plus éloigné, si dans ces délais, dis-je, le capitaine n'a pu trouver de navire pour décharger les marchandises et les conduire au lieu de leur destination, l'assuré peut en faire le *délaissement*, parce qu'elles lui deviennent *inutiles*.

Si les marchandises étaient *périssables,* les délais ci-dessus mentionnés sont réduits à un mois et demi pour le premier cas, et à trois mois pour le second.

Si dans ces délais le capitaine a pu recharger les marchandises sur un autre navire, le *délaissement* n'est pas possible ; mais, de leur côté, les assureurs continueront de courir les risques desdits effets jusqu'à leur arrivée et leur déchargement (art. 392.)

Ils sont tenus, en outre, ajoute l'art. 393, des avaries, frais de déchargement, magasinage, rembarquement, de l'excédant du fret et de tous autres frais qui auront été faits pour sauver les marchandises, jusqu'à concurrence de la somme assurée.

Si le navire peut être remis à flot, mais seulement pour un autre voyage que celui de l'assurance, *quid?* — L'innavigabilité devra être prononcée et le *délaissement* sera possible. (Req., 15 mai 1854 ; Bordeaux, 6 août 1853 ; Paris, 25 mai 1855.)

L'innavigabilité peut ne se produire qu'au port *de reste*, c'est-à-dire après que les risques assumés ont cessé de courir ; ce cas même donne lieu au *délaissement,* si la cause de l'innavigabilité est antérieure à la fin des risques. L'assuré devra l'établir.

§ 5. — *En cas d'arrêt d'une puissance étrangère.*

L'*arrêt* est plutôt une interruption plus ou moins prolongée que la rupture absolue du voyage. La *prise* est, au contraire, pour le capteur « l'appropriation de la proie. »

Dans le cas d'arrêt, il est donc naturel que l'assuré cherche tout d'abord à faire cesser l'interruption, qui, si elle n'a pas été longue, ne donnera point naissance à l'action en *délaissement*. Ici, pas plus que partout ailleurs, il ne faut perdre de vue ce que dit Émerigon, que « les expéditions mercantiles demandent célérité, et qu'il n'est rien de si fatal que les retards qu'elles essuyent. »

Que si le *prince* s'appropriait la cargaison en la payant, le sinistre ne serait pas *majeur ;* c'est là ce que décident la doctrine et la jurisprudence. Mais l'action d'avarie subsisterait, obligeant l'assureur à payer la différence entre le prix payé et celui de revient, augmenté des frais de mise à bord, du fret, de la *prime* d'assurance, etc.; mais non le profit espéré.

Quid, si le *prince* prohibait l'entrée de telles ou telles marchandises dans ses États ou défendait de les laisser rétrograder?

Si la mesure était générale et préexistante au contrat d'assurance, le *délaissement* serait impossible; car le commerce des susdites marchandises serait de contrebande, ce qui ne peut constituer un risque maritime, si l'assureur ne l'a pris à sa charge.

Un arrêt portait : Si la mesure *est générale, préexistante* au contrat d'assurance et si *elle n'est pas suivie de dépossession*, etc. L'absence de cette dernière condition, c'est-à-dire s'il y avait dépossession, ne suffirait pas à autoriser le *délaissement*. Elle est même indifférente; car l'arrêt n'a point pour objet de déposséder, et cependant le *délaissement* est permis, si d'ailleurs toutes les autres conditions requises sont remplies.

Le résultat sera le même, soit que l'arrêt émane du *prince*, soit qu'il ait pour auteur un juge ou un magistrat quelconque. Il suffit qu'il soit le fait spontané de celui qui l'a porté. Jamais le *délaissement* ne serait possible, si l'arrêt avait été provoqué par le capitaine ou l'assuré. Ne seront donc pas arrêts dans le sens de l'art. 369, dit M. Bédarride :

1° Le jugement rendu en pays étranger sur la demande du capitaine, et qui l'a autorisé à terminer son voyage dans un port de sa route, faute par les chargeurs de consentir à une augmentation de fret, demandée à raison de l'augmentation des risques occasionnés, depuis le départ, par la survenance de la guerre;

2° Le jugement rendu sur la demande du capitaine, et par lequel il s'est fait autoriser à terminer son voyage dans un port intermédiaire dans la crainte de l'incendie qui pourrait résulter de l'état où se trouvaient, par suite de l'échauffement, les laines composant le chargement;

3° Le jugement provoqué par le capitaine et l'autorisant à désarmer dans un port intermédiaire, en se fondant sur l'interdiction de commerce avec le lieu de destination survenue depuis le départ.

Mais il y aurait arrêt, si le capitaine ne pouvait obtenir l'autorisation sans laquelle il ne lui est pas permis de continuer son voyage. C'est ce que décidait, le 10 novembre 1829, le Tribunal de Marseille. Voici l'espèce : on avait fait assurer dans ladite ville un navire en partance pour Odessa. Parvenu à Constantinople, la Sublime-Porte lui refusa le firman qui autorisait à naviguer dans la Mer Noire. Ce refus considéré, avec raison, comme un arrêt.

§ 6. — *Arrêt de la part du Gouvernement, après le voyage commencé.*

Arrêt de la part du Gouvernement. — Il faut traiter cet arrêt comme le précédent, il en a les mêmes effets.

L'art. 369 ajoute : *après le voyage commencé ;* cette condition n'a pas été mise au 5e cas, parce que, le plus souvent, les navires français, à l'étranger, sont arrêtés en cours de voyage ; mais elle n'y est pas moins exigée.

Après le voyage commencé. — Le Code n'a en vue que l'hypothèse de l'assurance *sur corps ;* mais il aurait mieux valu dire : après que les risques ont commencé ; ce qui aurait compris, en outre, le cas d'assurance *sur facultés* et celui où les parties ont dérogé à l'art. 328.

Comme ordinairement l'arrêt n'occasionne pas la perte de la chose assurée, comme l'obstacle qu'il apporte à la continuation du voyage peut être surmonté, il eût été injuste d'obliger l'assureur au paiement de l'assurance avant de l'avoir mis en mesure de faire cesser l'arrêt. En conséquence, l'abandon n'en peut être fait qu'après certains délais que nous avons déjà vus (art. 387). Car cette disposition s'applique également à l'arrêt et au cas d'innavigabilité. Ces délais ne courront que du jour où l'assuré aura signifié l'arrêt à l'assureur.

L'art. 388 indique quels sont le devoir de l'assuré et le droit de l'assureur pendant les délais de l'art 387.

Art. 388. « Pendant les délais portés par l'article précédent, les assurés sont tenus de faire toutes diligences qui peuvent dépendre d'eux, à l'effet d'obtenir la main-levée des effets arrêtés. — Pourront de leur côté les assureurs, ou de concert avec les assurés, ou séparément, faire toutes démarches à même fin. »

M. Bédarride résume ainsi les conséquences de ces démarches : « Si les démarches isolées ou combinées de l'assuré et des assureurs n'aboutissent à aucun résultat, le *délaissement* peut-être fait, soit après le délai de l'art. 387, soit avant l'expiration de celui de l'art. 373.

« Si elles ont déterminé la main-levée de l'arrêt, le contrat reprend son empire et doit recevoir, dans l'avenir, sa pleine et entière exécution.

« Dans ce second cas, l'assuré doit être indemnisé des pertes et détériorations que le retard du voyage a pu faire souffrir aux choses assurées et des frais que lui ont coûté les formalités remplies pour obtenir la main-levée de l'arrêt. Les uns et les autres sont considérés comme avaries à la charge des assureurs.

« Dans l'hypothèse de l'insuccès, le *délaissement* indemnise l'assuré des pertes et détériorations ; il n'aura donc rien à exiger à l'égard des unes ou des autres, mais les frais faits pour obtenir la main-levée, seraient réputés frais de sauvetage et devraient, par conséquent, être remboursés par les assureurs. C'est surtout ce résultat qui pourrait, dans certaines circonstances, rendre l'inaction de l'assuré inexcusable. »

§ 7. — *En cas de perte ou de détérioration des effets assurés, si la détérioration ou la perte va au moins à trois-quarts.*

Ici, le Code a modifié et complété l'Ordonnance sur deux points :

1° L'art. 46 (Titre *Des Assurances*) exigeait, pour que le *délaissement* fût possible, que la perte eût été entière. Cette disposition offrait un grave inconvénient. Si la police portait la clause *franc d'avarie*, la perte eût-elle été des 19/20es, l'assuré était sans aucun moyen de se faire indemniser ;

2° L'Ordonnance ne parle que de la perte. Valin et Pothier voulaient y comprendre la détérioration que, dans l'usage, on confond souvent avec la perte ; Emerigon s'en tenait rigoureusement au texte et répondait : « L'Ordonnance ne comporte pas cette interprétation ; car la dégradation n'est pas la perte ; puisque le chargeur n'est pas privé de sa chose. » Et il concluait ainsi : « Supposez que le blé fût pourri en entier, le *délaissement* ne sera pas admis, car ce dommage ne serait rien de plus qu'une avarie simple. » Et la jurisprudence partageait le sentiment d'Emerigon, sentiment qui était seul conforme à l'esprit et à la lettre de la loi.

La perte n'est donc pas la détérioration : l'une est la diminution de la chose constatée dans la *quantité*, v. g. : il y avait 40 colis, le sinistre n'en a laissé que 9 ; l'autre est la diminution survenue dans la *qualité*.

Perte ou détérioration, il faut que la chose ait subi une diminution des trois-quarts au moins, et l'ait subie sous l'influence de la mer.

Comment se fera l'évaluation du dommage éprouvé ? Il est de l'essence du contrat d'assurance que la fixation et l'évaluation des pertes qui sont à la charge des assureurs, ne portent que sur la chose considérée en elle-même. En conséquence, la base de ce calcul sera la valeur que la chose avait au jour du contrat. C'est d'après cette valeur que l'on estimera ce qui reste de la chose perdue ou de la chose détériorée.

« Les experts, dit Boulay-Paty, ne doivent point prendre pour base un prix de vente au lieu d'arrivée, parce que le prix variera nécessairement suivant la rareté des marchandises et la hausse ou la baisse accidentelle [1] qu'elles auront subie. Or, jamais les bénéfices ou pertes d'une expédition, les résultats plus ou moins heureux d'une spéculation commerciale, ne sont à considérer. »

En matière d'assurance *sur facultés*, l'expertise est le meilleur moyen de fixer le montant de la détérioration ou de la perte; elle s'emploiera aussi, quand il s'agira d'assurance *sur corps*; mais, dans ce dernier cas, on a admis quelquefois un autre mode d'évaluation, dont l'emploi soulève une controverse et partage la jurisprudence. Les Cours de Rouen et de Paris ont décidé que la somme, jugée nécessaire pour la réparation du navire, doit représenter la perte éprouvée, et partant que, si elle est des trois-quarts de la valeur que le bâtiment avait au jour du contrat, le *délaissement* peut avoir lieu. Et peu importe, selon cette partie de la jurisprudence, la valeur que peut avoir l'objet assuré après le sinistre. Ainsi, que le navire eût été estimé 30,000 fr., qu'après l'accident il fût jugé n'en valoir que 5,000, si 1,500 fr. suffisaient pour le mettre en état de continuer sa route, on ne tiendrait pas compte de la valeur actuelle, et le *délaissement* serait impossible, « puisqu'il est de toute impossibilité, dit la Cour de Paris (4 décembre 1839), d'admettre que la différence entre la valeur conventionnelle et celle vénale donnée au navire après l'événement, soit la représentation de cette perte ou détérioration, puisque ce serait évidemment imposer aux assureurs la responsabilité et la charge des dégradations du vice propre et de vétusté, et d'autres dépréciations étrangères à l'événement et à leur garantie. »

La Cour de Bordeaux soutient, et avec raison, la thèse contraire. Pour elle, on considérera avant tout, quand il s'agira de ce septième cas, la valeur actuelle de l'objet assuré, comparée à la valeur qu'il représentait au jour de l'assurance. « Attendu, dit-elle (5 avril 1832), quant au moyen de la détérioration des trois-quarts, que cette détérioration doit résulter d'un dommage matériel éprouvé de telle sorte, que

---

[1] Par suite d'un événement de mer, la chose assurée peut n'avoir éprouvé qu'une simple *dépréciation de valeur*. Le cas de *dépréciation de valeur* ne saurait être l'objet d'un *délaissement*, mais seulement d'une action d'avarie.

le navire n'aurait eu, après le sinistre et à son arrivée à Philadelphie, que le quart de la valeur qu'il avait à son départ de Saint-Thomas ;

« Qu'il ne s'agit pas, pour constater la détérioration des trois-quarts, de connaître les dépenses à faire pour le réparer, mais sa valeur réelle avant que les réparations fussent faites ;

« Que la vente du navire faite par ordre de l'assuré, fait connaître le prix auquel il lui a plu de l'abandonner, mais qu'elle n'en constate pas la valeur...... »

Les Cours de Paris et de Rouen (cette dernière par arrêt du 17 février 1831) semblent avoir confondu le cas d'innavigabilité avec le cas présent.

« Il y a *innavigabilité relative,* dit Emerigon, lorsque, pour réparer le navire, il faudrait presque employer *autant de temps* et faire *autant de dépenses* que pour en construire un *nouveau.* »

« Que s'il s'agit de décider, ajoute M. de Sèze, si l'on se trouve dans ce cas d'*innavigabilité relative,* on prenne pour base de sa décision la somme jugée nécessaire pour les réparations, rien de plus juste ; mais transporter ce genre d'évaluation au cas de perte ou de détérioration des trois-quarts, c'est évidemment méconnaître la pensée de la loi ; c'est se jeter dans l'arbitraire et courir le danger de se tromper souvent, car il peut souvent arriver qu'un navire ait conservé plus du quart de sa valeur et que dans tel ou tel port de relâche, il soit nécessaire, pour le réparer, d'employer une somme égale aux trois-quarts de cette valeur ; ceci peut dépendre de la cherté des matériaux, de la rareté des ouvriers, etc.

La détérioration des trois-quarts et l'innavigabilité étant l'une et l'autre des cas de *délaissement,* la question, que nous venons de traiter, n'a pas d'intérêt pratique, si on ne la considère qu'au point de vue du droit commun ; mais il en est autrement, si l'on suppose que les parties ont dérogé aux dispositions de l'art. 369, et qu'elles ont admis, comme devant donner lieu à *délaissement,* l'un de ces deux cas, et non l'autre.

§ 8. — *Défaut de nouvelles.*

Nous avons épuisé l'énumération de l'art. 369 ; cependant il nous reste encore un cas légal à traiter. Le Code ne l'a pas compris dans une simple nomenclature, parce qu'il ne pouvait l'énoncer qu'en édictant certaines conditions de temps et de lieu, auxquelles les autres ne sont pas soumis. Cette dernière circonstance en fait, du reste, un cas à part, quoique, pour ce qui est du *délaissement,* il produise les mêmes effets que les autres.

Voici le texte de l'art. 375, tel qu'il a été modifié par la loi du 3 mai 1862 :

« Si, après six mois expirés, à compter du jour du départ du navire ou du jour auquel se rapportent les dernières nouvelles reçues, pour les voyages ordinaires ; — après un an, pour les voyages de long-cours, — l'assuré déclare n'avoir reçu aucune nouvelle de son navire, il peut faire le *délaissement* à l'assureur et demander le paiement de l'assurance, *sans qu'il soit besoin d'attestation de la perte.* »

Lorsqu'il s'est écoulé un certain temps depuis le départ ou la disparition d'une personne, depuis la dernière fois que l'on a eu de ses nouvelles, la loi civile la déclare absente, donne ouverture, provisoire d'abord, définitive ensuite, à sa succession ; en un mot, la considère comme étant morte au jour de sa disparition ou de ses dernières nouvelles. Cette mesure repose sur une présomption de mort très-raisonnable, sur la nécessité pour la loi de protéger les intérêts des ayants-droit de l'absent et ceux de la société.

Quand un navire se trouve dans la situation de cette personne, comme il est l'objet d'intérêts certains et très-appréciables, la loi commerciale présume également la mort, la perte ; et sa présomption est fondée sur les mêmes motifs que celle de la loi civile.

Ce qui distingue ce huitième cas légal de *délaissement* de ceux que nous avons étudiés, c'est qu'il repose *uniquement* sur une présomption de la loi, au point qu'il donne lieu à l'abandon, alors même que le navire n'a pas souffert la moindre perte, la moindre avarie ; tandis que, dans les cas de l'art. 369, la présomption de perte n'est jamais entière ; toujours la réalité s'y mêle plus ou moins à la fiction ; dans un cas même, le septième, la loi n'use d'aucune présomption, elle s'en tient à ce qui existe *réellement.*

Ici l'assureur est toujours admis à prouver contre la présomption qu'allègue l'assuré ; il lui suffit, pour la détruire, d'apporter des nouvelles reçues dans les six mois ou l'année dont sa partie veut se prévaloir. Peu importe que ces nouvelles aient été adressées à l'assuré ou à d'autres personnes, ou même à l'assureur ; il importe seulement qu'elles n'aient pas été supposées. C'est ainsi qu'il faut interpréter ces mots : *du jour auquel se rapportent les dernières nouvelles reçues.*

L'assureur n'a pas à prouver la fausseté de l'assertion de l'assuré, qu'il n'a pas reçu de nouvelles ; une seule preuve lui est indispensable, que des nouvelles ont été reçues, nouvelles authentiques et supposant l'existence du navire pendant les délais de l'art. 375.

Quant à l'assuré, si son adversaire n'a aucune nouvelle à lui opposer, il n'a qu'à déclarer qu'il n'a reçu aucune nouvelle de son navire, et le *délaissement* sera possible.

En l'absence de toutes nouvelles, l'expiration des délais ci-dessus énoncés attribue à l'assuré, *ipso facto*, le droit au *délaissement* et ce droit est irrévocablement acquis à l'assuré. Ainsi, n'aurait-il pas encore été statué sur l'action de l'assuré, lorsqu'on apprend que le navire n'a point péri ou qu'il arrive en parfait état, l'assureur n'en serait pas moins obligé d'accepter le *délaissement* et de payer la somme promise. Il faudrait en dire autant, si les nouvelles ou le bâtiment lui-même arrivaient avant toute instance, avant toute signification faite de la part de l'assuré. L'arrivée du navire ne serait qu'un cas de sauvetage, et nous savons que le sauvetage se fait dans l'intérêt et pour le compte des assureurs.

La loi présume que la perte est arrivée le jour auquel se rapportent les dernières nouvelles, ou même le jour du départ, si depuis ce jour on n'en a point reçu. Appliquons cette règle : si deux assurances ont été passées sur le même navire, l'une pour l'*aller* et l'autre pour le *retour*, et si les délais expirent sans qu'on ait reçu aucune nouvelle depuis le départ, les premiers assureurs seront, de plein droit, responsables de la perte, et ils le seront irrévocablement, quelles que soient les nouvelles qu'on reçoive plus tard. Ils ne pourront récuser l'obligation d'indemniser l'assuré et en renvoyer la charge aux seconds assureurs ; seulement, ils considèreront la seconde assurance comme faite pour leur compte, et ils en exigeront l'exécution de la part des souscripteurs de la seconde police. Que si l'on apprend que le navire n'a péri qu'après qu'il avait commencé à courir les seconds risques, la chose assurée appartiendra aux seconds assureurs, en vertu du *délaissement* que les premiers leur en auront fait.

Ainsi qu'on le voit, le défaut de nouvelles a pour effet, non-seulement de faire considérer la perte comme certaine, mais encore de la faire considérer comme arrivée pendant le temps des risques ou de l'assurance (art. 376.)

L'Ordonnance ne disait rien de l'assurance à temps limité ; quelques Parlements décidaient que l'assuré, dans l'hypothèse de l'art. 376, n'était recevable à délaisser que s'il prouvait que la perte avait eu lieu dans le temps des risques, ce qui était en réalité la négation absolue de la faculté de délaisser.

Aussi, dit Valin, les arrêts que le Parlement d'Aix rendit conformément à cette doctrine, furent-ils cassés par décision du Conseil (1779)

14

ils étaient insoutenables, puisque les assureurs ne pouvaient se défendre qu'en excipant de ce que le navire n'avait fait naufrage qu'après le
temps déterminé par la police. Or, par là devenant demandeurs, c'était
à eux à prouver leur exception, suivant l'axiome *reus excipiendo fit
actor.*

Dageville prétendait que « si l'on venait à découvrir et à rapporter la
preuve de l'existence du navire après l'expiration du temps convenu
par la première police, l'assuré serait tenu au remboursement des
sommes par lui reçues, sauf à demander son paiement aux assureurs
de la seconde police. »

Ce Jurisconsulte méconnaît complètement les principes admis et de
plus, cette disposition formelle de l'art. 385 : « L'assureur ne peut,
sous prétexte de *retour* du navire, *se dispenser de payer la somme assurée.* » Cette règle ne comporte aucune exception, elle s'applique au
cas de *délaissement* pour défaut de nouvelles, comme aux cas de prise,
de naufrage, d'échouement avec bris et d'arrêt. Où voit-on que l'art. 375
déroge à l'art. 385 ? Aucun argument juridique fondé ne justifiera jamais
une pareille distinction.

Nos principes, en matière de *délaissement* et le même art. 375 vont
nous aider à résoudre la question suivante ; l'assuré qui allègue le
défaut de nouvelles et l'expiration des susdits délais, doit-il *justifier de
la visite du navire avant son départ ?*

Le Tribunal de Marseille (21 février 1821) a établi la négative, en se
fondant : 1° sur ces mots de l'art. 375, « *sans qu'il soit besoin d'attestation de la perte ;* » en effet, la preuve à faire par l'assuré est une présomption de la loi ; il n'a qu'à l'avancer, et aussitôt l'assureur est dans
l'obligation de la combattre : *reus excipiendo fit actor ;* 2° sur ce que le
délaissement, pour défaut de nouvelles, a pour base, non la présomption
d'innavigabilité, mais celle d'une perte entière, conséquence d'un naufrage, et que, dans ce cas (la doctrine et la jurisprudence sont unanimes) le navire, visité ou non, n'en aurait pas moins péri.

Sous l'empire de l'Ordonnance, on se demandait si, après l'expiration des délais nécessaires à la présomption de perte pour défaut de
nouvelles, l'assuré devait produire sa résolution de délaisser dans un
temps déterminé, la législation d'alors ne résolvait pas cette question.
Valin pensait qu'il fallait traiter notre cas comme les autres cas légaux
et y appliquer l'art. 48.

Le Code a mis fin à toutes controverses en décidant (art. 375, *in fine)*
« qu'*après l'expiration des six mois ou de l'an, l'assuré a, pour agir,
les délais établis par l'art. 373.* »

Si l'assuré veut se prévaloir du défaut de nouvelles, il doit faire le *délaissement* conformément aux art. 375 et 373, et en observer scrupuleusement les délais. Mais l'assuré n'encourrait aucune déchéance, si, n'ayant point invoqué l'absence de nouvelles, il apprenait l'arrivée d'un sinistre *majeur* après l'expiration des délais fixés par les art. 375 et 373. Dans ce cas, il serait encore admis à délaisser, absolument comme s'il avait reçu des nouvelles : il invoquerait l'un des cas de l'art. 369, et il n'aurait qu'à se conformer aux prescriptions des cas légaux ordinaires et de l'art. 373.

Nous avons vu que l'art 375 distingue le voyage ordinaire des voyages de long-cours ; mais il ne les fait pas connaître. Un Règlement du 20 août 1673 avait déterminé les lieux où ils se faisaient ; mais la rédaction en était longue et incomplète. L'Ordonnance de 1681 modifia le Règlement sans faire disparaître toutes les difficultés. Celle de 1740 revint au Règlement et le Code adopta cette dernière législation. L'ancien art. 377 présentait donc des inconvénients ; ainsi, il disait : « *Sont réputés voyages au long-cours, ceux qui se font aux Indes-Orientales, etc....., et dans tous les pays situés sur l'Océan, au-delà des détroits de Gibraltar et du Sund.* » Pour qu'un voyage fût au long-cours, il fallait la réunion de deux conditions — *qu'il fût fait au-delà de Gibraltar ou du Sund* — et *sur l'Océan*. S'il avait été fait à Saint-Pétersbourg, il n'aurait été qu'un voyage ordinaire (Cas., 23 mai 1826.) Ce résultat paraissait étrange ; il était cependant conforme au texte de l'art. 377. C'est pour éviter cet inconvénient et écarter toute obscurité que le Législateur modifia, le 14 juin 1854, l'art. 377 de la manière suivante :

Nouvel article 377. — « Sont réputés voyages de long-cours ceux qui se font au-delà des limites ci-après déterminées :

— Au Sud, le 30e degré de latitude nord ;

— Au Nord, le 72e degré de latitude nord ;

— A l'Ouest, le 15e degré de longitude du méridien de Paris ;

— A l'Est, le 44e degré de longitude du méridien de Paris.

Cette rédaction est à la fois claire, simple et complète.

Section III

§ 1. — Formes du Délaissement

Art. 374.— « Dans le cas où le *délaissement* peut être fait, et dans le cas de tous autres accidents aux risques des assureurs, l'assuré est tenu de signifier à l'assureur les avis qu'il a reçus. — La signification doit être faite dans les trois jours de la réception de l'avis. »

En traitant des obligations de l'assuré, nous avons commenté cet article, nous n'y reviendrons pas. Ajoutons seulement cette observation, que si l'avis, par la nature des faits qu'il indique et par la source dont il émane, ne semblait pas mériter confiance, l'assuré ne serait pas tenu de le signifier.

« Il n'y a point de *délaissement*, dit Dalloz, s'il n'a été signifié ou si du moins l'assureur n'a pas accepté, par écrit, la proposition confidentielle du *délaissement*, et dispensé l'assuré de toutes les formalités. »

Art. 378.— « Par l'acte où il signifie les avis qu'il a reçus, l'assuré peut aussi faire abandon de la chose assurée avec sommation aux assureurs de payer la somme promise dans le délai fixé par le contrat. S'il ne se trouve pas suffisamment renseigné sur l'état des choses, il peut se réserver, dans le susdit acte, de délaisser dans les délais de la loi, ou même ne rien dire; son silence ne l'engagera nullement.

Tout *délaissement* doit être signifié, rien n'est plus certain; mais cette signification pourrait être remplacée par l'assignation en validité de *délaissement*, si toutefois elle renfermait les énonciations prescrites par l'art 379. C'est ce qu'a jugé la Cour de Paris.

« L'assuré doit, en faisant le *délaissement*, dit l'art. 379, déclarer toutes les assurances qu'il a faites ou fait faire, *même celles qu'il a ordonnées*, et l'argent qu'il a pris *à la grosse*, soit sur le navire, soit sur les marchandises. »

Par cette sage disposition, la loi a voulu empêcher le cumul de plusieurs assurances, ou d'une assurance et d'un emprunt *à la grosse* sur le même objet; elle a ainsi veillé à ce que l'assuré ne soit pas intéressé à la perte de la chose, à ce que le contrat ne soit pas pour lui une occasion de s'enrichir et à ce que les assureurs puissent faire valoir le droit que leur confère l'art. 359.

L'Ordonnance se taisait sur les assurances *ordonnées;* Valin pensait qu'il les fallait traiter comme celles que l'assuré avait lui-même contractées. Le Code, comme l'enseigne l'art. 379, a consacré l'opinion de Valin.

Le commissionnaire déclarera les assurances qu'il a faites, etc., et de plus, qu'il ignore si son commettant en a fait ou ordonné d'autres. Si la police a été négociée, le bénéficiaire de l'endossement, entre les mains de qui se trouvera la police, pourra seul signifier le *délaissement.* Il devra donc déclarer les assurances qu'il a faites ou ordonnées lui-même et celles qui ont été faites ou ordonnées par l'assuré primitif.

S'il n'y a qu'une seule assurance sur la chose, objet du *délaissement,* le Tribunal de Marseille a jugé (20 janvier 1820) que l'assuré doit en faire la déclaration. Vainement prétend-il que cette obligation est imposée à l'assuré, sinon par le texte, du moins par l'esprit des art. 379 et 380; sa décision me paraît trop rigoureuse pour ce contractant. L'inobservation de l'art. 379 a, pour lui, des conséquences pénales; il faut donc s'en tenir au texte; et le texte ne justifie en rien le jugement du Tribunal de Marseille.

L'assuré doit déclarer tous les emprunts *à la grosse,* contractés, soit avant, soit depuis l'assurance; « .... *faute de quoi* (d'avoir fait ladite déclaration) continue l'art. 379, *le délai du payement qui doit commencer à courir du jour du* DÉLAISSEMENT*, sera suspendu jusqu'au jour où il fera notifier ladite déclaration, sans qu'il en résulte aucune prorogation du délai pour former l'action du* DÉLAISSEMENT. »

De ces deux choses l'une : ou bien la signification du *délaissement* n'a pas été faite, ou bien elle l'a été. Dans le premier cas, on ne saurait dire que le délai du paiement est suspendu par l'absence de notre déclaration, puisque la première condition de son existence — la signification du *délaissement,* n'a pas été remplie. Le *délaissement* doit être signifié dans un délai déterminé par l'art. 373, et passé lequel il n'est plus loisible à l'assuré de le faire, et par conséquent, passé lequel toute déclaration et tout délai de paiement deviennent inutiles. Car l'inobservation de l'art. 379 ne modifie en rien l'art. 373.

Dans le second cas, celui où le *délaissement* a été signifié, le délai après lequel l'assuré peut poursuivre le payement de l'assurance, est réellement suspendu par l'absence de notre déclaration, il ne commencera à courir qu'après que l'assuré aura observé l'art 379. On a prétendu que cette suspension annulait la signification du *délaissement,* parce que l'on supposait que notre déclaration doit être faite en même temps que la signification de l'abandon et que l'art. 373 lui est aussi applicable. Mais aucune disposition de ce genre n'est inscrite dans la loi, aucun terme n'est assigné à la déclaration de l'art. 379, et cependant pour que la doctrine contraire fût vraie, il faudrait qu'il en fût ainsi. En effet, l'expiration du délai de l'art. 373 entraîne une déchéance pour l'assuré. Or, une déchéance est une peine, et toutes les peines doivent être écrites.

Il est bien vrai que l'art. 382 dit que, si l'époque du paiement n'est point fixée par le contrat, l'assureur est tenu de payer l'assurance *trois mois après la signification du délaissement.* La loi s'exprime ainsi parce qu'elle suppose, ce qui arrive ordinairement, que la signification du délaissement et la déclaration de l'art. 379 ont été faits en même temps; mais il peut en être autrement, la déclaration peut être postérieure au délaissement; mais alors le délai de paiement ne commence à courir que du jour de la déclaration; alors la signification du *délaissement* reste valablement faite, et l'assuré fera la susdite déclaration quand bon lui semblera. « La signification du *délaissement,* dit M. Pardessus, qui ne contiendrait pas la déclaration ou qui n'en renfermerait *qu'une incomplète,* ne serait pas nulle, mais le délai dans lequel l'assureur doit payer, courrait seulement du jour que l'omission aurait été réparée. »

Que si la déclaration était *frauduleuse,* l'assuré serait privé des effets de l'assurance; il serait tenu de payer les sommes empruntées, nonobstant la perte ou la prise du navire (art. 380). Ce qui constitue la fraude, c'est l'intention unie au préjudice; mais elle peut être tout aussi bien dans une omission que dans une déclaration fausse ou incomplète.

Nous avons dit qu'on ne présumera pas facilement que l'assuré a renoncé tacitement à la voie du *délaissement,* et c'est vrai. Et il faut ajouter que, si l'assuré jouit ainsi d'une certaine liberté d'action par rapport à l'objet assuré, il est même quelquefois obligé d'agir, comme nous l'apprend l'art. 381. « En cas de naufrage, y est-il dit, ou d'échouement avec bris, l'assuré *doit,* sans préjudice du *délaissement* à faire en temps et lieu, travailler au recouvrement des effets naufragés. » L'Ordonnance (art. 45) disait : L'assuré *pourra* travailler, etc. Les commentateurs s'accordaient sur le sens à donner à ce mot *pourra.* « Non-seulement, disait Valin, il peut travailler au recouvrement des effets, mais même *il le doit en rigueur,* jusqu'à l'arrivée des officiers de l'Amirauté. »

« Le mot *pourra,* ajoutait Emerigon, n'a été employé que pour désigner que l'assuré, en recouvrant les effets assurés, ne préjudicie point à son action en *délaissement.* » Le Code est plus explicite que l'Ordonnance.

Sur l'affirmation de l'assuré, les frais de recouvrement lui sont alloués jusqu'à concurrence de la valeur des effets recouvrés (art. 381, *in fine*).

Sur son affirmation. — Le plus souvent, l'assuré, qui a dû agir à la hâte et en s'adressant à des inconnus, à des personnes très-éloignées, n'aura pu se procurer des preuves de ses dépenses.

Jusqu'à concurrence de la valeur des effets recouvrés. — S'il est cru sur parole, en revanche il n'est considéré que comme un *negotiorum gestor*, et il ne peut demander au maître que le remboursement des dépenses *utiles*, c'est-à-dire qui lui ont profité.

Si la police avait attribué à l'assuré un pouvoir spécial de travailler au sauvetage, il aurait l'action *mandati contraria*, en vertu de laquelle il se ferait rembourser tout ce qu'il a employé pour l'exécution de son mandat, sans égard à la valeur des objets recouvrés

L'assuré *pour compte*, etc., étant d'ordinaire le véritable assuré vis-à-vis de l'assureur, doit, en cas de naufrage, travailler au recouvrement des effets naufragés, et en cas de *délaissement,* rendre compte à l'assureur du produit du sauvetage (Bordeaux, 6 avril 1830).

§ 2. — *Ce que le délaissement doit comprendre.*

Art. 372. — « Le *délaissement* des objets assurés ne peut être ni partiel, ni conditionnel.

« Les assureurs, dit M. Bédarride, ne peuvent être tenus d'accepter, la justice elle-même ne peut valider qu'*un délaissement pur et simple, absolu et sans aucune réserve, et qui, moyennant l'indemnité due, leur tranfère, à tout jamais, la propriété des effets assurés.* »

La faculté de délaisser est certainement un avantage fait à l'assuré ; mais il serait trop grand, et les intérêts de l'assureur seraient sacrifiés, si le premier pouvait faire un choix parmi les objets sauvés, garder ceux dont la vente lui assurerait quelques bénéfices, et abandonner ceux qui auraient perdu de la valeur qu'ils avaient au jour du contrat. Le *délaissement* peut offrir à la fois des chances bonnes et des chances mauvaises ; l'assuré peut, à son gré, prendre ou laisser de côté ce moyen de se faire indemniser, mais il ne lui est pas permis d'en changer la nature et les résultats ; le *délaissement* doit avoir pour les deux parties quelque chose de l'*alea* du contrat lui-même.

Autre motif de l'art. 372 : en offrant à l'assuré la voie du *délaissement*, le Législateur a voulu couper court à des longueurs, à des estimations, à des procès interminables. Eh bien ! s'il permettait à l'assuré d'apprécier les effets sauvés de façon à pouvoir se réserver ceux-ci et abandonner ceux-là ; s'il lui était loisible de stipuler la faculté de tout reprendre au cas où, dans la suite, tel ou tel sauvetage s'opérerait, s'il y trouvait tel ou tel avantage, la liquidation et le règlement des conséquences d'un sinistre *majeur* dureraient des années entières, l'assureur serait à la merci de l'assuré et les affaires en souffriraient beaucoup.

L'assuré ne peut faire abandon que des choses assurées, et le *délaissement* ne doit porter que sur les effets réellement à bord au moment du sinistre. Si l'assuré, avant le sinistre, avait déchargé une partie des effets, comme l'assureur n'en courait plus les risques, l'assuré ne serait pas obligé de lui en faire le *délaissement*.

Quant au découvert de l'assuré, à l'excédant de la valeur assurée, l'assuré, pour cette partie-là, est son propre assureur, et ce surplus n'est nullement affecté à l'assureur, pas même à titre de gage.

Lorsque l'on discutera la portée et l'étendue du *délaissement*, le juge devra se demander si l'assurance a été prise *conjointement* ou *divisément*.

Exemple d'assurance *conjointe :* on a fait assurer 20,000 fr. sur un chargement de blé, huiles et vin. Si le *délaissement* est fait, il sera de tout : blé, vin et huiles à la fois.

Exemple d'assurance divise : — J'ai fait assurer sur ma cargaison 20,000 fr., dont 10,000 sur le blé, 5,000 sur les huiles et les 5,000 autres sur le vin. Si je veux délaisser, je pourrais ne délaisser que le blé — si toutefois il est délaissable ; mais je devrai faire abandon complet.

Une seule police peut contenir plusieurs assurances, de même que plusieurs polices peuvent ne rapporter qu'un seul et même contrat ; le Tribunal appréciera.

Voici une espèce dans laquelle il faudrait bien se garder d'invoquer notre art. 372 : — J'ai fait abandon à mes assureurs de la cargaison qu'ils m'avaient assurée ; mais, comme ils prétendaient que toutes les marchandises assurées n'avaient pas été chargées, j'ai consenti à un *ristourne* partiel. Quelques temps après mon *délaissement*, j'ai appris que ma chose tout entière avait été bien et dûment embarquée, et tout entière avait été exposée à tous les risques ; m'est-il permis de revenir sur le *ristourne* et de faire un second abandon ? La Cour de Bordeaux a jugé l'affirmative, et son arrêt est conforme aux principes. — En matière de comptes et de calculs, une erreur est toujours relevable. La mienne doit donc être regardée comme non avenue, le *ristourne* doit être annulé ; et le second *délaissement* que je fais, n'est pas un abandon partiel, mais *simpliciter* la continuation du premier. En réalité, c'est après ce second *délaissement* qu'il y aura eu *délaissement* total de la chose assurée. La doctrine contraire serait la violation flagrante de l'art. 372. D'ailleurs l'assuré n'est pas libre de s'en tenir au premier abandon, l'assureur peut le contraindre à faire le second et à vêtir la loi.

Art. 386. — « Le fret des marchandises *sauvées*, quand même il aurait été payé d'avance, fait partie du *délaissement* du navire, et appartient également à l'assureur, sans préjudice des droits des prêteurs *à la grosse*, de ceux des matelots pour leur loyer, et des frais et dépenses pendant le voyage. » Il s'agit ici, d'abord, du fret à faire — de celui qui se paie au terme du voyage, ensuite du fret payé d'avance avec interdiction de le répéter dans aucun cas, et enfin de celui qui aurait été stipulé *acquis à tout événement*. Le *délaissement* ne comprendra donc pas le fret perçu pour des marchandises réellement déchargées avant le sinistre ; peu importe, d'ailleurs, que ce fret là ait été ou non payé. L'art. 386 ne vise pas non plus le fret des marchandises englouties. Si tout a péri, quoiqu'il y ait fret *acquis à tout événement*, l'assureur n'aura aucun droit sur ce fret; car la convention passée entre l'assuré et le chargeur est, par rapport à l'assureur, *res inter alios acta.*

La doctrine et la jurisprudence décident, après Valin, que le fret *à délaisser* doit être calculé, non au taux du contrat, mais au cours de la place au jour du départ. Cela se conçoit : s'il en pouvait être autrement, l'assuré pourrait tromper l'assureur en portant au contrat de *nolis* un fret inférieur à celui qu'il a reçu ; on ne calculera donc pas le fret *à délaisser* d'après la *charte-partie.*

L'Ordonnance ne disait rien du fret, et la jurisprudence refusait aux assureurs toute espèce de *nolis*, même le *nolis pendant* pour les marchandises sauvées. Valin critiquait la jurisprudence et comprenait dans le *délaissement* tous *les frets acquis.* La Déclaration de 1779 n'accorda à l'assureur que le fret *pendant* ou fret *à faire.* Le Code n'est pas allé aussi loin que Valin, mais il a fait plus que la Déclaration.

La Déclaration permettait aux parties de stipuler qu'aucun fret ne serait délaissable. On faisait remarquer que cette faculté était un moyen, pour l'assuré, d'obtenir un bénéfice auquel il ne saurait avoir droit en sa qualité d'*assuré.* Le Code n'a pas reproduit cette disposition. Que faut-il penser de son silence? Les uns prétendent, et avec raison, que s'il n'a pas imité la Déclaration, c'est qu'il a jugé que la critique était fondée. Les autres répondent que la convention, autorisée par la Déclaration, n'a pas été prohibée, parce que la stipulation d'une *prime* plus forte compense ce que la chance de l'assureur a de moins favorable et rétablit l'égalité du contrat. Si cet argument, était admis en principe, si l'égalité du contrat ne résultait que du taux de la *prime*, l'assurance ne serait bientôt plus qu'un jeu établi sur les chances de la navigation. Revenons donc aux vrais principes, qui ne permettent pas d'amoindrir les risques.

Il est vrai qu'ils autorisent les parties à les aggraver ; une convention qui aurait donc pour objet de comprendre dans le *délaissement* tous les frets *acquis*, serait bonne et valable.

Sans préjudice des droits des prêteurs à la grosse. Il s'agit là des prêteurs qui ont fait des avances pendant le voyage et pour les nécessités du voyage. Ceux d'avant le départ ne viennent sur les choses sauvées, qu'en concurrence avec les assureurs (art. 331.)

§ 3. — *Délais dans lesquels le délaissement doit être signifié.*

Après avoir reconnu à l'assuré la faculté de faire le *délaissement*, le Législateur devait se demander s'il ne lui accorderait aucun délai pour user de cet avantage, si l'assuré devrait signifier son choix à l'assureur en lui apprenant la nouvelle du sinistre. Cette question intéressait l'avenir de l'institution ; en effet, il ne suffirait pas à l'assuré de connaître l'existence du sinistre, il faut aussi qu'il ait le temps de mesurer l'étendue de sa perte, d'en calculer les effets et de voir ce qu'il lui importe le plus de faire ; sinon, son choix serait aveugle, la faveur de la loi n'en serait pas une et le plus souvent il s'en tiendrait à l'action d'avarie, qu'il peut ne pas exercer tout de suite, et qui ne peut l'exposer comme la voie du *délaissement*, à des procès inutiles et ruineux.

Ainsi qu'on le voit, le Code ne pouvait exiger que l'assuré prît immédiatement parti. Mais fallait-il ne fixer aucun terme et permettre à l'assuré d'attendre, pour se décider, que les marchandises sauvées eussent péri par vétusté, ou bien eussent été dilapidées et que les assureurs n'eussent plus les moyens de contester les affirmations de leur adversaire et de se rendre un compte exact des marchandises? Non, l'intérêt des assureurs comme celui du commerce réclamait une limite, un délai légal. La loi a donc, par l'art. 373, résolu ces deux importantes questions en accordant un délai qui sauvegarde, autant que faire se peut, tous les intérêts privés ou publics.

Comme ce délai, pour être vraiment avantageux, ne doit être que suffisant, à mesure que la science perfectionne les moyens de communication, la marine et la télégraphie, la loi modifie l'art. 373 et raccourcit les délais.

Art. 373 (d'après la loi du 3 mai 1862 : — « Le *délaissement* doit être fait aux assureurs dans le terme *de six mois* à partir du jour de la réception de la nouvelle de la perte arrivée aux ports ou côtes d'Europe, ou sur celles d'Asie et d'Afrique, dans la Méditerranée, ou bien, en cas de prise, de la réception de celle de la conduite du navire dans l'un des ports ou lieux situés aux côtes ci-dessus mentionnées;

« Dans le délai d'*un an* après la réception de la nouvelle ou de la perte arrivée ou de la prise conduite en Afrique en deçà du cap de Bonne-Espérance, ou en Amérique en deçà du cap Horn;

« Dans le délai de *dix-huit mois* après la nouvelle des pertes arrivées ou des prises conduites dans toutes les autres parties du monde;

« Et, ces délais passés, les assurés ne seront plus recevables à faire le *délaissement*. »

A partir du jour de la réception de la nouvelle de la perte arrivée... Il ne suffit pas, pour faire courir le délai, d'une nouvelle quelconque, d'un bruit vague; il faut que cette nouvelle ait de la consistance. Ainsi, ne serait pas considéré comme nouvelle d'après l'art. 373, le fait suivant : l'assuré a reçu une lettre de son correspondant à Marseille, lui apprenant que le bruit s'était répandu que son navire avait péri dans telle tempête qui a eu lieu, mais que cette nouvelle n'est qu'un bruit et qu'elle mérite confirmation, qu'il lui en écrira ultérieurement, s'il reçoit d'autres documents. Cette première lettre ne serait pas une nouvelle et ne ferait pas courir le délai de l'art. 373. La Cour d'Aix l'a jugé ainsi le 23 décembre 1842.

D'ailleurs, c'est aux Tribunaux à apprécier, d'une manière souveraine, la nature de la nouvelle et à juger si réellement elle était sérieuse et s'il faut appliquer l'art. 373.

Section IV

EFFETS DU DÉLAISSEMENT (art. 385)

Le *délaissement* produit deux effets principaux : 1° la translation de la propriété de l'assuré aux assureurs; 2° l'obligation de payer le montant de l'assurance.

§ 1. — *Translation de la propriété.*

D'après l'Ordonnance (art. 60), le *délaissement une fois signifié, les effets assurés appartenaient à l'assureur.* On critiquait cette disposition et on disait que « l'assuré se trouvait lié, lorsque l'assureur ne l'était pas encore, que cela était d'autant plus sévère, que le *délaissement* pouvait être irrégulier, mal fondé en fait ou signifié en dehors des délais, ce qui devait infailliblement le faire repousser. (Discussion de l'art. 385).

L'art. 385 fait droit à cette critique, en décidant que, « le *délaissement* signifié *et accepté ou jugé* valable, les effets assurés appartiennent à l'assureur, à partir du *délaissement.* » Aujourd'hui, le *délaissement* n'existe que du jour où les parties peuvent mutuellement se contraindre à en subir les effets, c'est-à-dire que lorsqu'il a été volontairement accepté par l'assureur ou validé par la justice. D'où il suit que l'assuré qui a signifié le *délaissement*, peut se repentir, tant que l'assureur n'a pas accepté l'abandon ou que le tribunal ne l'a pas jugé valable; mais que si la révocation intervient après l'un ou l'autre de ces deux faits, elle est nulle et de nul effet. Dans ce dernier cas, ce serait bien vainement que l'assuré allèguerait que, s'il a révoqué le *délaissement*, c'est parce que la loi ne l'autorisait pas, ou qu'il était partiel ou conditionnel. Ces exceptions sont dans l'intérêt exclusif des assureurs; à eux seuls donc à les faire valoir. Mais eux-mêmes ne le pourraient pas non plus, s'ils avaient accepté l'abandon ou l'avaient fait valider. Que l'assureur agisse donc avec circonspection; avant de se prononcer, qu'il étudie bien le sinistre, les circonstances et les suites du sinistre. Pour se livrer efficacement à cette étude, il a tout le temps qui précède la signification, celui qui peut résulter de l'inaccomplissement des formalités auxquelles l'assuré est soumis, et enfin le délai du paiement, que lui accorde l'art. 382. Si ce dernier délai ne peut lui suffire, le tribunal lui accordera une prorogation, sous condition toutefois qu'il fera, à l'expiration des trois mois ou du terme convenu, un paiement provisoire. Ce terme de grâce n'est admissible, qu'autant que l'assuré n'aura pas à s'en plaindre.

La signification du *délaissement* n'est pas irrévocable, l'acceptation l'est : l'assureur, lui, ne peut se repentir. Mais en est-il autrement de l'assuré qui a révoqué sa signification; peut-il revenir sur cette révocation qu'il a bien et dûment faite? Non, un pareil acte n'est pas révocable, car c'est tout simplement une renonciation à la faculté de délaisser. Ainsi la déclaration de validité, obtenue de la Justice après le désistement que l'assuré aurait signifié, ne saurait produire aucun effet.

Le *délaissement,* une fois irrévocable, produit ses effets, dont l'un, le transfert de la propriété de la chose assurée aux assureurs, remonte au jour même du *délaissement.* Il y remonte, quant à l'acquisition du droit, dit M. Bédarride; mais il rétroagit, quant à ses effets légaux, au moment même du sinistre. Tout ce qui a été fait depuis lors, soit au navire, soit à la cargaison, l'a été pour le compte, aux risques, péril et fortune des assureurs; l'accomplissement du sauvetage, la rentrée du navire ne pourraient faire qu'il en fût autrement. Aussi l'un et l'autre ne conféreraient pas à l'assuré le droit de revenir sur le *délaissement*; quelque intérêt qu'il eût à le faire, il ne le pourrait que du consentement exprès et formel des assureurs. C'est là ce qu'exprime la fin de l'art. 382.

Cependant il y a un cas où le *délaissement* accepté ou jugé valable peut être anéanti, sans même l'aveu des assureurs, c'est le cas où les pièces, les documents qui l'ont amené, se trouvent faux, où la cause légale, la prise ou le naufrage, etc., n'a pas existé.

Le transfert de la propriété a pour conséquences : 1° que le sauvetage, qui s'opère, soit en vertu du mandat légal conféré à l'assuré par l'art. 381, soit en vertu d'un mandat direct des assureurs, est fait pour leur compte exclusif; par conséquent, c'est à eux qu'il appartient d'en connaître le résultat et les détails, c'est entre leurs mains que le produit doit en être versé; 2° que les assureurs sont subrogés à tous les droits de l'assuré; la subrogation s'opère sur et à l'occasion des choses délaissées. Ils peuvent donc seuls exercer désormais toutes les actions que le propriétaire primitif aurait pu faire valoir. Mais si les assureurs sont subrogés aux droits, ils le sont aussi aux obligations de l'assuré relativement aux effets délaissés. Il est vrai que ces obligations éprouvent un déplacement quant au sujet et que le nouvel obligé les subit ordinairement plus qu'il ne les accepte; elles n'en conservent pas moins leur force comme leur caractère spécial et distinctif. Les assureurs sont obligés au lieu et place de l'assuré, mais ils ne le sont pas au-dessus de la valeur du navire. Dès lors, l'abandon qui en serait fait dans les conditions de l'art. 216, libérerait les assureurs, comme il aurait libéré le propriétaire lui-même.

A propos du transfert des droits de l'assuré aux assureurs, M. Dalloz fait observer, avec raison, que le délaissement, alors même qu'il a été effectué pour cause de prise de l'objet assuré, et qu'il y a lieu d'exercer une action en indemnité contre le capteur, ne peut néanmoins être assimilé à un transport de créance; il opère la transmission de la propriété de la chose assurée et de l'indemnité représentative de cette chose, sans qu'il soit besoin, pour que les assureurs s'en trouvent saisis à l'égard des tiers, d'aucune signification de transport. (Cas. Rej., 4 mai 1836, Dalloz, n° 2196.)

Conformément aux règles de l'indû, si l'assureur avait payé, par erreur, le montant de l'assurance, il lui serait loisible d'exercer l'action en remboursement ; « mais, comme dit Emerigon, c'est à celui qui excipe de l'indu paiement, à prouver la surprise dont il se plaint. »

C'est pourquoi la Cour d'Aix a décidé que l'assureur qui a réglé compte avec l'assuré, sous déduction d'un *ristourne* convenu, est présumé avoir reçu tous les renseignements et justifications nécessaires sur l'aliment de l'assurance, et ne peut, sans signaler une erreur manifeste ou une surprise dans le compte réglé et suivi de paiement, faire demander un nouveau compte pour exiger un *ristourne* plus élevé. (Aix, 27 juillet 1825.)

§ 2. — *Obligation de payer le montant de l'assurance.*

« L'assureur, dit en finissant l'art. 385, ne peut, sous prétexte du retour du navire, se dispenser de payer la somme assurée. » Nous savons qu'il importe peu que ce retour se produise avant ou après le *délaissement*. Si l'assuré opte pour le *délaissement*, si l'existence du cas légal est reconnue, quoi qu'il arrive d'ailleurs, l'assureur est débiteur de la somme assurée, pourvu toutefois que la valeur mise en risque soit égale ou supérieure à la somme promise ; car, dans le cas contraire, il ne le serait que jusqu'à concurrence de cette valeur.

L'assureur ne devait pas être mis dans la nécessité de s'exécuter tout de suite. En effet, le *délaissement* pouvant être fait avec la signification des avis de la perte, il fallait lui laisser le temps d'étudier la situation et d'opter librement entre l'acceptation ou un procès. « Si l'époque du paiement, dit l'art. 382, n'est point fixée par le contrat, l'assureur est tenu de payer l'assurance trois mois après la signification du *délaissement*. » Les parties ont la faculté de déroger à cette disposition et de raccourcir ou de prolonger le susdit délai.

Pendant ces trois mois, les intérêts de la somme due ne courent pas. Si le délai fixé par la convention est plus long, ils seront dus pour la différence en plus qui existera entre le délai légal et le délai convenu, à moins de stipulation contraire. (Douai, 19 mai 1824.)

Le délai de l'art. 382 ne court qu'à la condition, que le *délaissement* et la déclaration exigée par l'art. 379 aient été signifiés à l'assureur. Si la déclaration ne l'a été qu'après le *délaissement,* elle sera le point de départ des trois mois.

Si l'assureur est ainsi obligé de payer la somme promise, de son côté l'assuré est tenu de justifier, au préalable, du chargement et de la perte.

« Les actes justificatifs du chargement et de la perte, dit l'art. 383, sont signifiés à l'assureur avant qu'il puisse être poursuivi pour le paiement des sommes assurées. »

« L'art. 383, dit M. Bédarride, fait pour les actes justificatifs ce que l'art. 379 a fait pour la déclaration des *assurances,* etc. Leur production déterminant seule l'obligation des assureurs et sa qualité, la dette n'est réellement exigible que du jour où elle a été faite. » L'assuré n'est pas tenu d'observer l'art. 383 dans un délai déterminé ; mais tant qu'il n'aura pas fait ladite signification, il ne pourra exiger l'exécution de l'obligation des assureurs.

On s'est quelquefois demandé si les parties ne pouvaient pas convenir que l'assuré n'aurait pas à justifier du chargement. La négative nous paraît l'opinion la plus sûre. Car une pareille convention déguiserait une gageure, et la prohibition de ce contrat est d'ordre public. On allèguerait vainement que, si l'assuré ne saurait être dispensé de prouver l'existence du chargement, il peut du moins, si la convention l'y autorise, ne pas justifier de la totalité et des détails ; en effet, ce serait soutenir que le contrat peut être *partiellement* un pari

L'assuré, donneur *à la grosse,* doit lui-même établir que la chose engagée et qui a fait la matière de l'assurance, a été chargée.

Le réassuré, devenant vis-à-vis du réassureur le véritable assuré, en remplira les obligations et satisfera aux prescriptions de l'art. 383. On admet qu'il peut, dans la police de réassurance, stipuler qu'il sera remboursé sur la seule production de la quittance qui lui aura été délivrée par son propre assuré.

Pour la preuve du chargement et de la valeur de la chose assurée, voir ce que nous avons dit au Chap. IV, § 2 *(Obligations de l'assuré).*

Parlons maintenant de la cinquième obligation de l'assuré, qui est de prouver la perte de la chose assurée.

Il n'en est dispensé que dans le cas de défaut de nouvelles ; car alors, la perte est légalement et de plein droit présumée. Dans le cas de prise, d'échouement avec bris, de naufrage ou d'arrêt, la loi n'a pu indiquer de mode particulier de preuve ; la jurisprudence est dans la même impuissance. Il n'y a d'autre règle que celle-ci : *il faut que la perte soit prouvée d'une manière suffisante pour convaincre tout homme raisonnable.*

« Il est certain, dit Emerigon, qu'en cette matière, on ne s'arrête pas aux solennités prescrites par le Droit civil. Celles établies par le Droit des gens suffisent. Les naufrages n'ont quelquefois d'autres témoins que le ciel et la mer. La distance des lieux, la nature des événements, l'ignorance des formalités légales, l'impossibilité où l'on est souvent de les remplir, les circonstances du fait qui varient autant que les tempêtes ;

tout nécessite le magistrat à n'être pas trop sévère au sujet de la qualité des preuves. »

L'assuré pourra donc faire sa preuve, soit par des pièces, telles que le consulat, les rapports de mer, les procès-verbaux de visite, les rapports d'experts, soit même par le témoignage des matelots et des passagers, soit par la notoriété publique : *naufragium*, dit Casarégis, *probatur per publicam vocem et famam*.

Il n'est pas obligé de rapporter, dans les cas précités, le certificat de visite. C'est ce que décida la Cour de cassation, le 25 mai 1805. Elle s'en référait à la Déclaration de 1779, qui est encore en vigueur sur tous les points que le Code n'en a point abrogés.

Dans le cas d'innavigabilité déclarée, l'assuré prouvera que la perte est arrivée par *fortunes de mer*, en produisant le certificat de visite.

S'il s'agit de perte totale ou des trois-quarts au moins, nous savons comment elle s'établit, par l'expertise et le calcul.

Nous savons aussi que l'assureur a la faculté de combattre toutes les preuves et tous les arguments mis en avant par l'assuré, et que, pour cela, il peut recourir à tous les moyens admis par le Droit commercial, même à la preuve testimoniale. C'est là ce que décide clairement l'article 384, ainsi conçu : « L'assureur est admis à la preuve des faits contraires à ceux qui sont consignés dans les attestations. » — L'assuré a fourni ses preuves, ainsi que l'exige l'article précédent ; mais l'assureur invoque une exception, quid?.. Ce dernier devient dès-lors *demandeur*, — *reus excipiendo fit actor*; et c'est à lui qu'incombe désormais le fardeau de la preuve.

Cependant, dit M. Bédarride, les juges ne sont tenus d'admettre la preuve offerte que si les faits cotés graves, pertinents et admissibles rendent la fraude vraisemblable. L'assureur doit articuler les faits qu'il entend prouver, ou ceux qu'il veut dénier. En d'autres termes, l'admission ou le rejet de la preuve qu'autorise l'art. 384, est subordonné aux conditions ordinaires, et entièrement laissé à l'arbitrage souverain des juges [1].

Art. 384 (2e *alinea*). — « L'admission à la preuve ne suspend pas les condamnations de l'assureur au paiement *provisoire* de la somme assurée, *à la charge par l'assuré de donner caution*. » Sous prétexte de

---

[1] Si l'assureur n'a pas demandé, en première instance, un délai pour faire la preuve contraire aux attestations de la perte produites par l'assuré, et s'il s'est borné à soutenir l'insuffisance de ces attestations, il n'est pas recevable en Cour d'appel à réclamer le bénéfice de l'art. 384, et à demander un délai pour fournir cette preuve. (Cour d'Aix, le 15 juillet 1825.)

fournir la preuve des faits contraires au dire de l'assuré, l'assureur n'aurait pas manqué souvent de traîner l'affaire en longueur et de retarder le paiement. Aussi l'exécution provisoire sera-t-elle prononcée.

On se demande si les Tribunaux doivent toujours prononcer la condamnation au paiement provisoire. Les termes de l'article semblent indiquer le contraire, et la Cour de Douai a jugé, le 1er février 1841, que si, d'après l'art. 384, *provision est due aux actes justificatifs de la perte, c'est seulement lorsque les faits, consignés dans les attestations, paraissent de nature à motiver la demande en paiement de la somme assurée.*

Les juges peuvent donc, si la bonne foi de l'assuré leur est suspecte, ne pas ordonner, refuser même l'exécution provisoire. Mais, dans ce dernier cas, leur décision n'est pas seulement *incidentelle et préparatoire*, elle constitue un jugement *définitif, susceptible d'appel* avant celui sur le fond et alors même que la décision qui admet la preuve ne serait pas attaquée. (Cour d'Aix, 8 décembre 1835.)

Art. 384 (*dernier alinéa*). — « L'engagement de la caution est éteint après quatre années révolues, *s'il n'y a pas eu de poursuites.* »

La réception et la suffisance de cette caution s'établissent aux conditions et dans les formes du cautionnement commercial.

Le droit de répétition de l'assureur peut survivre à l'obligation de la caution ; il en est indépendant, car il ne se prescrit que par un délai de cinq ans, à *compter de la date du contrat* (art. 439).

Terminons par l'examen de quelques espèces.

Ce que l'assureur doit payer à la suite et en exécution du *délaissement*, c'est le montant de la somme assurée, ainsi que nous le disions plus haut ; ce qu'il doit recevoir, c'est la propriété de l'objet assuré, tel qu'il se trouve après le sinistre. Mais il n'obtiendra pas tout ce dernier résultat, si des emprunts *à la grosse*, contractés après l'assurance, viennent affecter, par privilège, les objets délaissés.

Appliquons ces principes :

1° Si l'assuré, après l'assurance, après le commencement des risques, emprunte *à la grosse* pour remédier aux dégradations que le navire a pu subir pendant le voyage assuré, l'assureur qui a désintéressé le prêteur afin d'avoir l'effet délaissé tout entier, peut-il défalquer de la somme qu'il doit à l'assuré, ce qu'il a payé au prêteur pour sa part dans l'effet sauvé ? Non, car l'emprunt a été contracté dans l'intérêt de l'assureur. (Rouen, 6 février 1817.)

2° L'emprunt a été fait pour des causes antérieures au voyage assuré, *v. g.* pour être employé à la mise en état du navire, aux salaires de

16

l'équipage pour un voyage précédent, ou à l'achat de provisions pour le voyage assuré : dans ce cas, l'assuré ne pourra s'opposer à la défalcation. Cette solution n'est pas moins raisonnable que la précédente : je suppose, en effet, qu'à la naissance du contrat, le navire valait 50,000 fr. Cette valeur était grevée entre les mains de l'assuré des frais de mise en état, des salaires dus à l'équipage, du coût des provisions nécessaires au voyage. Mais, si au lieu de faire assurer son navire, l'armateur l'avait vendu, cette vente lui aurait produit 50,000 fr., sur lesquels il eût été obligé de payer ce qu'il devait lui-même. Or, comprendrait-on qu'au moyen de l'assurance, il pût d'abord être libéré de ses dettes et toucher ensuite l'intégralité des 50,000 fr.? C'est-à-dire que l'assurance lui aurait procuré un bénéfice important et certain ; ce que la loi prohibe expressément. (Rouen, 14 mai 1824.)

Autre espèce : — L'assureur doit payer la valeur de ce qui était à bord au moment du sinistre. — S'il a assuré les victuailles, doit-il le prix de celles qui ont été consommées, et qui ne peuvent lui être délaissées? Il faut admettre l'affirmative, parce que l'assuré éprouve une perte, et que l'assureur doit l'indemniser des dommages soufferts par suite du sinistre. Les victuailles assurées constituent, en effet, un déboursé, et ce déboursé se convertira en une perte réelle, si l'objet qu'il a pour but de procurer, n'est pas acquis. Or, cet objet, c'est le *fret*, dans lequel l'assuré doit trouver, non-seulement le loyer du navire proprement dit, mais encore le remboursement des frais pour la *nourriture* et les salaires de l'équipage, au moyen duquel le navire est exploité. Mais, si le fret ne doit pas être payé, parce que le navire n'a pu, par fortunes de mer, arriver à sa destination, ou si celui à réclamer doit être délaissé aux termes de l'art. 386, l'assuré perdra, non telle ou telle partie des vivres et avances, mais bien leur totalité. Il est donc juste que même la valeur des victuailles consommées avant le sinistre, lui soit remboursée. (Bédarride sur l'art. 385. — Bordeaux, 1er février 1839.)

APPENDICE

LOI FISCALE DU 23 AOUT 1871

Depuis le 23 août 1871, les assurances maritimes sont soumises à un nouveau régime fiscal.

Avant cette époque, elles supportaient un double droit, celui de l'enregistrement et celui du timbre. (Lois des 16 juin 1824, art. 5, et 5 juin 1850, art. 42.)

Aujourd'hui, ces droits ont disparu; et tout contrat d'assurance maritime, ainsi que toute convention postérieure, contenant prolongation de l'assurance, augmentation dans la *prime* ou le capital assuré, désignation d'une somme en risque ou d'une *prime* à payer, est soumis à une *taxe obligatoire*, à un impôt proportionnel de 0,50 par 100 fr., *décime compris*, du montant des *primes* et accessoires de la *prime*. (Loi du 23 août 1871, art. 6.)

Si l'assurance est mutuelle, la taxe se calcule sur les cotisations à 0,50 par 100 fr.

La perception suivra les sommes de 20 fr. en 20 fr., sans fraction, et la moindre taxe sera de 0,25, *décime compris*.

Les contrats de réassurances ne sont pas assujettis à la taxe, à moins que l'assurance primitive, souscrite à l'étranger, n'ait pas été soumise au droit.

Cet impôt est exigible par le seul fait que le contrat d'assurance existe, et, après que la taxe a été payée, *la formalité de l'enregistrement, si elle est requise, est donnée gratis* (art. 6).

Les contrats d'assurances, passés à l'étranger pour des objets ou valeurs appartenant à des Français, doivent être enregistrés avant toute publicité en usage en France, à peine d'un droit en sus qui ne peut être inférieur à cinquante francs. Le droit est fixé au taux déterminé par l'art. 6 (art. 8).

La taxe, fixée par l'art. 6, est perçue pour le compte du Trésor par les Compagnies, Sociétés et tous autres assureurs, courtiers ou notaires qui ont rédigé les contrats (art. 7).

Les Compagnies ou Sociétés sont tenues d'avoir, dans chaque agence, un répertoire, non sujet au timbre, mais coté, parafé et visé, soit par un des juges du Tribunal de commerce, soit par le juge de paix, sur lequel sont, dans les trois jours de leur date, portées, par ordre de numéros, les assurances qui ont été faites dans la dite agence, sans intermédiaire de courtier ou de notaire, ainsi que les conventions qui prolongent l'assurance, augmentent la *prime* ou le capital assuré, ou bien (en cas de police flottante) qui portent la désignation d'une somme en risque ou d'une *prime* à payer (art. 11 de la loi du 5 juin 1850).

Le répertoire dont il vient d'être parlé, le livre des courtiers, celui que les notaires doivent affecter aux contrats d'assurances (art. 17 de la loi du 5 juin 1850) font mention expresse, pour chaque contrat, du montant des *primes* ou cotisations exigibles, ainsi que de la taxe payée par les assurés en exécution de l'art 6.

Toute contravention à cette disposition est passible d'une amende de dix francs.

Toutes ces dispositions sont applicables aux Sociétés et assureurs étrangers qui ont un établissement ou une succursale en France (art. 7).

Les livres des courtiers et notaires doivent être cotés et timbrés.

Les particuliers qui sont assureurs, doivent avoir un répertoire comme les Compagnies d'assurances.

La loi exige la tenue de ces livres et répertoires pour empêcher toute espèce de fraude, afin que l'inspection de l'administration soit sérieuse et efficace pour le recouvrement de l'impôt.

L'art. 10 dispose qu'un règlement d'administration publique déterminera le mode de perception et les époques de paiement de la taxe établie par l'art. 6, ainsi que toutes les mesures nécessaires pour assurer l'exécution des art. 6 et 7. Chaque contravention aux dispositions de ce règlement sera passible d'une amende de cinquante francs.

Cette amende est portée contre chacun des assureurs et assurés.

POSITIONS

DROIT ROMAIN

I. — Le *nauticum fœnus* était un *mutuum*.

II. — L'action *præscriptis verbis* était, dans tous les cas, une action de *bonne foi*.

III. — Le privilége des lois 26 et 34 (au D. *De rebus auct. jud.*) ne constituait une créance privilégiée que par rapport seulement aux créances d'un même ordre; il n'était pas, par lui-même, une *hypothèque privilégiée*.

IV. — Le débiteur poursuivi par une action *stricti juris* ne doit pas des intérêts moratoires, même à partir de la *litis contestatio*.

V. — Pour calculer la *pœna*, il fallait prendre pour base le capital de l'argent *trajectice*, et non le capital augmenté de l'intérêt nautique.

VI. — Le contrat d'assurance n'existait pas en Droit romain.

DROIT FRANÇAIS

DROIT CIVIL.

I. — L'individu pourvu d'un conseil judiciaire ne peut, sans l'assistance de ce conseil, faire aucune donation, même par contrat de mariage.

II. — Des fenêtres ouvertes en deçà de la distance prescrite par les art. 678 et 679 (C. c.), ne peuvent servir de fondement à l'acquisition par prescription de la servitude de vue, si elles ne permettent d'étendre le regard que sur un mur plein.

III. — Les successeurs irréguliers, les enfants naturels et la femme, sont tenus des dettes de la succession au-delà de leur émolument.

IV. — Le droit de régler la sépulture du défunt appartient au conjoint et aux héritiers du sang, de préférence au légataire universel.

DROIT COMMERCIAL

I. — Au point de vue de la responsabilité du capitaine du navire, il ne faut pas assimiler les marchandises chargées *dans la dunette* aux marchandises chargées *sur le tillac*.

II. — Dans le cas de doute sur les causes de l'abordage, la loi ne l'attribuant pas *à la faute*, les assureurs en seront tenus, quoiqu'ils n'aient pas pris à leur charge *la baraterie du patron*.

III. — La maxime *plerùmque incendia culpâ fiunt inhabitantium* est applicable au cas d'incendie sur mer. En conséquence, l'incendie dont la cause est inconnue, doit être attribué à *la baraterie du patron* plutôt qu'à un cas fortuit.

IV. — Si le chargeur ne peut faire assurer le *fret à faire*, il faut du moins lui reconnaître le droit de faire assurer le *fret acquis* à l'armateur *à tout événement*.

V. — L'intérêt commercial et le *profit maritime* n'ont jamais été prohibés.

DROIT ADMINISTRATIF

I. — Les îles des rivières navigables ou flottables ne sont point soumises à la servitude de halage.

II. — Ce n'est pas à l'autorité administrative, mais bien à l'autorité judiciaire, qu'il appartient de statuer définitivement sur *l'innavigabilité*.

DROIT PÉNAL

La mort du mari n'arrête pas la poursuite d'adultère dirigée contre la femme.

Vu par le Doyen de la Faculté de Droit :

A. COURAUD.

Vu par le Président de la Thèse :

BAUDRY-LACANTINERIE.

PERMIS D'IMPRIMER :

Pour le Recteur de l'Académie,

L'Inspecteur de l'Académie délégué.

LIÈS-BODARD.

TABLE DES MATIÈRES

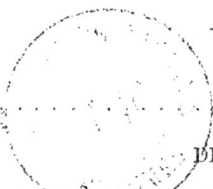

Préface 9

DROIT ROMAIN

PREMIÈRE PARTIE. — Du commerce maritime
des Anciens.

Livre premier. — Histoire : *Essai sur la Navigation et le
Commerce des Anciens* 11

CHAPITRE Ier. — Importance que les Anciens attachaient au Commerce 11

CHAPITRE II. — De la Marine des Anciens. 13

CHAPITRE III. — L'Orient. 21

CHAPITRE IV. — L'Egypte, Tyr, la Judée et la Grèce 23

CHAPITRE V. — Carthage et Marseille. 28

CHAPITRE VI. — Rome. 32

CHAPITRE VII. — Différents traités de commerce qui nous restent
des Anciens. 39

Livre deuxième. — Législation : *Du prêt A LA GROSSE
AVENTURE des Romains (au D., Livre XXII, Titre II); au C.,
L. IV, T. II et de la loi Rhodienne : du jet (au D., L. XIV, T. II.)*

CHAPITRE Ier. — *Du prêt A LA GROSSE AVENTURE des Romains.* . . 42

Notions préliminaires. 42

Section I. — Définition du contrat de grosse 42

Section II. — De la nature du *Nauticum fœnus* 43

Section III. — Éléments essentiels du *Nauticum fœnus*. 44

§ 1. — *De la chose prêtée.* 46

§ 2. — *Des choses sur lesquelles se fait le prêt à la grosse* 47

§ 3. — *Des risques.* 47

§ 4. — *Du profit maritime* 59

    ¶ 1. — *Du profit maritime avant Justinien.* 60

    ¶ 2. — *Du profit maritime depuis Justinien.* 61

§ 5. — *Du consentement des parties* 63

Section IV. — Des effets de notre contrat par rapport aux parties. . 64

    § 1. — *Par rapport au créancier.* 64

    § 2. — *Par rapport au débiteur* 65

Section V. — Des clauses pénales qui prévoient la négligence et les
retards de l'emprunteur à s'exécuter. 66

    § 1°. — *Clause qui répond à la première question.* 66

    § 1°. — *Clause qui répond à la seconde question.* 69

Section VI. — De la procédure que le créancier doit employer pour
faire valoir ses droits. 71

    Première distinction. — 1° *De l'action propre au contrat de grosse.* . 71

    2° *De l'action qui naît de chacune des clauses ci-dessus exposées.* 76

    Deuxième distinction. — 1° *L'emprunteur agit par lui-même* 78

    2° *L'emprunteur est un esclave ou un mandataire libre.* 78

Section VII. — De la loi 5 (au D. *De n. f.*) 79

CHAPITRE II. — Principales dispositions de la loi Rhodienne touchant
le jet et la contribution. (Au D., L. XIV, T. II.). . 81

DEUXIÈME PARTIE. — Origine des Assurances maritimes.
— Exposition des principes et des règles de ce contrat

Livre premier. — Histoire : *Origine de l'ASSECURATIO* 85

CHAPITRE Ier. — 1° L'assurance n'était pas connue des Romains. . . 85

    2° Elle n'est pas née de la prohibition du prêt à la
grosse 88

CHAPITRE II. — De l'origine du contrat d'assurance 96

Livre deuxième. — Législation : *Des assureurs maritimes d'a-
près notre Code de commerce. L. II, T. X. (Art. 332, 396.).* 101

Notions préliminaires 101

CHAPITRE Ier. — Définition, nature et caractère de l'assurance à *prime.* 105

CHAPITRE II. — Quelles sont les choses qui sont de l'essence du
contrat d'assurance 109

§ 1. — *Un objet soumis à l'assurance* 109

§ 2. — *Un risque auquel cet objet est exposé.* 115

§ 3. — *Une somme promise par l'assureur.* 117

§ 4. — *De la prime.* 120

§ 5. — *Du consentement des parties contractantes.* 123

CHAPITRE III. — Des différentes conditions exigées pour la validité
des assurances maritimes : division. 124

Section I. — Conditions exigées au point de vue des personnes :
division. 124

§ 1. — *Qui peut assurer ou être assureur.* 124

§ 2. — *Qui peut faire assurer* 126

Section II. — Conditions exigées au point de vue de la chose : division. 129

§ 1. — *Que la chose assurée soit exposée à des risques* 129

§ 2. — *Que la chose existe actuellement, c'est-à-dire au moment où les
risques commencent à courir.* 135

§ 3. — *Que la chose assurée soit estimable à prix d'argent.* (Art. 334,
in fine.) 139

§ 4. — *Que la valeur de la chose assurée ne soit pas inférieure au
montant de la somme promise par l'assureur* 141

Section III. — Conditions exigées au point de vue de la forme : division. 145

§ 1. — *Conditions de forme extrinsèque.* 145

§ 2. — *Conditions de forme intrinsèque : diverses énonciations que
la police doit contenir.* (Art. 332.). 152

CHAPITRE IV. — Des obligations et des droits tant de l'assureur que
de l'assuré : division 157

§ 1. — *De l'assureur.* — *Obligations de l'assureur.* 157

Deux règles principales régissant la matière :

*L'assureur répond de tous les événements qu'on appelle fortunes de mer et
dont l'art. 350 rappelle les exemples les plus frappants :* Première règle. 159

Il n'est tenu d'aucun autre accident, s'il ne l'a formellement garanti :
Seconde règle. 167

§ 2. — *De l'assuré.* — *Principale obligation de l'assuré.* 182

Autres obligations de l'assuré : division 185

1° Obligation de déclarer sans restriction toutes les circonstances propres
à diminuer l'opinion du risque ou à en changer le sujet 186

2° Obligation de signifier à l'assureur tous les avis qu'il reçoit concernant
les accidents dont celui-ci est responsable. 191

3° Obligation de justifier du chargement des choses énoncées ainsi que de
leur valeur 192

4° Obligation de justifier de la perte des choses assurées 194

CHAPITRE V. — Théorie du délaissement 194

Section I. — Généralités. 195

Section II. — Des cas de délaissement. 201

   § 1. — De la prise 201

   § 2. — Du naufrage 203

   § 3. — De l'échouement avec bris. 204

   § 4. — De l'innavigabilité par fortunes de mer. 206

   § 5. — En cas d'arrêt d'une puissance étrangère. 210

   § 6. — Arrêt de la part du gouvernement, après le voyage commencé. 212

   § 7. — En cas de perte ou de détérioration des effets assurés, si la
   détérioration ou la perte va au moins à trois-quarts. . . . 213

   § 8. — Défaut de nouvelles. 215

Section III. — Formes du délaissement. — Ce qu'il doit comprendre.
   — Délais dans lesquels il doit être fait. 220

   § 1. — Formes du délaissement. 220

   § 2. — Ce que le délaissement doit comprendre. 223

   § 3. — Délais dans lesquels le délaissement doit être signifié. . . . 226

Section IV. — Effets du délaissement (art. 385) : division. 227

   § 1. — Translation de la propriété. 227

   § 2. — Obligation de payer le montant de l'assurance 230

APPENDICE. — Loi fiscale du 23 août 1871. 235

POSITIONS. 237

BORDEAUX. — TYPOGRAPHIE L. CODERC.

www.ingramcontent.com/pod-product-compliance
Lightning Source LLC
Chambersburg PA
CBHW060351200326
41519CB00011BA/2103